U0126657

胡幼偉・賴筱桐
祝心瑩・林好函 著

大選戰

二〇〇九年宜蘭與花蓮縣長選舉競選傳播策略分析

臺灣學生書局印行

自序

在政治傳播研究領域中，競選傳播研究（political campaign communication study）是近年來新興的研究課題。以往選舉傳播研究除了分析媒體刊播的選舉訊息，包括新聞及廣告的內容型態外，多半關切在選舉期間，選民對媒體呈現的候選人形象與議題的認知、態度及投票取向。競選傳播研究則是著重於分析在選舉期間，候選人陣營採取的競選傳播策略及實際的競選傳播行為。換言之，除了媒體選舉訊息的文本分析外，以選民為主體的選舉傳播研究，基本上是有關媒體選舉訊息對選民的政治傳播效果研究；競選傳播研究則是以候選人為主體，分析參選者如何運用各種可能的傳播通道，達成勝選目標。兩者在研究旨趣、研究對象上截然不同。在研究方法上，以選民為主體的選舉傳播研究多半運用調查法，透過量化資料的分析，了解媒體選舉訊息對選民產生的傳播效果；競選傳播研究則多半以觀察法或深度訪談法等質化研究方法，分析候選人陣營的競選傳播策略與實際作為。因此，在研究方法的取徑上也不相同。由於在選舉期間，候選人陣營忙於各式各樣的競選活動，又或基於保密的考慮，往往不甚樂意接待研究人員的造訪。因此，相對於媒體選舉訊息的文本分析及以選民為主體的選舉訊息效果研究而言，競選傳播研究事實上是難度較高的一種政治傳播研究，但這也是此類傳播研究價值之所在。有鑒於競選傳播研究於美國興起而架構初立後，台灣本土的競選傳播研究仍寥若晨星，且多半在觀察面向上有欠完整，筆者乃決定組織研究團隊，選定適合的研究個案，對台灣本土的競選傳播研究，進行最新的個案分析，以補本土政治傳播研究於此一領域之不足。

據美國政治傳播學者Trent and Friedenberg（2008）設定的競選傳播研究架構，研究人員在分析候人的競選傳播策略及實際作為時，會先觀察候選人的競選風格（campaign style）。畢竟，在一場選舉中，挑戰者和衛冕者所具有的優、劣勢各不相同。在了解了候選人對所處情勢的自我剖析析及自定的競選風格後，研究者會針對競選廣告、記者會、候選人的公共演說、代言人行為、人際傳播，及網際網路與行動通訊網路傳播等不同面向的競選傳播策略與作為，進行有系統的觀察分析，以了解候選人如何運用競選傳播達成勝選目的。在本書及後續的系列研究中，也將借用此一分析架構，對台灣選舉活動中候選人的競選傳播策略與作為，進行個案分析。之後每逢台灣舉行重要選舉，將繼續進行類似研究。希望經由長期而連續的觀察，描繪出當代台灣選舉過程中，競選傳播的型態系譜，而本書乃是此一長期研究計畫中的第一步。

以本系列研究而言，在決定了競選傳播的分析架構後，接下來的重要研究步驟，就是要選定個案分析研究對象。為能獲得較新及較豐富的研究資料，時效性及完整性便成為個案選擇的主要條件。在本書發想期間，適逢二〇〇九年台灣縣市長選舉年。因此，以該項選舉做為研究場域，符合時效性的考慮。其次，在十七個同時舉行縣市長選舉的選區內，本研究團隊基於資料豐富及完整的考量，決定以宜蘭縣及花蓮兩縣的縣長選舉，做為競選傳播個案分析對象。眾所皆知，二〇〇九年的宜蘭縣長選舉，是一場競爭異常激烈的百里侯爭奪戰。台灣的聯合報在選前倒數十天刊出由記者李明賢執筆的一篇報導中指出，民進黨「鎖定宜蘭猛攻，甚至民進黨前主席許信良喊出宜蘭勝選就是國民黨敗選」。行政院長吳敦義也表示，「宜蘭選情確實最膠著，水深火熱，勢均力敵，不到最後關頭，還不知道誰輸誰贏」（李明賢，2009）。宜蘭選情緊繃自然有其歷史因素。在四年前國民黨籍的呂國華拿下縣長寶座前，民進黨曾連續在宜蘭執政達二十五年。四年前既敗於國民黨之手，四年後想奪回縣長寶座，自是期盼殷切；而國民黨則是在四年前好不容易讓宜蘭縣由綠轉藍，自然不願見到民進黨再回宜蘭執政，於是，在二〇〇九年的縣市長選舉中，宜蘭縣成為所謂的一級戰區，便不令人感到意外。而既是選情空前激烈，按理說兩黨候選人勢必在各個面向的競選傳播活動中用盡一切力量，以達勝選目標。這也使本研究團隊獲得一個不錯的機會，能夠在宜蘭縣長選舉過程中，蒐集到較完整及較豐富的競選傳播資料。反過來說，在選情較為單純，勝負早有定論的選區，篤定當選或勢必敗選的候選人，在競選傳播上或許就不會像宜蘭的兩位候選人一樣，施展如此多的力氣，擘劃各種可能的競選傳播策略或作為。因此，以宜蘭兩黨參選人的競選傳播做為個案分析對象，應該是比較能夠獲得較豐碩研究成果的合理選擇。

而二〇〇九年的花蓮縣長選舉，也是一場風雲詭譎、競爭激烈的選戰。國民黨在黨內初選階段，就因傅崐萁是否能夠參加黨內初選而鬧得沸沸揚揚。之後又出現曾任台北市副市長，當時仍為衛生署長的葉金川準備辭官參選的消息。最後，傅被排除於初選後決定以無黨籍身份參選。黨內初選的勝出者杜麗華代表國民黨參選，即將卸任花蓮縣副縣長的張志明也決定以無黨籍身份投入選戰。於是，花蓮就在民進黨未提名候選人的狀況下，由泛藍背景出身的三位候選人角逐縣長寶座，而這三位候選人也用盡各種可能的競選傳播管道爭取選票，為本系列研究提供了豐富的研究資料。

當然，在全台十七個選區中，並非只有宜蘭或花蓮選情緊繃，但由於研究團隊的資源有限，選擇宜蘭與花蓮，對身處台北市的研究者而言，較有地利之便，這也是選擇宜蘭與花蓮的另一項較為現實的考量因素。在著手規劃本系列研究時，我們生活於其中的國立台灣師範大學大眾傳播研究所成立了競選傳播研究室，正式將台灣競選傳播研究列為師大大傳所的發展重點之一。這個由師生共組的團隊決定以二〇〇九年宜蘭縣長選舉競選傳播研究做為起跑的試金石，在完成相關研究後撰寫了一篇規模較小的論文，發表於二〇一〇年中華傳播學會年會中，之後再由本書作者之一的賴筱桐以花蓮縣長選舉競選傳播研究為題，撰寫成內容較完整的碩士論文。本書就是集結了這兩份論文，做為師大大傳所競選傳播研究室系列研究的初步成果。本書出版後，將繼續對二〇一〇年五都市長選舉及之後的立委與總統大選再進行候選人的競選傳播策略分析，也會將研究成果陸續出版成本研究系列的第二到第四本專書。

感謝師大大傳所所有師生對本系列研究的肯定與支持，也感謝研究對象在百忙中抽出時間接受研究團隊的深度訪談，當然，更要感謝台灣學生書局同意出版本書，希望讀者從本書內容中，可以對候選人究竟如何運用競選傳播管道爭取選民支持，能有更完整的了解，因而對如何評斷候選人的表現，有更多的參考依據。

胡幼偉、賴筱桐、祝心瑩、林妤函

民國一百零一年二月廿日

目次

第一章 序曲

第一節 競選傳播研究的重要性

在民主國家，人民最重要的參政管道是選舉，對大多數民眾而言，投票是參與政治的唯一機會。而在當今的民主政治制度中，民意的展現需要透過選舉來施行，由人民直接決定對執政者的支持與否，選舉體現了人民做主的真諦（伏和康、魏志中編著，1993）。循此，選舉是體現民主政治不可或缺的重要過程，不論其所欲達到的政治目的為何，都是為了贏得最後勝利，順利取得公職。每逢重要選舉時刻，候選人陣營無不嚴陣以待，謹慎策劃各式各樣的競選活動，擬定攻不可破的競選策略。不論是透過大眾傳播、人際傳播，候選人所進行的每一項活動都是希望能引起選民注意，將訊息與議題清楚傳達給民眾知道，建立選民對候選人的認知與形象，進而得到支持。另一方面，選民也透過這些競選傳播活動，增加對候選人的了解程度，提高政治參與感，最後決定投下神聖的一票。

根據美國政治傳播學者Trent & Friedenberg（2008）的看法，政治選舉是民主體系中的重要因素，它允許我們可以自由參與選擇領導者的過程，選舉提供我們決定自己利益最大化的機會，乃屬民主的核心概念。台灣從威權邁向民主化的進程中，選舉已經成為人民表達其民主意志的一項重要工具，投下一張神聖的選票，是每位民眾能夠親身參與政治的體現。而且自一九八九年開放三項公職人員選舉以來，為台灣的政治競選傳播發展樹立了一個重要的里程碑，促成選舉運用大眾傳播媒體廣告的風潮（鄭自隆，2004）。自此之後，選舉似乎成為家常便飯，幾乎每年都會面臨到重要的全國性選舉或地方選舉，有關選舉的研究也如雨後春筍般蓬勃發展。包括以選民為主體的政治傳播效果研究、競選文宣與廣告研究、競選組織分析、候選人形象分析、競選議題或各種宣傳策略研究等（范惟翔、蔡明純、羅聖宗，2007；陳彥佑，2006；李瑋聆，2003；張瑞鴛，2001；陳信助，2000）。

在選舉活動的過程中，候選人的競選團隊經常使用大眾傳播媒介來發送重要訊息，加上新興媒介的蓬勃發展，其方式也趨向多樣化，故引發了政治傳播學界對「競選傳播」之研究。學者認為，候選人的競選傳播策略扮演相當重要的角色，而選舉策略的目標，更須依賴傳播手段方能達成，因此「競選傳播」成為當今政治傳播研究領域中的核心議題（鈕則勳，2001）。是以，透過對單次選舉競選傳播之分析，能夠洞悉整體選舉過程的全貌，而非只關注在單一面向，忽略其他影響選戰的可變因素。

另一方面，就選舉本身的特質來看，也能凸顯競選傳播在整體選戰過程中的重要性。畢竟選舉過程詭譎多變，充滿許多不可預測的變數，簡而言之，它是一場沒有通則、定理的戰爭，更需要經過縝密完善的通盤策畫，才能將競選活動的傳播效果發揮到極致。因此，在一般的競選活動中，不可能只依賴候選人的單打獨鬥，必須有競選幕僚的策畫，助選人員的支撐及選民大眾的回應，基本上打的是一場總體戰（余宗儒，1999）。另外根據韓國政治學者觀察大選的經驗來看，他認為選舉具有三個特點，它是一場所有候選人都必須向對手揭露其策略和戰術的競賽，而這場競賽同時是不公平的，也可能經常發生策略與戰術的失誤（金學亮著、鍾秋慧譯，2003）。正因為選舉的每個環節都變化莫測，候選人陣營才更需要花費心思擘劃競選傳播策略，進行有效率的競選傳播活動。

競選傳播策略的重要性不言可喻，它關係著候選人「如何贏得選舉」，一旦缺乏完善的競選傳播策略規劃，候選人的主要訴求與競選廣告宣傳便無法有效被民眾認知，競選團隊也可能面臨選舉失利的風險。而在制定競選傳播策略之前，不論是政黨或候選人，都必須先了解當前所處環境，唯有熟悉影響選情的各項環境因素，才能制定成功的競選策略，方能贏得選舉（吳振宇，1998）。由此可知，競選傳播策略是選舉中的核心角色，競選傳播策略須有詳細完備的擘畫，兼顧各個細節，方能在瞬息萬變的選戰環境中找到候選人定位，確立競選主軸與競選議題，並凸顯候選人的優勢與過人之處，從而擬定一套面面俱到的競選傳播策略，成為掌握選戰的致勝關鍵。

所有的競選活動都必須仰賴傳播過程才能彰顯其意義，換句話說，競選活動若不透過大眾傳播媒介或人際傳播等其他傳播管道來進行，所有競選宣傳及造勢活動將不復存在，民眾也無法從中得知選舉訊息。因此候選人需要透過競選傳播策略去塑造自我形象，尋求選民支持和認同，選民也必須經由競選傳播過程接收所有選舉相關資訊，進而做出理性投票抉擇，是以競選活動和傳播行為環環相扣，甚至是密不可分。因此想要了解選舉活動的整體面貌，就必須先剖析候選人的傳播策略與傳播行為。

誠如Trent & Friedenberg（2008）所言，政治選舉活動是一種傳播活動，它以眾多形式呈現，結合了經濟、社會、哲學及歷史等層面的特色，並反映在選舉過程之中，而每一場競選活動的精髓就是傳播，因此在競選活動的開始、過程及結束，都仰賴傳播行為形塑意義（Trent & Friedenberg, 2008）。此外Trent & Friedenberg（2008）也指出，競選傳播研究包含理論與實踐層面，前者研究的範圍著重在競選與傳播的關係、競選傳播的功能、競選風格與競選策略、競選傳播的大眾媒體通道、政治競選廣告的型態與功能等。後者則在於探討競選活動中的公開演說、記者會、政治辯論、人際傳播、競選廣告的製作等。

在過去競選傳播研究多半聚焦於選舉期間，媒體所呈現的訊息對選民產生的認知、態度與投票行為的影響，包括對候選人形象的建構與議題認知，或者是分析媒體所刊播的選舉新聞或政治廣告的內容型態。嚴格說來，競選傳播研究主要是關注於選舉期間，候選人或其競選團隊所採取的競選傳播策略及實際競選傳播行為。換句話說，以往的選舉研究除了針對媒介訊息進行文本分析外，基本上是以選民為主體，著重於選舉訊息對選民的傳播效果研究，另外也有借用企業管理所擅用的行銷手法，將政治訴求視為產品、選民視為接收政治訊息的消費者，選定競選議題，運用行銷手段，來獲得公眾認同與實際支持，進而取得政治權力，達成當選的目標，這就是所謂的選舉行銷（羅廣仁，2002；劉建鄰，2003）。而競選傳播研究則是以候選人或其陣營為主體，分析參選者如何有效運用各種傳播管道及競選策略，幫助他們贏得選戰，達成勝選目的。就研究方法的取徑而言，以選民為主體的選舉傳播研究通常採用調查法，經由統計量化資料的呈現，分析選民接觸大眾媒體的選舉訊息後，所彰顯的傳播效果，反之競選傳播研究則是運用深度訪談法或參與觀察法等質性研究方法，為的是深入了解候選人陣營所擬定的競選傳播策略，以及洞悉競選期間傳播行為的實際執行過程。

由於在競選期間，候選人陣營忙於參加或籌劃各式各樣競選活動，若非經由和選民的互動場合，實難和候選人有正面接觸，更遑論進行深刻的貼身觀察，另一方面，礙於政治議題較為敏感，候選人陣營基於安全保密的考量，對於研究人員的造訪往往不是那樣親切友善，甚至拒絕接受訪問。一旦選舉結束後，原本的臨時性組織隨即解散，競選總部也人去樓空，所有成員回到各自工作崗位，使得尋求訪談對象的過程更是難上加難，種種無法預想的情況都增添了競選傳播研究的困難度，但卻反能彰顯競選傳播研究的價值所在。

近年來，選民投票行為研究由於調查方法、統計技術與電腦分析軟體上不斷精進成長，使得研究對象的相關資料取得更加細膩豐富，因此在選民投票行為的選舉效果研究上，所累積的文獻在質或量上都得到相當豐碩的成果，然而在選舉的策略方面，大多偏重在影響選舉競爭的單一面向研究，全面性的選舉策略研究仍在少數（林岳賢，2009），種種情況皆造成競選傳播策略在理論建構與實際研究成果略欠不足，實為一大缺憾。本研究所欲探討的面向，即是從候選人陣營所發展出來的競選傳播策略，做系統性的觀察分析並深入描述，畢竟競選傳播策略涉及候選人、政黨、選民或媒體之間的互動過程，無法單就民意調查或選民投票行為來解釋選舉結果成敗的因素，是以候選人的競選傳播策略往往是左右選情發展甚或影響選舉勝敗的最大關鍵之所在。

截至目前為止，台灣本土的競選傳播研究仍處於萌芽階段，相關研究大多選擇單次選舉的個案分析為主（陳美華，2004；詹青蓉，2005；何伊婷，2009；林岳賢，2009），關注面向不外乎著重於競選文宣的文本分析、選舉行銷、競選廣告、候選人形象分析等，在觀察層面上似乎有欠完整，至今尚未發展出一套系統性的競選傳播研究模式。有鑒於此，本系列研究乃決定參照美國所興起的競選傳播研究架構，選定本土合適的選舉個案，進行台灣的競選傳播研究分析，一方面可補本土政治傳播研究在此領域的不足之處，另一方面也希望藉由系統性的整合，觀察候選人如何運用傳播策略贏得勝選目標，藉此描繪當代台灣選舉過程中競選傳播策略的雛型，提供後續相關研究的重要參考指標，此為本系列研究宗旨所在。

基於競選傳播研究在學術上仍屬新興領域，尚未有規範性的研究模式可供探詢，相關實證研究十分有限，更遑論能面面俱到，詳盡地就各個面向加以闡述，這使得本土競選傳播研究的開展更顯得篳路藍縷。但另一方面，由於台灣選舉次數頻繁，選舉招術也漸趨多元化，加上台灣內部特殊的歷史、文化與政治糾葛，恰好為本土的競選傳播研究賦予極大正當性，也提供相當豐碩的研究資源與素材。在本系列研究初次發想期間，適逢二〇〇九年的台灣縣市長選舉，造就本系列研究得天獨厚的機會，以此次選舉做為研究場域，不僅符合時效性，同時能蒐集到較豐厚的文件資料，將理論與實際作為兩相參照，檢證學術研究之價值所在。接下來筆者將簡述台灣選舉發展的相關脈絡，以及選舉和社會變遷的關係，藉此釐清台灣競選傳播研究的重要價值，並說明本研究如何擇定適合的個案，進行全方位的側面觀察，以洞悉候選人的競選傳播策略。

第二節 風雲詭譎的二〇〇九年宜蘭與花蓮縣長選舉

隨著社會開放與科技進步的改變，候選人的競選傳播策略也逐漸朝向多元化，甚至是專業化發展。競選活動花招百出，使得選舉被貼上綜藝化的標籤（鄭自隆，2004）。也由於選戰詭譎多變，各組人馬無不出奇制勝，設計創意十足的競選文宣，以便回應對手攻訐，強化自己議題訴求與塑造候選人形象，搏得選民的支持。雖然至今尚未有確切的實證研究證實，這些競選傳播活動是決定選民投票行為的主要因素，然而不可否認的是，候選人競選傳播策略的確會影響選情發展，甚至成為掌握選舉勝敗的關鍵。

依據美國政治傳播學者Trent & Friedenberg（2008）所發展的競選傳播架構，研究者在進行候選人競選傳播策略的分析時，首要之務是先觀察候選人的競選風格（campaign style），剖析身為現任者或挑戰者所具備的優、劣勢，就候選人本身在當下所處的情勢做整體評估，在對總體選情態勢有大致了解後，研究者將逐一檢視候選人在競選廣告、新聞記者會、公共演說與公開辯論、代言人行為、人際傳播、網際網路或新傳播科技等不同層面的競選傳播策略與實際表現，進行系統性的觀察分析，藉此洞悉候選人與其競選團隊如何有效運用競選傳播策略，來達成勝選目標。而在本系列研究中，將試著使用此一研究架構來觀察台灣選舉現象，針對本土選舉活動中候選人的競選傳播策略與行為，進行詳盡的個案分析。希冀藉由此研究的觀察分析，能初步描繪出當代台灣選舉過程中競選傳播策略的模型，並檢證其理論的適用性。往後每逢重要選舉時刻，將可沿用此一分析架構做長期而持續的研究，期望能開創台灣競選傳播研究領域的新紀元。

以本研究而言，在設定競選傳播的分析架構之後，接下來就是要選定個案分析的研究對象，除了要獲得最新與最豐富的研究資料之外，還要能兼顧時效性和完整性的考量。在本系列研究最初發想期間，正逢二〇〇九年的台灣縣市長選舉，從中尋找研究對象，不但能就地取材，更能符合選舉研究的時效性。筆者於是在二〇〇九年三合一大選期間，成立研究小組，親赴宜蘭縣進行競選傳播的初探性研究，獲得重要的深度訪談資料，並歸納出結論，成為日後本土競選傳播研究的重要基礎。之後又前往花蓮，對二〇〇九年花蓮縣長選舉中三位候選人使用的競選傳播策略，做更全面的探索，而完成本書所有的資料蒐集與分析工作。研究團隊之所以選擇宜蘭與花蓮兩個選區而捨棄其他選區，除了研究資源的限制外，最主要也是考量到這兩個選區的百里侯之爭異常激烈，候選人勢必運用一切可能的競選傳播策略爭取選民支持，因此適合做為觀察台灣縣市長選舉競選傳播策略的分析個案。

當時的宜蘭縣長選舉被認為是國民黨與民進黨的決戰之地，除了兩位候選人實力相當、平分秋色外，更有其複雜的歷史因素。宜蘭縣一直以來被譽為「民主聖地」，主要是民進黨在此曾經擁有連續長達二十五年的執政經驗，不料四年前卻被國民黨籍的呂國華拿下縣長寶座，一夕之間由綠地轉藍天的遺憾，讓綠營在四年後勢必要傾盡全力奪回執政權，於是推派前羅東鎮長林聰賢為候選人，民進黨黨主席蔡英文也認為「拿回宜蘭才算真正勝利」。然而已經穩座四年縣長寶座的呂國華，對於連任的企圖心也十分旺盛，更不願見到民進黨再回鍋執政，於是乎造就了宜蘭縣緊繃且膠著的選情，無庸置疑的，兩位候選人的戰爭就是兩黨激烈對決的縮影。

宜蘭縣很明顯的是國民兩黨對峙的所在地，選情相對還比較單純，然而同時期的花蓮地區，卻產生截然不同的情況，亦是另一場激烈的百里侯爭奪戰，而候選人的競選傳播策略又在其中扮演何種關鍵性的角色？欲剖析花蓮縣縣長候選人的競選傳播策略與實際作為，就必須先了解當時台灣的整體政治環境變遷與花蓮縣的地方政治生態，才能對花蓮縣的複雜選情理出一條清晰的脈絡。

二〇〇九年的大選是包含縣市長、縣議員及鄉鎮長在內的三合一選舉，除了二〇一〇年即將升格合併的台北縣、台中縣、台南縣、高雄縣以及原有的台北市之外，在十七個選舉的縣市中，其中宜蘭、花蓮、嘉義、新竹等地區被媒體貼上「重要選區」的標籤，其中也不乏有新聞工作者將此次的縣市長選舉賦予重要意義，「這次十七縣市長選舉是馬就任總統並兼國民黨黨魁以來，首度面對選民檢驗」（胡文輝，2009），不少政治人物認為，這不僅是對馬英九總統執政以來的期中考，更是二〇一〇年五都選舉的激烈前哨戰。

眾所皆知，二〇〇九年底的花蓮縣市長選舉，是一場激烈鬥智的政治版圖之爭，長期以來由國民黨執政的後山地區，竟然上演自家子弟兵分裂及出走的情節。在黨內初選期間，就掀起一股不小的風波。當時黨中央有意徵召前衛生署長葉金川參選花蓮縣長，卻遭到外界質疑國民黨有黑箱作業之嫌，造成社會觀感不佳，於是國民黨改採電話民調以平息社會輿論壓力，最後確定由花蓮縣政府參議杜麗華脫穎而出，正式代表國民黨成為花蓮縣長候選人；原國民黨籍立委傅崐萁則因有案在身，在國民黨主席馬英九要求候選人必須形象清廉的前提下，傅崐萁在初選階段並未能獲得黨內提名，憤而脫黨參選，於是遭到開除黨籍；另一方面，原國民黨籍的現任副縣長張志明則認為黨內初選機制荒腔走板，也自動放棄參加初選，宣佈退黨參選。這樣的結果讓原本是國民黨鐵票區的花蓮，蒙上一層同室操戈的陰影，也增添幾分不可預知的變數。

本質都是泛藍的三個陣營，在民進黨未推派人選的情勢下，似乎塑造三強鼎立的局面。當時地方記者就大膽預測，「國民黨花蓮縣長黨內初選是一場詭譎又複雜的連續劇，積極爭取黨內提名的杜麗華，儘管如願以償，但是初選時，黨內同志刀刀見骨的殺伐，導致國民黨在花蓮『三分天下』態勢儼然成形，各界都在看國民黨接下來要如何重整這片破碎山河。」（范振和，2009）。這不僅讓外界將國民黨扣上兄弟鬩牆的帽子，也讓本次的花蓮縣長選舉更加耐人尋味。此外媒體為了強化選戰的刺激性與新鮮感，更將花蓮縣貼上「二級戰區」的標籤，顯示其激烈程度僅次於由藍綠捉對廝殺的宜蘭縣。種種情況都說明了花蓮縣的選情詭變複雜，不到最後一刻，難以斷定孰勝孰敗。

在如此難分軒輊的狀況下，照道理說，各個候選人勢必會在多面向的競選傳播活動中用盡一切力量，以達勝選目標，反之在選情較為單純、勝負早有定論的選區，只要選前被預測篤定當選或勢必敗選的候選人，在競選傳播上就顯得較為鬆懈，或許也就不會像花蓮縣長的候選人一樣，花費全部的心思去擘劃各種可能的競選傳播策略或作為。因此，以花蓮縣長候選人的競選傳播做為個案分析對象，應該是較能獲得豐碩研究成果的合理選擇。

投票日十二月六號當天下午六點半，才開票一個半小時左右，傅崐萁的票數已遙遙領先，張志明和杜麗華幾乎同時承認敗選，傅崐萁更在中選會公佈結果之前，自行宣佈當選。雖然在選前外界就預期這次花蓮縣長選舉對國民黨來說會是一場硬仗，但卻沒料到結果會是如此令人錯愕。根據中央選舉委員會所公佈的資料顯示，無黨籍的傅崐萁總得票數為85,532票，得票率為56.37％，國民黨籍的杜麗華總得票數為38,603票，得票率為25.44％，另外無黨籍的張志明總得票數為27,595票，得票率為18.19％，三方差距相當懸殊，結果顯然一面倒，儘管這場選舉被外界認為是泛藍的同室操戈，但並沒有出現所謂三強鼎立的情況，傅崐萁的實力遠遠超過另外兩位候選人，甚至是「一加一大於二」的大勝局面，順利登上縣長寶座。很顯然地，馬總統親自多次造訪花蓮，偕同黨內大老和行政首長為國民黨候選人杜麗華站台拉票，也難以力挽狂瀾，無法產生良好的拉抬效果。這讓六十年來都由國民黨執政的花蓮縣，第一次吞下慘烈的敗仗，馬英九的聲勢威望也因此深深重挫。

國民黨在花蓮縣的挫敗無疑是重重的一擊，從歷史脈絡來看，花蓮縣一向被稱為藍營的鐵票區，過去都是國民黨說了算，只要提名就等於篤定當選，即便在民進黨執政期間，游盈隆挾龐大行政資源體系，接受民進黨徵召參選花蓮縣長，仍然不敵謝深山所擁有的藍軍強力後盾，讓謝兩度輕騎過關。「若非馬英九堅持不讓傅選，一再修改初選遊戲規則，國民黨幾乎可以躺著選。」（林金池，2009）。聯合報地方特派記者的報導中也指出，「花蓮是以往選舉最能『貫徹』國民黨黨意的縣市之一，這次選舉，黨意在眷村鐵票區卻出現難以下達的情形，藍營選票掉到基本盤下。」（洪肇君，2009）。國民黨在不該輸的地方卻慘遭滑鐵盧，除了候選人本身該反省檢討外，也反映出競選傳播策略的重要性。此次選舉若非是國民黨內部高層的決策過程出現爭議或失誤，必定是傅崐萁陣營在整體競選策略有過人之處。不少地方人士認為，這是肇因於傅崐萁在八年立委期間對花蓮當地的紮根經營，長期對地方的照顧和關懷，深入基層拓展細密的人際網絡，也順理成章在此次選舉結果中得到適當的反饋。

影響此次花蓮縣長的選舉結果因素除了上述所及之外，整體政治環境的變遷也不得不考慮在內，分析台灣目前的政治生態可從中略知一二。回溯二〇〇八年的總統大選情況，當時馬英九和副手蕭萬長以7,659,014之總得票數，即超過58％的得票率高票當選，成為中華民國第十二屆的正副總統。同時馬總統在競選期間所發表的經濟政策白皮書中，信誓旦旦地提出「六三三」政策，即上任之後將帶領台灣達成「年經濟成長率6％、二〇一二年前失業率降至3％以下、二〇一六年人均所得達3萬美元」等三項目標，此政見搭配「馬上好」、「我們準備好了」等選舉口號，讓數以百萬的選民對馬英九寄予厚望，也對再次的政黨輪替充滿無比信心。

自從總統馬英九於二〇〇八年五月就職之後，外界都抱持著高度期待，期望馬政府能革除前朝的貪腐和弊病，重新整頓行政團隊，加強內閣施政效率。然而事與願違，無奈馬總統上任以來，面臨美國金融風暴襲捲，整體經濟情況不見好轉，失業率居高不下，一度飆至6.13％的歷史新高，令民眾大失所望，「六三三」政策無法兌現，只能默默宣告跳票。尤其歷經二〇〇八年的「八八風災」事件後，顯示馬政府當下的危機處理能力並不恰當，導致外界批評聲浪不斷，紛紛質疑馬團隊的執政能力。也因此二〇〇九年的三合一大選被賦予幾分政治性和歷史性的意義，不僅被公認是一場對馬政府的期中考試，更是反對黨趁機蓄積實力、大力反擊的時刻。

三合一選舉時，執政黨與在野黨雙方陣營無不蓄勢待發，畢竟民進黨自從二〇〇四年總統大選之後，幾乎是每選必敗，加上前總統陳水扁的貪瀆案所籠罩的陰霾之下，讓民進黨氣勢呈現低迷狀態，於是以馬英九為首的國民黨勢力以摧枯拉朽之姿縱橫台灣政壇。然而就職一年多以來，馬團隊的執政績效並未充份彰顯，所謂的「馬英九光環」更在八八水患後瞬間褪色。三合一的選舉結果揭曉，宜蘭縣由「藍天」變「綠地」，國民黨在綠營基本盤的幾個縣市全部慘敗，在該大幅領先的地方也只有小勝而已，政黨得票率巨幅下挫，而一向為國民黨鐵票區的花蓮縣也無法守住，將縣長寶座拱手讓人。「儘管最後國民黨勉力維持十二席，但一葉知秋，這場選舉至少已預告馬英九統治力出現鬆動」（陳嘉宏，2009）。民進黨主席更不諱言，「這次選戰最大的意義，就是人民對馬政府政績投下不信任投票」（林政忠、林河名，2009）。某些媒體工作者更大膽斷言，「這是選民給予民進黨一個重新再起的機會，此次選戰是綠營的翻轉契機。」（李欣芳，2009），「馬英九和國民黨若還聽不進民意反彈的聲浪，明年直轄市長選戰，就是藍、綠政治版圖再次翻轉的開始。」（王寓中，2009）。由各方論述隱約可見，大多數的人都普遍認為過去具有濃厚領導魅力的馬英九，其政治光環已經不復存在，其個人聲望也難以左右選情發展，取而代之的，候選人所屬政黨的整體表現也成為選民評判的準則之一，此次期中選舉，國民黨似乎拿下一張不及格的成績單。

以上為針對宜蘭花蓮縣選前的政治情勢做簡要概述，畢竟要贏得一場選戰，不論是政黨或候選人，都必須掌握當時的政治生態，洞悉當地政治版圖，才能有效描繪出選戰策略藍圖，做為各陣營進行策略擘劃與執行的重要參考依據。

第三節　大選戰的觀察焦點

基於前述所及，我們得知競選傳播策略是整場選戰中的核心角色，候選人陣營在競選傳播策略的擘劃與執行也可能影響選舉結果的成敗，因此開始擬定競選策略之時，也不得不小心翼翼、步步為營，不論是攻、打、守、辯等各方面，都必須依照選情的不同階段做適度調整。本系列研究將依據美國政治傳播學者Trent & Friedenberg（2008）所發展出的競選傳播架構，進行宜蘭與花蓮縣長選舉候選人在競選傳播策略的分析，分別就候選人的競選風格（campaign style）、現任者或挑戰者的優、劣勢、當下的政治情勢等面向做整體剖析，而後逐一檢視候選人在競選廣告、新聞記者會、公共演說與公開辯論、代言人行為、人際傳播、網際網路或新傳播科技等不同層面的競選傳播策略與實際作為，進行系統性的觀察分析，藉此洞察候選人陣營如何有效運用其競選傳播策略，來贏得選戰勝利。於是，在確立基本研究架構與個案分析對象後，本系列研究將針對候選人在各方面的競選傳播策略做逐步探討。以下便是本研究要深入探討的問題，也是從競選傳播角度來觀察一場重要選戰時，關切的焦點：

研究問題一：在二〇〇九年的宜蘭與花蓮縣長選舉中，候選人如何評估自身所處的選舉情勢？

研究問題二：在二〇〇九年的宜蘭與花蓮縣長選舉中，候選人的競選風格與競選主軸為何？

研究問題三：在二〇〇九年的宜蘭與花蓮縣長選舉中，候選人所使用的競選廣告策略及實際執行面為何？

研究問題四：在二〇〇九年的宜蘭與花蓮縣長選舉中，候選人舉行記者會的策略及實際執行面為何？

研究問題五：在二〇〇九年的宜蘭與花蓮縣長選舉中，候選人在公共演說與辯論的策略及實際執行面為何？

研究問題六：在二〇〇九年的宜蘭與花蓮縣長選舉中，候選人在代言人運用的策略及實際執行面為何？

研究問題七：在二〇〇九年的宜蘭與花蓮縣長選舉中，候選人的人際傳播策略及實際執行面為何？

研究問題八：在二〇〇九年的宜蘭與花蓮縣長選舉中，候選人的網際網路傳播策略及實際執行面為何？

研究問題九：在二〇〇九年的宜蘭與花蓮縣長選舉中，候選人在競選傳播策略之整體評估為何？

本研究的研究問題雖然多而繁複，但筆者希望藉由競選中各個面向的剖析，探視競選活動的整體面貌，扣連「競選」與「傳播」兩大概念，並進行鳥瞰式的觀察分析，試圖建構出本土競選傳播研究的模型，並檢證Trent & Friedenberg（2008）所發展之理論架構，乃是本系列研究主旨所在。

第二章　競選傳播的基本觀念

第一節　競選傳播基本概念詮釋

近年來，競選傳播研究已逐漸成為政治傳播領域中的新興課題。以往所謂的選舉相關研究大多歸類於政治傳播領域的一門分支，直到一九八〇年代，「競選傳播」的概念才開始受到學界關注而廣泛討論。競選傳播屬於政治傳播中的重要領域，它所重視的是民主國家在競選過程中的傳播現象（彭懷恩，2005）。美國政治傳播學者Benoit（2007）亦指出，競選傳播的本質就是透過各種競選訊息來區隔候選人與競爭對手，以期建立選民心目中相對喜好度的比較行動。是以英文中「political campaign communication」所指涉的意義除了選舉過程中的所有傳播行為外，更重視候選人彼此之間的競選行為，在選舉期間，候選人或其競選團隊無不費盡心思利用各式各樣的傳播管道來進行宣傳，擬定完善的競選傳播策略，以求獲得選戰勝利。

誠如學者Trent & Friedenberg（2008）所言，政治選舉活動是一種傳播活動，它以眾多形式呈現，結合了經濟、社會、哲學及歷史層面的特色，並反映在選舉的過程之中，而每一場競選活動的精髓就是傳播，因此在競選活動的開始、過程及結束，都仰賴傳播行為形塑意義（Trent & Friedenberg, 2008）。由此可知競選活動和傳播行為息息相關，競選活動的開展與完結，皆須仰賴傳播行為做為中介，才能傳達各種訊息至社會大眾身上。

競選與傳播的關係密不可分，其主要研究的課題是競選過程中的各種傳播現象，其中囊括了「大眾傳播」和「人際傳播」（彭懷恩，2005）。在「大眾傳播」面向上，主要探討的是候選人如何利用現有的大眾傳播媒體，去宣揚候選人的所作所為，並打開知名度，使民眾認知到候選人的存在，進而尋求支持；而在「人際傳播」面向上，主要是剖析候選人如何善用既有的人力資源，建構廣闊的人脈關係和組織網絡，藉由人際互動或與選民親身接觸，以獲得民眾青睞。然而「競選傳播」從政治傳播領域中獨立出來之後，截至目前為止，尚未發展出一套完整又具體可行的競選傳播研究架構，使得相關研究軸線仍未明朗化，實為目前學術上的一大缺憾。

關於競選傳播的意義，Trent & Friedenberg（2008）也從認識論的觀點來加以說明。Trent & Friedenberg（2008）指出，選舉活動可以視為一種傳播活動，選舉的存在，根源於競選傳播活動的實踐。換句話說，肇因於競選傳播活動的存在，民眾才能適時感受到選舉正如火如荼的進行，而選舉則必須仰賴傳播媒介或人際溝通做為橋樑，否則競選活動將不復存在。另一方面，就競選傳播的功能而言，在選戰剛起跑時，可以藉由傳播活動讓選民認識所有的候選人，在選舉期間，也讓選民了解候選人的政見與競選活動，提高政治參與度，並激發民眾對選舉的興趣，在選舉結束時，能讓候選人自我檢討，檢視自己在傳播策略上的優缺點，找出改進與修正的方針，以求在下次競選中贏得勝利。它將政治傳播中傳播者、訊息、管道、受播者及反應等因素納入選舉過程的分析中，並兼顧各個面向的傳播行為。循此，競選傳播成為研究政治傳播不可忽略的重要領域。

美國政治傳播學者Shea（2001）則對競選策略做出明確解釋，他認為競選策略是一套選舉的藍圖，同時它包含了若干條件，例如設立目標選民並接觸他們、設定傳播訊息、擷取必要資源及規劃活動進程與戰術。大致確立各項戰略層次與方向之後，候選人便會考量需要透過何種訊息產製、媒介選擇、公關及人際傳播策略的實行，才能徹底執行策略的目標。此外，競選策略還可簡略定義為「政黨及候選人能真正洞察週遭環境變化，選定特定議題，並運用手段，以獲得目標市場及選民的支持，達成當選之目的，並取得政治權力的活動過程（任宜誠，1989）。

選舉就像戰爭一樣，貫穿著許多不同的決策，過程中的錯誤愈少，也愈有勝算把握。選舉中的競爭策略就是要定位候選人，使其與眾不同的形象聲譽以及潛在價值發揮到最大，而擬定策略的核心工作便是徹底分析競爭對象。競爭對象的分析目的，就是將每一位競爭者的背景、資源、形象、派系、票源、政見訴求做全盤檢查，並探討競爭環境變化所可能採取的對策，評估或推測每個潛在競爭者的攻防策略或實際行動（黃俊英、范揚松等著，1993）。此外競選策略所考量的重點，在於各候選人在選戰中對本身主客觀條件的認知，以及各自的選舉目標與選舉主軸上的差異，這些都必須相互配合，否則選民容易產生認同上的障礙，對勝選會造成不利的影響（范惟翔、蔡明純、羅聖宗，2007）。

競選策略等同於候選人一系列的傳播策略呈現，沒有一種競選模式能夠一直沿用不變，必須依照新聞事件或情況做適度修正。也因此競選策略對選舉結果有極大影響力，在擬定任何選舉策略之前，先決條件是必須先了解整體大環境與政治體系，因為選舉策略都是在特定環境下形成，如果候選人是理性的，應該會優先考慮個人及選區環境的特質，再決定採取何種選舉策略，以達勝選目標（陳彥佑，2006）。所謂的環境因素主要包括選民、選舉區的利益團體、候選人所屬政黨、當時的選舉制度等，候選人也必須了解選民的投票行為模式，做出策略抉擇，同時候選人本身的條件因素也會影響策略的擬定，像是候選人個人屬性、是否為現任者、以及在現任公職中的能見度（Gant, 1983）。

Salmore & Salmore（1985）指出，競選策略基本上可分為四種型態。第一，是以政黨為中心的競選策略，此種策略適用於選民政黨忠誠度較高的地區，依賴政黨組織提供資源；第二，是採議題取向，用以尋求不同政黨意識的群體支持。第三，強調候選人形象，企圖以候選人本身的優點來獲取支持；第四，以過去政績為中心的競選策略，也就是針對爭取連任的候選人，強調過去的施政表現、選區服務、地方建設等政績，做為選民評價候選人的指標。

一般而言，在訂定競選策略時，應該包含五項內容，分別是：競選的經費、確定的目標、幕僚工作人員的多寡、募款競選經費、選戰進行時程等（彭懷恩，2005）。擬定競選計劃的步驟確立之後，接下來就要思考競選傳播活動該如何逐步開展。Benoit（2007）認為，候選人進行競選活動的主要目的是贏得選戰，競選活動本身是達成勝選目的的一項工具，而選民的投票抉擇過程就是一種比較選擇的過程，從兩位或兩位以上的候選人選出一人來支持。為此候選人必須將自己和對手區隔開來，而競選訊息的傳播過程允許候選人進行區隔，期間政策立場和人格特質是區隔的主題，並透過正面形象塑造、攻擊對手及防衛對手攻擊等三種方式，建立選民對候選人的偏好，來引導民眾的投票選擇（廖益興，2008）。是以各種競選活動的進行都和整體競選傳播策略環環相扣，唯有擘劃完善的競選傳播計劃，透過競選活動製造訊息，傳達給社會大眾，才能確實貫徹候選人之政見或理念，俾能達到勝選目的。

由於現代選舉日益激烈化與多元化，造就競選專家及政治顧問行業大幅成長，競選傳播的專業化成為民主發展的新趨勢，衍生了政治顧問或選舉專家的角色。專業的競選幕僚會透過社會科學方法進行民意調查，掌握選民需求，以此擬定候選人的訴求與募款計畫，同時擘劃一系列有效觸達選民的策略，因此現今選舉已經不再以政黨或候選人為中心，而是以專業幕僚為中心的選舉（Shea, 2001）。顯示選舉不再是候選人之間的戰爭而已，而是競選團隊或專業幕僚之間的捉對廝殺。從候選人一對一的激烈競爭轉變為競選團隊彼此的鬥智謀略，所象徵的意義是選舉充斥許多詭譎多變的路數，選舉期間的種種變化更是複雜難料，此種情況也體現了競選傳播策略的重要性。

儘管競選傳播策略是整體選戰的核心要素，但並非一成不變地依循固定模式，必須視當時情況而定。競選傳播策略在選戰期間的各個階段，都會有不同的變動及發展，除了依據當時政治生態或社會環境的變化做些微調整，更會檢視候選人本身的競選策略是否符合選民期望。學者梭伯與納爾遜曾指出，好的競選策略必須把握四項原則（郭岱君譯，1999）：

1.永遠把選民分為支持者、反對者與游離票

2.用科學方法來區分這三種選民

3.鎖定可能支持我們的選民，以獲得當選必要的票數

4.投下選舉資源，爭取游離票及鞏固支持者的選票

很顯然地，上述四點是站在選民的立場為出發點，以選民為參考指標固然相當重要，畢竟選舉的成敗端看選民是否投下神聖的一票給候選人，替候選人爭取選戰的勝利。但如果只注重選民的想法，卻往往忽略了整體政治環境的變化以及競爭對手所施展的策略，也因此傳統上只重視選民結構的選舉研究，只能就投票行為予以解釋選舉結果，無法就候選人及其競選團隊的策略予以剖析，但事實上，候選人的競選傳播策略才是主導選戰輸贏的關鍵所在，因為它涉及了政治、社會及文化脈絡，還要注意對手突如其來的攻訐招術以及考量各種傳播工具的使用，這正是本系列研究要探討與釐清的重點。

第二節　競選傳播策略

一、競選風格

根據Trent & Friedenberg（2008）的看法，競選風格與競選策略是選戰核心，所謂的風格（style）是一種被認知到的競選模式，一般而言，競選風格中最常見到的兩種分別為現任者與挑戰者，現任者即是卸下某公職後，繼續同黨參選連任的人。由於選戰策略的五花八門，使現任者和挑戰者在傳播策略的分析和系統性的調查上顯得更為重要。事實上，候選人要採取現任者策略或是挑戰者策略，並沒有特別的限制，許多候選人也經常將兩種模式混合使用，因此競選模式是依照候選人和競選團隊在不同競選活動特定時間內的需要而機動調整（彭懷恩，2005）。

分析風格可以由候選人的言辭去理解，像是演講、記者會、面談、廣告、脫口秀等場合中進行觀察，其中也包含了非語文傳播，像是穿著、肢體語言、環境等。因此了解競選模式最好的方式，就是根據選戰中的每一個環節，逐項檢視候選人的選戰策略。以下就候選人的競選風格形式詳加闡述說明：

1. 現任者風格

現任者被認為是一種象徵性的資源（Schmidt, 1982）。現任者的競選是一種系統性和計劃性的傳播策略，使他們能夠勝任這個職位並擁有這個職位，而現任者通常傾向會贏得選舉。Fenno（1978）指出，現任者是勝任公職的資源之一，也是一個可開發利用的機會。換句話說，現任者通常享有98％的成功率（Nelson, 2001）。

一般在談到現任者的競選風格時，大部份學者都認為現任者比挑戰者更具有優勢，因為現任者擁有現任公職的資源。此外，Trent & Friedenberg（2008）指出，現任者在符號操弄上，必須掌握兩個重點，首先是要讓候選人看似勝任這個職位，也就是具備現任者該有的姿態，再者是採取較務實的傳播策略，也就是投注大量的技術、時間和金錢，成功創造形象。而現任者經常運用以下四種象徵性的策略：

(1)職位的表徵性：

利用象徵性策略去傳達職位本身的力量及重要性，例如總統的職位就代表權力。現任者通常具有掌握權力的人格特質，而現任者在肢體上的每個動作都經由刻意訓練，顯示他們看起來是重要且具有地位的。現任者經常利用某些具體的象徵去提醒選民他們的權力所在。

(2)職位的正當性：

職位代表的是合法性，誰坐擁公職，誰就是邏輯上的領導者，其正統性來自於公眾的信任。因此在選舉期間，其職位提供了無疵置疑的政治合法性，也提醒選民承認候選人的參選資格。

(3)職位和能力：

能力是伴隨職位而來的無形工具，例如：我們相信總統做事的能力，也就等於認同「所有問題都能被解決」。我們對於職位本身具有強烈認同，以致於不論現任者從事哪些和個人議題有關的事，大多數的選民仍然傾向於支持他。

(4)職位和個人魅力：

現任者是依據其在公職上的能力表現去傳達個人特質。許多現任者會透過競選期間的拜票活動來增加個人魅力，希望營造候選人所到之處充滿興奮、魅力及戲劇性的氛圍，將個人魅力與其職位進行有效聯結。

另一方面，在策略的戰術運用上，下列幾種則是現任者經常使用的選舉戰術：

A創造假事件來吸引媒體注意力：現任者有較多機會參與儀式性的場合，也能控制媒體的報導量。

B透過政治任命指派工作：委派職務給政治上的伙伴或未來潛在支持者，給予一個關鍵性職位，在競選期間或許會得到相對報酬。

C成立任務編組去調查公眾關心的事務：使候選人能了解並關心特定選區的重要議題，並尋求支持者。

D適當撥款補助：適時補助地方或特定社團。

E與世界知名領袖會面：與重要人士會談能建立個人的重要性。

F操控國內重要議題：確保部份特殊團體的利益，以鞏固選票。

G取得其他領袖的背書：取得黨內或是其他具有高認同、高支持、高聲望的社會領袖背書，即代表其執政時期的成功。

H強調施政成就：展現其執政期間具體的施政成就。

I營造「跳脫選戰格局」的姿態：強調參選是基於對國家的責任感，避免承認對手的存在，必要時保持政治沉默。

J運用代言人：依賴其親友成為代言人，協助各地的宣傳工作。

K凸顯解決國際危機的能力：強調其解決問題的魄力，讓民眾體認到現今的局勢並不適合更換執政者。

上述所及是現任者較常在競選中使用的策略戰術，雖然現任者具備許多挑戰者所沒有的優勢，但並不表示整體局勢對現任者都是有利的，畢竟現任者擁有較多施政包袱，因此在面對過去不佳的施政紀錄時，可能被迫採取防守姿態。其次一般選民也習慣苛責現任者的過失，採用較嚴厲的角度去檢視，但是某些問題並非他們應該負責的。再者，現任者往往還有公職在身，若太過沉溺於競選活動之中，則容易受到外界批評。

2.挑戰者風格

至於挑戰者，依據Trent & Friedenberg（2008）的看法，挑戰者的風格可以視為一種兩階段的過程，首先，挑戰者必須先激發選民對於現狀的不滿；再者，試圖讓選民接受自己提出的政見並突破僵局，說服選民「改變」的必要性。一般說來，挑戰者如果遭遇失敗，往往都是由於缺乏第二階段的說明，無法證明自己是最佳人選，以致於無法搏得選民信任。以下幾點是挑戰者經常使用的選舉戰術：

(1)攻擊政績

攻擊對手政績是挑戰者最常採取的策略，假使對手並非現任者，也可以攻擊其在政黨中的表現，塑造選民對能力的質疑，促使公眾察覺問題的存在，以及對於現狀的不滿。

(2)對各項議題採取攻擊位置

對於現任者所提出的各項競選議題均採取攻擊姿態，但是從來不提出合適或具體的解決方針，畢竟愈多、愈詳盡的解決方案只會讓挑戰者遭受更多來自於對手的檢視和攻擊。

(3)號召改變

挑戰者在參選動機上，最明顯的一點就是訴諸改變，因為挑戰者認為「改變」是必要的，變動涉及許多層次，能讓國家再次運作、經濟起飛之外，並且重新建立一個誠實清廉的政府。

(4)強調前景樂觀

挑戰者不僅要攻擊現任者所營造的現狀，更要對選民做出承諾，讓未來變得更美好，賦予選民一個希望與榮景。

(5)維繫傳統價值體系

由於多數的選民都出身中產階級，通常害怕太劇烈的改變，因此，挑戰者的主要策略雖然是追求改變，但並非表示重新界定價值，成功的挑戰者會重新強調價值的重要性，而非全盤推翻原有的價值體系。

(6)代言人的攻擊策略

攻擊雖然是挑戰者的主要策略之一，但要避免流於煽動、誹謗的言論，較聰明的挑戰者會將一些較為苛薄、尖銳的言辭留給其伴侶或是代言人來訴諸表達。

3.混合風格

除了現任者風格與挑戰者風格之外，Trent & Friedenberg（2008）認為，許多候選人也會將兩種風格混合並用。混合風格的最大特徵即是將自己排除在現任者或是挑戰者的立場之外，將現任者以及挑戰者可能會使用的競選策略交互為用。挑戰者會試圖去強調其在公眾生活的成就，也會找機會和其他領袖會晤，以提升其知名度。同樣地，現任者有時也會去挪用挑戰者的策略，強調特定的意識形態，或是依賴其代言人進行攻擊。

此外當兩個人都位居挑戰者的角色時，候選人常會採用以下策略戰術：

(1)現任者自居，表示承接上一任公職人員的優勢與聲望。

(2)把對手塑造成可能的現任者，對其採取較多的攻擊策略。

(3)採用政黨意識型態的攻擊，將過去同黨者的政績或黨派中的某些作為予以簡單化或標籤化，方便民眾認知與了解。

二、競選策略與競選主軸

選舉策略中最重要的部份就是「定位」，定位是所有思考的主幹，也就是前進的「路線圖」，定位的基本原則並不是一廂情願去塑造最新或最獨特的東西，而是洞察到原本就保存在人們心目中的期待（邱健吾，2007）。因此在選舉過程中，政黨或候選人皆會依照既定的競選策略主軸來行動，競選策略方針往往會影響選戰的每個步驟，甚至決定選舉結果成敗。於是在擬定任何競選策略之前，先決條件便是對整體大環境與政治體系有初步了解，畢竟競選策略都是因為特定的環境下所塑造出來的，是故政黨或候選人都必須深入剖析自己所處的選區環境，做紮實而透徹的了解（陳彥佑，2006）。因此Gant（1983）指出，候選人必須對選區中的選民、利益團體、候選人所屬政黨、選舉制度等有所了解，並洞悉選民投票行為模式，同時考量候選人本身條件因素的影響。

擬定競選策略需考慮四個關鍵要素，其中包括內部因素與外部因素，所謂的內部因素指的是競選總部的優勢與劣勢、候選人與競選幹部的個人價值觀，不論是候選人或總部本身的資源、選舉經驗、財務後盾、人脈關係等，都必須和競爭者相互比較，才能知己知彼。而候選人或其幹部的價值觀或動機也會影響競選策略的方向。另外外部因素則涵括整體選情的機會與威脅、社會或選民的期望和心聲兩方面，選區內的機會與威脅界定競爭的環境，也造就各地特有的競選情勢，此外在擬定競選策略時，也不能忽略政黨的總體選舉戰略以及符合選民的期盼（黃俊英、范揚松等著，1993）。一個有經驗、有計畫的選舉活動，一定要將這四個關鍵因素列為重要參考準則，在各個條件獲得良好協調下，方能產生強而有力的競選傳播策略。

Dawson & Zinser（1976）也認為，競選策略無法排除選區的政治特徵、候選人的政治特徵、選區人口特性、競選資源的運用等四項因素限制。此外，游清鑫（1996）也提到，舉凡政治制度、候選人的政黨、候選人本身的條件、選區選民的特性、及其他特殊事件等五項因素，這些因素的互動也會影響選舉策略改變或進行。

候選人的競選策略與訴求不但是整個競選活動的核心，其運用結果更是直接影響選情發展和選舉效能，在競選活動進入公開化階段之後，此時的首要之務，就是要能將各種訊息散播出去，說服選民投票支持候選人，因此競選主軸的設定在此進程中扮演相當重要的角色（彭懷恩，2005）。

另一方面，Herrnson（1995）對競選主軸做了簡單定義，所謂的競選訊息是候選人的形象以及議題資訊的混合體。最成功的訊息是主軸式的，它包含一些事實性的資訊結合，像是候選人的執政品質、政黨情感、個人成就以及議題立場等，利用這些訊息來產生對該候選人一致性的形象。此外Shea（2001）也指出，選民需要從簡單明確的訊息中，從中獲得候選人所強調的議題面向，並了解其支持候選人的理由，因此良好競選計畫的第一步，就是設定競選主軸與競選議題，並依照時間點規劃競選進程，從而依據競選主軸推估對手的競選策略，展開更細緻的攻防策略。

競選主軸的主要功能，就是明確指出候選人的競選為何而來，同時是候選人對其職位的預設或遠景，通常會採用最簡單明瞭的言詞或概念，對選民表達其最重要的競選理念，讓選民區分該候選人與其他競爭者的差異（彭懷恩，2005）。競選主軸的訂定，是每位候選人參與政治選舉，贏得勝利的主要宣傳訴求，同時是爭取選民認同，獲取社會大眾支持不可或缺的基本要素。不論是政黨或候選人陣營，必須依據當前的社會脈動，因時、因地、因人制宜原則，來訂定競選宣傳主軸，而選舉類別、選民結構、社會環境、選戰時機等相關因素也須納入考量，依照個人理念及參選訴求不同而有所區隔，但基本重點仍在於需符合當地選民的需求和期望，找出問題對症下藥，才能引起選民的共鳴，達到應有的宣傳效果（李學華，2005）。

競選主軸可視為第一個要向選民傳達的重要訊息，畢竟選戰中各項議題五花八門，選民所關心的事情相當有限，因此需要一個明確又簡潔的競選主軸或競選議題，來吸引選民的注意力，幫助選民進行投票抉擇。競選主軸的訂定經常利用簡單的詞語或概念，讓候選人能夠簡潔扼要地向選民闡述其立場和競選理念，塑造與其他競爭者的區隔之處。競選主軸的制定必須考慮當時的政治制度與情勢、候選人條件、選區特性、政黨及候選人資源等因素，並且在各個場合中被反覆陳述（鈕則勳，2005）。另外Thurber & Nelson也指出了競選主軸的六個特性，分別是清晰、簡要、急迫（造成選民在情緒上認同我方的急迫感）、關聯性（與選民對競選環境的認知有關）、對比（和競爭者的理念或立場截然不同）及可信等。同時要持續依賴競選主軸和選民反覆溝通與不斷強調，成為選民的投票參考原則（郭岱君譯，1999）。

鄭自隆（1992）也指出，競選議題要符合時宜性，依當時政治氣氛做調整或改變，而議題的選擇，必須考慮議題如何產生以及議題的可被說服性。是以在競選主軸的設定上，必須把握淺顯易懂、簡潔鮮明的原則，考慮選民的需求，訴諸濃烈的情感，還要符合候選人的核心價值，同時要持續用競選主軸和選民反覆溝通，不斷強調競選主軸的重要性，才能產生效果（鈕則勳，2002a）。由此可知，競選傳播主軸就如同選戰中的中心思想，不但能成為候選人陣營中的指導方針，使策略呈現一貫性，更能贏得選戰議題的設定與主導權，使選民對候選人產生正面評價。此外清晰明確、簡潔有力的競選主軸，也讓選民對候選人訴求更加了解，促進選民對議題的認知能力，搏取目標選民的支持，是以競選主軸可視為整體傳播策略的基石。

三、競選文宣暨競選廣告

在確立競選主軸與設定競選議題後，接下來就必須思考如何將候選人相關政治訊息透過各種傳播通路傳達給民眾知道，並廣為宣傳候選人訴求，藉此讓民眾建立對候選人的認知，塑造其個人特質與形象，並強化選民對候選人的認同，因此大量的競選文宣與競選廣告應運而生，不僅能宣揚候選人及其政黨的政見，陳述競選團隊的主要議題，同時也是選民獲取政治訊息的主要來源。本文以下分別就競選文宣與競選廣告之相關文獻進行探討。

1.競選文宣

競選中最重要的第一步就是發展周詳的計畫，包括為選舉而進行的媒體活動，必須和選舉藍圖緊密扣連，依照事件做適當調整。候選人為了要凸顯自我，提出政見的管道很多，其中競選文宣是一種高度個人化的媒介，而競選文宣的形式可用多樣化的設計來呈現（鮑正綱，1992）。在現代選舉中，競選文宣是競選策略中不可或缺的一環，畢竟當候選人在競選期間，其競選策略對於新聞報導的影響仍屬未知，但在自己的競選文宣內容或風格卻掌握一定的主導權，因此競選文宣運用成功與否，往往關係到候選人能否爭取選民支持以獲得勝選（陳美華，2004）。

競選文宣在選戰中佔有相當重要的位置，就選民立場來說，要在短短幾個月的時間裡，讓選民建立對候選人的形象與認知，並且決定投下神聖的一票，靠的就是經由包裝後的訊息，讓複雜的政治環境簡單化，讓選民對候選人產生一般性或全面性的理解，達到獲取選票的目的（李瑋聆，2003）。所謂的競選文宣囊括了競選廣告及各類文宣品，在現代的選舉中，競選文宣是競選策略中不可或缺的一環。由於競選文宣活動的五花八門，使得競選文宣主軸的擬定、文宣通路、競選傳播大戰訊息、文宣曝光戰術到媒體宣傳的運用方式，每一項都是複雜的科際整合（曾萬，2000）。

一般說來，候選人發表政見、塑造形象、爭取選民支持的管道有「候選人直接與選民接觸」的人際傳播方式，包括政見發表會、挨家挨戶親自請託等，以及「運用傳播媒介做政治宣傳」，包括透過電視、廣播、報紙、宣傳手冊、選舉公報、宣傳單、甚至錄音（影）等媒介，協助候選人影響選民的心理（陳美華，2003）。一個好的競選宣傳活動所包含的層面甚廣，從事前策略規劃到最後訊息傳遞，都需要仔細評估，尤其在文宣通路與文宣訴求的應用上，更是馬虎不得（林建彰，2004）。由此可知，文宣策略幾乎是整體選戰中的最重要的傳播工作，影響與觸及選民的層面也相當廣泛。

所有競選文宣的主要目標都是以「打動選民、贏得選戰」為基本訴求，在候選人方面，候選人是整場競選活動的核心人物，因此在擬定競選文宣計畫時，首要之務就是要適當的包裝候選人，找出其獨特性，並予以定位，以便和其他候選人有所區隔，創造差異性。此外競選文宣的內容就是一種訊息呈現，在訊息表現方面，文宣設計應該輕薄短小、標題聳動有力，文案須追隨標題，宜簡潔流暢，另一方面，競選文宣的主軸就是要提出議題，陳述方式也必須簡單明確，同時幫選民下結論，方能發揮良好的效果（鄭自隆，1995）。是以文宣成功與否，往往象徵候選人或其陣營操弄訊息的能力，畢竟明確的訊息傳達是競選文宣的精髓所在，訊息操作得當，自然能吸引媒體或選民注意，達到宣傳造勢的目的。

曾萬（2000）認為，競選文宣策略必須隨著訴求的選民以及競選環境機動調整，而競選期間候選人的文宣策略也必須隨著宗教、省籍、語言文化、生活習俗來適時調整，才能發揮競選的宣傳效果。因此在規劃政黨及候選人的整體競選文宣策略時，需要把握幾項重點。例如：建立整體競選宣傳網、發言人及新聞聯繫窗口；設定明確的競選文宣主軸；妥善運用專業競選文宣人才；妥善運用文膽及助講團；訓練候選人成為競選宣傳的人才以及成立競選宣傳應變小組等。

若將選舉視為一種行銷過程，候選人就等同於商品，學者鄭自隆（1992）認為，競選文宣策略中最重要的就是定位策略，塑造選民心目中獨特而鮮明的形象。適當的定位必須建立在兩個基礎上，也就是候選人特質與選民區隔。所謂候選人特質可以用「商品歧異性」來解釋，指的是商品獨有的個性或魅力，也就是候選人與眾不同之處，而在候選人特質上，可藉由候選人本身的學識、經歷、品德、過去表現、服務精神、家世、特殊遭遇等來加以凸顯。

在遴選個人特質作為定位基準時，必須同時考慮訴求對象，因為選民握有決定勝負關鍵的選票，候選人必須以適當的文宣觸達選民。但另一方面由於市場異質化的影響，讓選民也形成分眾化市場，雖然每位選民手中都握有一張選票，但選民之間卻有不同的區隔，因此在進行候選人定位之前，要先對支持者有充分了解。常用的幾種角度包括政治態度、性別、年齡、職業、社經地位、籍貫、政見偏好、地域關係、關係團體、政黨關係以及宗教等因素。於是鄭自隆在分析競選文宣策略上，發展出DSP模式，亦即在定位之前，要先同時洞悉候選人特質與釐清選民區隔，二者互動之下，再做出候選人定位，最後構成了競選文宣分析策略模型，如下圖所示：

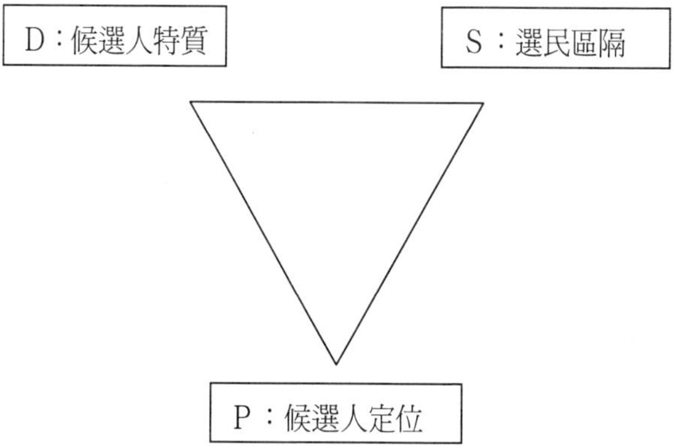

Mauser（1983）也認為，在競選文宣中，必須先替候選人進行策略性的定位，以協助擬定日後的文宣策略和組織競選活動，進行策略性定位時則包含以下步驟。首先要對候選人的基本背景與政治情勢進行初步分析，其次是確認可能的競爭對手，而後描繪選民的認知，發覺候選人的主要特色，再者是洞悉選舉的競爭態勢，確認候選人的定位特色，最後則是評估不同的競選策略，決定競選主軸。由以上論述可清楚知道，不論在任何一場選戰中，策劃競選文宣的第一步就是要先做好候選人的定位，一旦有了明確定位，候選人才能善用自我優勢和利基，充份了解自己和競爭對手的優缺點，從而擘劃合時合宜的競選傳播策略，進而知己知

S：選民區隔

D：候選人特質

P：候選人定位

圖2-1　DSP模式

資料來源：鄭自隆（1992）。《競選文宣策略—廣告、傳播與政治行銷》P. 22

彼、百戰百勝。

2.競選廣告

在美國，一般學界將競選廣告稱為政治廣告，在分類上政治廣告幾乎等同於競選廣告。政治傳播學者Kaid對政治廣告的定義是：「一種傳播過程，由一個候選人或政黨買下各種通路，並透過大眾媒介傳遞政治訊息，企圖影響選民的認知、態度及行為」（Kaid, 1981）。

另外，學者鄭自隆也針對台灣的選舉中，含有政治訊息的廣告做出四種分類，他認為政治廣告可以透過下列形式呈現出來（鄭自隆，1992）：

(1)政令宣導：不只是單純政令或公益訊息傳播，而是在訊息中暗藏意識形態宣導，甚至蘊含其他特定目的存在。

(2)意識形態宣揚：比政令宣導更加赤裸裸，通常會用一些簡潔的口號來表達理想或是所追求的目標。

(3)形象廣告：以塑造選民對候選人良好印象為目的，帶有濃厚公關性質。

(4)競選廣告：在競選期間，政黨、候選人或支持者以當選為目的所做的廣告。

近年來國內外關於競選廣告的研究為數不少，大部份聚焦於競選廣告的策略面與文本分析，此外也不乏學者就競選廣告的功能論來進行研究，討論廣告的正負面類型，而後也逐漸關注廣告所呈現的政策議題和候選人的人格形象特質。

Benoit（2000）以功能論的角度來探討競選廣告，他認為選民之所以會將票投給候選人，是因為候選人會藉由某些表現來增加選民的期待，首先他們會吹捧自我的能力，強調比其他候選人好，再者候選人會採用攻擊方式，試圖降低選民對競爭者的期待，或者會以駁斥的方式重建選民對候選人的信任感，此外選民也會在當選後以正面、負面或駁斥等三種論述功能來評價候選人。此外，Benoit（2000）也認為，競選廣告的功能論可以做為一種研究取徑，用來理解選民的投票行為，選民可藉由候選人過去的表現當作投票指標，並判斷該候選人當選後的可能作為，是否能如期讓政見兌現。另一方面，選民也能依據候選人的個人特質、領導力與理想性等條件成為投票與否之準則。國內傳播學者彭芸（1992）則指出，候選人的政治廣告包含以下幾種功能，分別是增加選民對候選人的認知、提供選民線索及建立候選人和選民的關係、協助候選人進行議題設定以及協助候選人籌募基金或義工。

Nimmo & Combs（1999）在《Mediated Politacal Realities》一書中提到，美國人認為電視是他們最可信的新聞媒體。大眾傳播影響民眾的政治生活，特別是電視這個傳播媒介，不僅連結了選民和政治競選活動，也讓媒體對選舉過程產生重大影響。於是從一九八〇年代開始，三十秒的電視競選廣告成為主流。而從近幾年來的政治廣告也可略見兩個規律性，政治廣告反映整體社會的真實情況，包括社會問題、民眾的態度以及所關注的事物，此外政治廣告也反映主流哲學思想，幫助我們重新理解當代社會脈絡。

此外Devlin（1986）指出，競選廣告的功能除了讚揚候選人的美德外，還包含強化支持者的積極或正面感受、重新定義候選人形象、籌募選舉經費、呈現議題真實資訊以及聚焦於公共價值等。是以競選廣告除了用來強調候選人美德外，也能以不同技巧聚焦在對手上，把重點鎖定在對手缺點而非候選人屬性上，以增加對手的負面形象。某些廣告則利用幽默、荒謬的手法，巧妙導引至對手不討喜的議題上，讓人們察覺競爭者的負面形象，緊扣對手的負面標籤，利用恐懼訴求創造選民對候選人信念的懷疑或焦慮，降低公眾的信任感。

王石番（1991）則認為，政治廣告的目的不在於造成反對者或中立者政治態度的永久性改變，而在於影響個人對某一政治問題的暫時性意見，影響其一時的政治決定，採取對訊息來源有利的行動，建立或維持一種令人喜愛的或樂於見到的良好政治形象。然而電視競選廣告所衍生的一些問題，不得不讓我們重新思考其適用性，像是負面廣告大行其道，間接加深選民的犬儒主義，對政治產生冷感（Gastil, 2008）。電視競選廣告耗費大量成本，讓候選人之間陷入金錢的角逐之中，反而模糊選戰議題，雖然競選活動可能因為競選廣告而變得多彩多姿，卻也讓選舉流於「綜藝化」與「形式化」的窠臼中。

國外學者Joslyn（1990）則指出政治廣告內容通常包括四類基本要求，像是候選人對未來的期望、回顧對手過去政績、展現自己為具親和力的領導者、將選舉視為政治儀式，用戲劇化的主題及行動來引起注意。在了解何謂政治廣告（或競選廣告）以及政治廣告所呈現的內容後，筆者接下來將針對政治廣告的型式類別以及訴求來加以闡述：

首先根據Diamond & Bates（1999）在《The Spot》一書中所提出的論點，政治廣告的發展歷經四個階段，而後形塑了四種不同類型的政治廣告，包括自傳式廣告、論述式廣告、攻擊性廣告以及饒富想像的遠景式廣告。此外，Devlin（1986）也針對一九五二到一九八四年的美國總統競選廣告進行分析，歸納政治廣告所屬類別：

(1) talking head ads：由候選人直接對電視閱聽人進行單向談話。

(2) negative ads：負面廣告型式，主要是攻擊對手。

(3) cinema verite ads：呈現候選人的真實生活。

(4) documentary ads：用紀錄片的方式呈現候選人過去的成就或政績。

(5) man-in-the-street ads：由名人或具有聲勢地位的人代言，講述候選人之正面或競爭對手之負面訊息。

(6) testimonial ads：由社會上的顯要人士來證明候選人之優點。

(7) independent ads：由獨立組織所贊助的競選廣告。

至於Kern（1989）也指出政治廣告包含兩種型態，一是宣言式的廣告（platform ads），主要是呈現候選人表達之立場或反對競爭者的立場；第二種是口號式的廣告（slogan ads），通常缺乏政策陳述，也未清楚說明為何陳述，不提供任何答案。此外Johnson-Cartee & Copeland（1997）則把競選廣告分為四種類型，分別是用正面訴求闡釋候選人的政見或領導能力、以負面手法攻擊對手、以諷刺式的廣告回應對手攻擊以及透過先發制人的「消毒」作用，搶先防範敵對陣營之攻擊。Trent & Friedenberg（2008）綜合了各學者對競選廣告的分類後，簡單歸納出政治競選廣告主要包括讚揚候選人優點的廣告、攻擊或質疑對手的負面廣告以及回應對手攻訐的防禦性廣告。

一般而言，所謂的競選廣告大致可區分為兩種類型，一種是採取正面的宣揚，闡明候選人的政見，或是對特定議題的主張或立場，從而塑造候選人正面清新的形象。另一種是負面的攻擊廣告，乃是針對競爭者的人格特質或過去政績失敗而加以撻伐，暴露其缺點。Joslyn（1990）經過分析發現，最有效果的政治廣告是將候選人貼上仁慈領導者的標籤，讓選民把關注焦點從政治立場或政治價值轉為候選人的人格特質。而學者Miller & Gronbeck（1994）則將負面廣告分為含蓄的（諷刺的）、比較性的、攻擊性的等三種類型。除了直接攻擊對手缺失外，也直接將自己和對手的經驗相互比較，或是用邏輯推理的方式，讓選民理解其中的負面訊息。

簡而言之，正面廣告能結合候選人的領導風格和其人格特質，塑造候選人的英雄形象，有效將議題及候選人正面形象相互聯結，同時透過候選人本身的政治背景、人格特徵將候選人加以定位，強調過去優良的政見或政績，塑造其在選民心目中的正面印象，藉此增進選民對候選人的認知程度，並贏得支持。此外McNair（2004）也提出，候選人在形象廣告上的首要原則就是展現自己獨特的長處，強化自身的優勢，凸顯自我優於他人之所在，形塑選民心中無可取代的特殊形象。

至於負面訊息廣告，是相對於正面廣告的積極性與正面性而言，專指詆毀性廣告。Trent & Friedenberg（2008）認為負面廣告主要是將焦點集中在競爭對手的缺點進行攻擊，增加其負面性，甚至將不受歡迎的議題與競爭者連結，而讓對手被貼上負面形象的標籤。Johnson-Cartee & Copeland（1997）將負面廣告區分為以下五種策略模式，分別是：

(1)將對手的矛盾之處作為負面攻擊素材。

(2)利用中性選民或其他代言人、媒體等發表對競爭對手的反對聲浪。

(3)藉由符號聯想方式，將不受歡迎的符號和競爭對手聯結，將選民憎惡的議題轉移到對手身上。

(4)將選民與競爭對手劃分為兩個不同的族群。

(5)採取藐視性的幽默手法做為負面廣告內容。

因此，負面廣告是一種在選戰過程中，攻擊的一方以對手錯誤做為事實證據、捕風捉影的耳語或陳述為廣告之訊息內容，期待藉以將對手標籤化、負面化，甚至是妖魔化，以達到使對手選票流失、形象毀壞、疲於回應等負面效果，進而創造攻擊者可能的拓票、拉抬選情、主導選戰議題的可欲性結果（鈕則勳，2005）。而近年來負面廣告的比例在競選過程中也逐年增加。Devlin（1986）分析了美國總統大選的廣告，他認為負面廣告越來越大行其道，主要肇因於下列因素：

(1)負面廣告比正面廣告更容易令人記憶。

(2)負面廣告更能打動人心。特別是能改變那些尚未決定投票意向的人。

(3)負面廣告能引發新聞報導價值，獲取報紙或電視新聞較多的報導篇幅。

(4)負面廣告比正面廣告更有創意、獨創性。

(5)某些負面廣告具有幽默感，經常使人會心一笑。

鈕則勳（2004）也認為，負面廣告之所以大行其道還有幾種原因，第一是擾亂對手既定的攻防步驟或企圖產生欺敵效果，因為當競爭者開始進行負面攻擊時，被攻擊的一方會進行相關評估，只要被攻擊者做出反制時，其原本的戰略程序可能被迫中斷或打亂；第二是「搭便車」，特別是那些聲勢落後或知名度不高的候選人，會藉由攻擊知名度較高的候選人，來製造曝光機會；第三是滿足民眾的好奇心或追求八卦的心態，假使在廣告中的訊息涉及人物隱私或含有爭議性的話題，除了成為媒體的鎂光燈焦點外，也會在民眾之間形成茶餘飯後話題。

Trent & Friedenberg（2008）認為，攻擊性廣告容易引發防禦性姿態，即使是挑戰者也會因此減少時間或金錢去呈現正面的形象。它可以分散公眾對議題的注意力，並攻擊現任者的過去政績或改善挑戰者的困窘狀態。此外他也認為，回應攻擊性廣告必須在第一時間盡快回覆，因為人們很容易受到廣告內容影響，也害怕對手會控制或設定對話框架，無法立刻回應攻擊的候選人往往處於較弱勢的地位。回應負面廣告的目的是避免對手攻擊而造成候選人傷害，候選人的立即回應也能讓攻擊主題轉變為候選人的自我防衛，並且將候選人拉回主要攻擊的位置，顯示其高人一等的姿態，假使一直處於防禦性的挨打狀態，贏得選舉的機會將大幅降低。

Pfau & Kenski（1990）指出，最有效率的策略就是在對手使用攻擊性廣告前就搶先攻擊，因為它不只可以在對手攻擊之前就先預期結果並加以回應，也強化未來接受攻擊的抵抗力。但另一方面，Kaid & Bystrom（1999）則對負面廣告持保留態度，關於負面廣告的效果論一直以來都受到很大的爭議，因為它將焦點放置於對手的弱點上，創造人們的片面印象或誤解。筆者以為，負面廣告相互攻訐的本質，可能會使選舉本身失去焦點，議題立場模糊化，無法理性聚焦於公共政策之討論，甚至造成選民的反彈效果，對被攻擊者產生同情心，也傷害了攻擊者本身的道德操守，可謂得不償失。因此候選人在發動攻擊性廣告上必須適可而止，整體內容的設計也要小心謹慎，把握真實性的原則，避免誹謗和詆毀。

至於競選廣告的訴求面向，學者也有幾種不同的看法。Kaid & Johnston（1991）將競選廣告的訴求方式分為：邏輯性訴求、感性訴求及道德性訴求。邏輯性訴求是以提出證據的方式來說明；感性訴求是試圖引起觀眾特殊的情感或情緒反應；道德性訴求是指以傳播來源的可信度為候選人背書，以證明或提升候選人的可靠程度。另外Bovee & Arens（1982）也將競選廣告的訴求策略，歸納出十四項：

(1)強調候選人受歡迎的程度，創造樂隊花車效果。

(2)訴求權威人士或名人推薦。

(3)使用拉裙角策略，即依附有實力的候選人，提高自身知名度。

(4)反對現有體制，較適合反對黨候選人使用。

(5)宣揚現任者過去成功的經驗，呈現候選人的政績表現。

(6)訴諸同情，適用對象為弱勢團體或受難者。

(7)訴諸特殊興趣或特定團體。

(8)訴諸恐懼或情感。

(9)強調改變。

(10)強調維持現狀。

(11)強調候選人資格與能力，襯托出其正當性。

(12)訴諸奶油與麵包，例如提高工作機會、減稅等。

(13)採取攻擊策略。

(14)訴諸信任，或強調民意趨向。

Trent & Friedenberg（2008）認為，競選廣告的最終目的就是為了讚頌候選人的高尚道德，像是證言式、背書、掃街拜票、標語、影片等都經常被使用。其中影音（video）廣告的使用可以區別各候選人之間的差異，對現任者和挑戰者來說都相當重要，它能夠提供候選人的背景資料、成就、人格特質或議題，另一個重要功能就是闡明候選人在某些議題上的立場或定位，因此競選廣告在選舉期間幫助選民知曉特定議題的立場上，有累積性的效果。

在台灣許多競選活動都必須借重廣告來幫助選戰的進行，一般主要是透過無線電視、衛星電視台、廣播等媒介，然而選戰經常是高成本的競賽，特別是全國性的選舉，候選人在廣告成本上所費不貲，幾乎佔去整體選舉經費的大半。相較於小型的地方性選舉，往往受限於預算或當地人口情況等限制，使得競選廣告無法被大量運用，也因此在競選廣告上所投入的一分一毫都應該經過深思熟慮，訂定周詳的規劃，才能有效達到目標，又不致於耗費多餘的資源。

在Trent & Friedenberg（2008）的書中提到，使用競選廣告必須多方考量，仔細思考下列幾點原則：

⑴政治廣告會花費大量成本，不只是金錢，還有時間和精力。

⑵電視競選廣告雖然相當動人，但如果只依賴電視這個單一通道，選戰也很少能夠一舉成功。

⑶雖然技巧性地使用媒體是重要的，但它最終只是傳達候選人形象和觀念的簡單載具而已。

Trent & Friedenberg（2008）提醒我們，使用競選廣告要小心謹慎，運用得當不但節省選舉經費開支，還能有效觸達目標選民，反之如果只依賴競選廣告作為整體的傳播管道，很可能會忽略其他通道中的選民，一來罔顧選民需求，二來又造成選舉資源浪費。競選廣告只是一種傳播載具，重點仍在於所傳達的內容，是否能吸引選民目光，激發選民對議題的關注，進而建立候選人形象並宣傳其政見，最終搏得選民支持。

了解競選廣告的類型與訴求後，必須深切考慮競選廣告載具的選擇，才能發揮競選廣告的最大功能，以下分門別類說明競選廣告刊播的管道及其適用性。

3.競選廣告的載具

除了熟悉競選廣告的各種策略和類型之外，候選人陣營在製作競選廣告時，還必須考量透過何種管道來刊登或播送與候選人相關的各項訊息，這不僅關乎候選人的競選經費分配問題，也關係著如何利用各種傳播工具才能有效觸及目標選民，達到最佳傳播效果，於是廣告載具的選擇也成為競選團隊不可忽略的要素之一。競選文宣廣告可透過各個載具來進行宣傳，常見的幾種包括宣傳手冊、新聞信件、問卷調查、廣告看板、戶外看板、小貼紙、報紙、雜誌廣告等等，候選人會運用不同的傳播科技促使其訊息向公眾傳達。一般而言，常見的競選廣告載具可大致分為：展示性的廣告圖像、印刷媒體、宣傳單（DM）、廣播、電話、電視、網際網路及其他新傳播科技等。

Trent & Friedenberg（2008）指出，在選舉開始之前浮出檯面的階段中，就要先擬定計畫，而在宣佈參選之後，就必須進行一系列的廣播和電視廣告，尤其是報紙的地方版也要刊登大幅廣告，持續追蹤候選人的消息，接著陸續寄發郵件或打電話進行宣傳。若要採用報紙、廣播、電視等宣傳方式，就必須花費大筆金錢，因此競選廣告的計畫執行要和政治基金的籌募相互協調，評估所需花費的廣告成本及時間，以及有多少自願者願意幫忙。Trent & Friedenberg（2008）也提出建議，在競選初期財務比較吃緊的狀況下，可以多利用廣播、廣告看板及戶外看板，不僅花費較少，也能有效建立選民對候選人名字的認知。

此外Trent & Friedenberg（2008）也指出，候選人陣營在推展媒體計畫時需要注意下列幾項原則，才能訂定有效而完善的競選傳播策略：

(1)要花費在較有利的媒體上。
(2)估算競選期間的廣告成本。
(3)針對特定目標閱聽眾去選擇媒體。
(4)完成廣告特定目標的多媒體能力。
(5)注意廣告的連續發展性。
(6)協調競選期間其餘的廣告活動。

由此可知，競選廣告在選戰期間佔有相當大的份量，畢竟候選人無法和每位選民做親身接觸，只能借重大眾傳播媒體或文宣廣告來讓選民認識候選人，知曉候選人相關背景與政見，進而了解重要議題，陳述候選人的意見或立場，引發民眾對選舉的興趣，並積極參與政治。因此候選人陣營在規劃競選廣告或媒體計畫時，必須考量各種傳播媒體的適用性，將競選經費做有效且適度的分配，以期擊中目標選民，達到最大效果。

展示性的廣告圖像

在競選文宣中，最常見的是展示性的廣告，又稱為廣告圖像，像是在路上隨處可見的廣告看板、戶外看板、布條、旗幟等，還有做成兼具美觀又方便攜帶的明信片、小貼紙、徽章等裝飾。而在台灣的選舉中，若是競選經費較優沃者，還可能製作帽子、T-shirt、外套等周邊產品贈送給支持者。Varoga（2001）認為展示性廣告能夠讓選民對候選人產生立即性印象，強化選民對候選人姓名的認知，若同時有其他競選活動正在進行時，可做為提醒民眾的載具，此外展示性廣告還能觸及其他媒體無法觸及的市場，擴大其涵蓋範圍。

展示性圖像的型式被廣泛利用於台灣的地方選舉中，雖然它不像電視或報紙等傳播媒體能夠鋪天蓋地的將訊息傳送到各地，但卻能發揮最重要的兩項功能。第一，它可以用來強化那些已經決定投票意向的死硬派選民立場，第二，它能夠加深選民對候選人的印象，並創造樂隊花車效果。例如在台灣某些競選場合或集會中，皆能見到各式各樣的展示性圖像，像是標語、面紙、垃圾袋、扇子、筆、氣球，通常都印有候選人的姓名、簡單經歷與競選口號，這些東西所傳達的內容既簡單又明確，雖然無法傳達很多訊息，卻可以更加確定擁護者的向心力，讓支持群眾的情緒保持高昂（彭懷恩，2005）。

宣傳單

Trent & Friedenberg（2008）指出，在競選廣告的文宣中，宣傳單（DM）或類似明信片型式的廣告，提供了候選人和其他競選廣告不同的優點，它在目標閱聽眾上有高度選擇性，可針對特定的閱聽眾進行宣傳，並反映特定選民的興趣，充份聚焦在對議題有高度興趣的選民上。

DM是一種讓候選人表達特定議題的媒介，其同樣的宣傳內容放在廣播或電視的時段上，可能貴上許多。但DM對年紀大的選民比較有用，候選人不僅可以充份表達立場，價格也相對便宜，還能說服選民並同時募款。雖然寄發DM是一種需要花錢的募款方式，但卻是募集資金的重要來源。候選人能控制DM紙張成本及尺寸大小，其成本能符合選舉需求，是目前選舉廣告中的主要宣傳方式。

DM的型式適合大部分的選舉預算，可以針對特定選民，也允許候選人去解釋其想法，因此它在地方選舉中是相當重要的。美國一個設計公司的創意總監Hal Malchow就曾經針對競選宣傳單的設計型式提出一些建議，他認為在寄發DM或郵件方面有幾項原則必須注意（Trent & Friedenberg, 2008）：

(1)避免使用信封，可以選用特殊的明信片、不規則形狀或不同折法的宣傳小冊子來代替，能立即得到注意。

(2)使你的選民有理由去看DM。盡量使用聳動的標題或有趣的照片來吸引選民的注意力。

(3)確切傳達訊息。確認不同群體感興趣的議題，以及他們所關心的事務，用簡單明瞭的方式陳述地方性議題。

(4)測試是否能在二十秒內看完標題、圖片、重要粗體字，且能了解DM所要傳達的重要訊息，因為選民很少能夠完全讀完DM內容，所以用二十秒的時間來測試是恰好不過。

(5)利用郵件處理公司來設計或寄發DM，能節省多餘的經費做更多更好的後續作業，既省錢又節省時間。

電話拜訪服務

Trent & Friedenberg（2008）提到，在美國有專業的電話服務公司會利用全國或地區性的電話簿，為候選人進行電話拜訪服務，其主要目的是為了傳達訊息、募款、在選舉當天催票和說服特定對象。電話公司可提供以下幾項服務：

(1)有電話對談的專業說詞。

(2)提供專業且受過訓練的電話訪員打電話。

(3)提供較先進的科技，使電話聯絡更有效率。

在台灣的選舉中，也不乏候選人利用電話來進行拜票，經費較拮据者可利用事前錄製好的語音內容進行拜票，既省時又省力，但缺點是無法有效觸及目標選民，也容易被掛電話。此外也有候選人陣營雇用專業電話行銷人員進行電話拜訪服務，通常是在選前的衝刺階段所採取的策略，此種方式雖然較耗費人力，卻能成功擊中目標選民，而且和選民直接對話的過程中，會讓人感受到加倍的誠意，產生對候選人的強烈印象。

有研究證實在許多國家中，人們不喜歡透過電話公開談論其政治意見或展現同情心。舉例來說，在美國立即拒絕電話民調的比例為25％～35％，而在歐洲國家，電話行銷人員預估拒絕率達到80％。是以愈來愈少的候選人陣營將電話用於政治行銷上。儘管如此，使用電話進行拜訪服務仍是不可或缺的傳播管道之一。彭懷恩（2005）指出，電話行銷的優勢在於能形塑高度個人化的傳播過程，精確掌握回應者的態度及立場，並重建雙向溝通管道，增進傳播品質，即使打電話的人並非候選人本人，但透過訓練有素的專業雇員應答者展開對話，能建立直接的連繫管道，這是一種非常快速而有效的操作方式，利用電話進行民意調查或拜票，能得到即時回覆，形成雙向互動的訪談對話。

印刷媒體

鄭自隆（1992）指出，所謂的印刷媒體，即採用印刷的方式，透過文字或圖片的表達，將選情以訊息傳遞給民眾的一種媒介物。狹義的印刷媒體包含報紙、雜誌或各種平面媒體或刊載的競選廣告，但廣義來說，舉凡海報、名片、傳單、競選手冊、競選戰報、競選白皮書、貼紙等各式平面文宣，都可視為印刷媒體的競選廣告。一般說來，印刷媒體的競選廣告有幾項特點，是候選人陣營在進行媒體計畫時必須注意的：

(1)印刷式競選廣告能即時提供訊息，方便隨時調整競選文宣內容。

(2)印刷式競選廣告較能清楚表達候選人的理念，雖然電視廣告也同樣能達到這種效果，但需要花費龐大金錢，也受限於時間和時段，印刷媒介則能闡述較複雜的概念，對議題或立場做詳盡說明。

(3)印刷媒介雖然方便又能快速傳遞訊息，卻必須考量知識水準的問題。儘管目前台灣教育程度普遍提高，仍有許多七十歲以上的老年人並不識字，更遑論建立對候選人的認知，因此製作印刷式的競選廣告在某種程度上無法完全發揮作用。再者報紙和雜誌的廣告在目標選民的瞄準上顯得較為弱勢，特別是地區性的選舉，礙於地理條件的區隔，若使用全國性的印刷媒體，不但不符合成本原則，也無法觸達目標選民。也因此候選人陣營在規畫印刷媒體的廣告時，可以針對各大報的地方版刊載廣告，或在社區報或當地報紙中進行廣告宣傳，如此一來可更精準的掌握各地選民所關心的議題，並針對不同區域來決定廣告數量。

廣播

廣播對於目標選民沒有DM來得精確，但範圍較為廣泛，適合區域性的聽眾，而且廣播屬於分眾化的媒體，可藉機讓候選人去接觸少數的特定族群。雖然電子媒介因為其聲音和影像的多元化，已逐漸取代只有聽覺的廣播，廣播仍有其不可抹滅的重要地位。Trent & Friedenberg（2008）認為，廣播是一種較具彈性的媒體，能接近特定族群，藉由聲音、音樂及音量的混合，有效傳遞政治訊息，也因此廣播能在政治廣告中占有重要的一席之地，原因可歸納如下：

(1)廣播的廣告長度可適性調整，限制沒有電子媒體來得嚴格，且廣播能提供各種不同的功能，達到分眾化效果。

(2)廣播可針對不同電台屬性，做出對於目標選民的廣告。尤其是在地方性選舉中，地區性廣播在政治宣傳上佔有重要地位。

(3)廣播的製作費用較為低廉。購買廣播的廣告時段比同時間的電視要便宜許多，這對競選經費拮据的候選人來說是一種可善加利用的媒體。

(4)廣播無法具體展現廣告的主體，只能依賴廣告詞的描繪與廣告情境的音樂來想像，雖然抽象卻能塑造聽眾對候選人的想像空間，引發聽眾更進一步的興趣與好奇心。

(5)廣播的本質就是分眾化，因此在進行競選廣告時，能將聽眾做出明確區隔，鎖定目標族群選擇廣告時段的配置與廣告內容的設計，加上時效性高與設備障礙低，若在選舉期間遇突發事件時，能隨即反映與播放。

但廣播廣告也有其限制，一般而言，選民在收聽廣播時通常不會太過專注，往往伴隨著其他的事情，容易分散選民的注意力，而且在這麼短的時間之內，只依賴聽覺來了解候選人的政見或其重要議題，效果恐怕相當有限。

電視

由於電視的普及化，使得電視成為我們日常生活中最常接觸的傳播媒體，也常常是吸取政治資訊的主要來源，在電視內容的潛移默化下，選民們也擁有共同的使用經驗與印象，從電視中獲得對候選人的認知與形象。舉例來說，每逢台灣的大選投票結束後，電視新聞隨即展開一系列的開票報導，同步追蹤開票結果，掌握最新最快的資訊，甚至邀請專家學者進行座談分析，因此電視對於民主政治的發展或選民的政治生活來說都產生了相當深遠的影響。Trent & Friedenberg（2008）認為電視能滿足受眾在視覺及聽覺方面的需求，且能傳遞更多訊息，其次能創造最大接獲面的閱聽眾，並塑造選民對候選人的信任感，一般民眾則將電視視為一種可信度高的傳播媒介，因此電視競選廣告具備下列優點：

(1)電視可以同時傳遞視覺和聽覺訊息。

(2)由於電視的涵蓋率高，因此電視是所有大眾傳播媒介中，可觸達最多的閱聽人。

(3)電視提供相當程度的信任感，可提供候選人的影像。

(4)電視具有某些程度的目標閱聽眾，針對特定族群傳達訊息。

鈕則勳（2005）也認為，在傳統大眾媒介中，電視的影響力堪稱最廣最大，目前台灣電視的普及率幾乎達到百分之百，裝設有線電視的家庭也超過80％，因此對廣告主來說，電視是不可放棄的廣告媒體。有鑒於電視的高普及率，創造許多人們共同的收視經驗，而且電視兼具聲光效果，能使觀眾集中注意力。再者，電視能讓閱聽眾清楚感受到廣告所欲傳達的內容，對廣告產生立即性的印象，並加以評價，具有相當強烈的直觀效果。此外，普羅大眾認為電視具有相當程度的權威性，在電視上所播出的廣告內容較能取信於社會大眾，尤其是與候選人相關的新聞報導，更容易影響閱聽人對候選人的觀感和認知態度。

Devlin（1986）則指出，在電視中所呈現的競選廣告，能展現強大的政治效果。舉例來說，對政治新秀而言能增加其知名度、訴求游離選民或低度政治參與者、強化黨員或強硬支持者的立場、向對手發動攻擊、進行議題設定、塑造候選人形象、進行政治募款、鎖定特定族群或選區、順應選戰潮流等。以此可見電視競選廣告在候選人的媒體計畫中，勢必佔有舉足輕重的顯要地位。

利用電視進行競選廣告，能為緊張刺激的選戰增色不少，競選廣告的內容通常偏向激烈、直接，甚至做出嘲諷和攻擊，不但能增加新聞的話題性，也能擷取民眾的目光，使選民對候選人留下深刻印象，可謂錦上添花。儘管如此，電視競選廣告仍有其不可避免的缺點。製作成本過高是每位候選人極欲克服的難題，畢竟電視廣告以秒計費，且選擇不同節目或重要時段播出廣告，其金額落差也相當大，但又要能準確觸及目標選民，另一方面，廣告的製作需耗費較多的人力和資源，在製作過程上顯得相對麻煩。此外電視是不分地域性的，除非是以在地的有線電視做託播平台，否則在全國性的播放之下，難以掌握目標閱聽眾，傳達明確訊息。另外，考量到候選人的外在形象、肢體語言和個人魅力等因素，某些候選人在電視上的表現並不討喜，其錯誤或不得體之處容易被媒體拿來大作文章，反而造成選民不佳的觀感，因此在使用電視競選廣告時，也需小心謹慎。

至於電視競選廣告的效果，研究發現，電視的競選新聞報導往往是競選期間最強的媒介預言家，能預測選舉結果；此外部分研究也指出，看電視可以預知候選人對議題的立場，而且收看和選舉相關的電視節目，能增加選民預測選舉結果的能力；另一項研究也發現，觀看政治廣告能有效了解政治知識、察覺候選人的人格特質、態度及興趣，此外收看電視辯論則能增加潛在投票者在競選期間的學習效果（Drew&Weaver, 2004）。

其他新傳播科技

拜科技日新月異之賜，競選傳播的管道已經不限於傳統的大眾傳播媒介，不論是展示性的廣告圖像、印刷媒體、平面文宣、電視、廣播等載具，早已成為候選人必備的競選傳播工具之一，然而為了有效建立更廣大的競選傳播網絡，拓及更多的目標選民，並改善年輕人對政治冷感的現象，各候選人陣營也開始利用新傳播科技加入選戰行列，舉凡競選網站的設置、候選人光碟製作、手機簡訊拜票服務、JAVA遊戲等等，形成另一個不同以往的競選角逐場域，也讓人見識到新傳播科技做為競選傳播載具的特殊魅力。

Dahlgren（2008）認為，由於網際網路的發展，使得民主的溝通空間重新形構，它是一個互動的過程，其重點在於個人觀點的建立，公民得以彼此參與對話，以深思熟慮的民主理論為基礎，由公民和媒體相互碰撞，是一種建立共識的詮釋過程。在網路中的群體溝通可能同時包含一對一或一對多兩種互動模式，這造成政治傳播在地理空間上有著前所未有的改變，也間接削弱了傳統國家界線的指標性意義。是以新傳播科技對於民主發展或政治活動的影響也衍生新的挑戰。

另一方面，由於網際網路的普及化，已有愈來愈多候選人陣營善用網路的特性，與民眾做政治連結的活動，而且比例也日益上揚，這是由於網路最大的特質就是不需要透過其他媒介的中介，就能直接和候選人進行互動，得到同等的回饋，候選人也能透過網路直接向大眾傳遞政治訊息，成本也相當低廉。Mosco & Foster（2008）就指出，未來所有的競選活動將在網際網路中組織或進行，投票這件事可能會面臨根本性的改變，人們不需要走到投票所去投票，只要簡單地使用電子郵件或線上聊天，就能撼動傳統政治遊說的過程。網路對民主政治的重要影響在於打破了垂直的權力關係，立基於個人認知的選擇上，形成一個不同以往的水平社會。

對於網路對競選活動所產生的實際效果，美國也有相關研究。經由Online Publishers Association的調查發現，在二〇〇〇至二〇〇二年間，參與兩次大選投票的美國公民，其中有68％曾經上網瀏覽總統候選人的網站資訊，另外沒有去投票的美國公民，也有42％的人有上網造訪候選人網站的經驗。從投票者的角度觀察發現，68％的網友最感興趣的部份是候選人的立場、態度與政見，其他則分別是留下電子郵件地址、觀賞競選宣傳影片、進入聊天室、擔任競選義工、以及贊助競選經費等。調查中也發現，有19％的成年人會直接造訪選舉網站找尋相關新聞或資訊（潘明君，2004）。由此可知，網路已經逐漸成為候選人的重要傳播工具，資訊科技的導入為原本戰況激烈的選舉過程，又多增添了一分難以預測的變因。

Holdren（1995）指出以網路做為競選媒介具有四大特色：第一，網路媒介費用比電視廣告低廉；第二，上網人數增加亦不會影響費用；第三，候選人可利用網路的互動性，引發選民討論；第四，其他和競選活動相關的利益團體原本就已存在於網路上。Greer（2001）在觀察二〇〇一年美國參議員和州長的選舉網站後指出，候選人的經歷自述、政見議題立場及競選新聞是最普遍的資訊內容，形象建立則是首要目的（轉引自鈕則勳，2002b）。雖然有許多研究者認為，候選人的網頁只是為了要彰顯其競選陣營的過人之處，並未獲得新媒介的實質益處，但網路運用在競選傳播之研究仍是方興未艾，候選人製作競選網站或競選部落格則有明顯增加的趨勢。

莊伯仲以個案分析的方式調查一九九八年的三合一選舉，研究結果發現，候選人利用網站幫助競選活動的進行產生以下情況：選區愈大的候選人愈有從事網路文宣的傾向；候選人在網路應用上出現城鄉差距的情況；大黨候選人比小黨候選人偏好使用競選網站；勝選者較落選者有較高的上網比例。該研究也建議，候選人除設立網站外，也應該著重網路廣告、網路動員及線上募款，以發揮網際網路的助選功能（莊伯仲，2007）。

有鑒於科技的一日千里，候選人將網際網路做為一種競選傳播工具已然成為必備方針，而其他新傳播科技的威力更是不容小覷，我們無法大膽預測這些新傳播科技載具將來可能取代傳統的大眾媒體，但唯一可以肯定的一點是，選民獲得政治資訊的途徑將朝向多元化趨勢發展，和候選人的互動及回饋也從單一管道邁向多重複雜的溝通模式。

四、新聞記者會

在競選活動期間，當候選人或其幕僚認為某些事件以及言論是重要的，特別需要媒體報導，以達宣傳目的，便會召開新聞記者會告知社會大眾，一方面是想引起話題，讓候選人本身成為媒體焦點，另一方面則是透過新聞媒體再次闡述候選人對主要議題的立場或宣揚政見，並尋求機會對競爭者發動攻擊。候選人舉行記者會，宣揚自己獨特的主張，或揭發對選舉有影響的事證，是增加自己在媒體曝光最常見的造勢活動，也成為競選活動的常態。

Trent & Friedenberg（2008）指出，新聞記者會提供候選人一個平台，能夠「將其聲明透過媒體，傳達給社會大眾」。但自一九九二年起，競選活動開始廣泛利用地方電視台以及廣播進行宣傳。又由於全天候電視台或新聞台的增加，提供候選人更多機會和管道，因此造成傳統新聞記者會重要性的式微。

然而不可否認的，新聞記者會仍是競選活動中，與選民及媒體進行溝通的重要方式，除了將其言論散佈給社會大眾外，亦可將資訊傳達給競爭對手，經由新聞記者會的中介，讓對手明白此一訊息的威脅性與重要程度。另一方面，候選人也會利用新聞記者會來傳遞訊息給潛在支持的政治菁英，募得競選經費。最後，候選人或其幕僚可利用新聞記者會去影響記者，如果候選人所欲陳述的議題或事件具有新聞價值，或是候選人本身在媒體上有優良表現，也可能增加媒體的報導量（Trent & Friedenberg, 2008）。

既然媒體在競選期間的地位如此重要，那麼政黨或候選人在競選期間的媒體公關也就不可馬虎。媒體是選舉期間和候選人互動最頻繁的單位，而且媒體的報導可能會影響選民的觀感或議題走向，因此候選人陣營和媒體建立良好的傳播關係乃首要之務。鄭自隆（1992）指出，候選人對媒體的公關活動需秉持兩項原則，一是相互尊重，二是了解媒體需要。而候選人或其陣營與媒體直接接觸的方式可以透過新聞發佈、媒體訪問以及餐敘等場合。

通常在文宣策劃小組中，會有專職人員進行新聞發佈工作，負責撰寫公關稿以及舉辦記者會。新聞發佈屬於候選人陣營將訊息正式傳遞給媒體的管道，帶有相當濃厚的公關性質。依據鄭自隆（2004）的看法，有效的公關新聞發佈應符合兩個原則：一是富有新聞價值，二是符合新聞寫作原則的要求。另外在構思新聞稿的內容時，必須考慮主題類型的展現，不外乎是陳述政見、攻擊對手、反駁批評及塑造形象等。此外競選公關的新聞發佈也要掌握時機，除了緊隨競選期間所發生的事件外，距離投票日愈近，新聞發佈或新聞記者會應該以更密集的方式展開。

邱健吾（2007）則認為，為了增加候選人的曝光度，讓採訪或互動過程順暢，競選總部應該建立「媒體聯絡人」制度，由專人負責平日的記者聯絡與關係維繫。並且主動提供或協助整理報導資料，不提供假資料或故意向媒體說謊，將媒體和候選人之間打造為朋友關係，避免有相互利用的心態產生。

Trent & Friedenberg（2008）認為，候選人舉行新聞記者會主要有三個目的，分別是獲得閱聽人的注意、幫助議題聚焦、以及打造候選人與媒體之間和諧的公共關係。是以候選人在競選期間，透過記者會的方式來傳達自我的政見或理念，不但能成為媒體注目的焦點，也順勢向選民進行拉票，展現候選人的專業及魅力，還能趁機向對手提出質疑或進行攻訐，拉抬自己的聲勢。透過新聞發佈或舉行記者會的方式，不但能進行免費宣傳，節省龐大的競選廣告費用，還能提高候選人本身的信賴度及威望，可謂一舉數得。

在早期的媒介效果研究中，學者McCombs & Shaw（1972）就提出了媒介的議題設定假說，研究結果證實，媒介對某議題的重視程度，會連帶影響人們對此議題的重要性判讀，也就是說，新聞媒體對於社會議題的重要次序，不論是報導量多寡或版面安排上，皆會影響閱聽大眾對議題重要性的認知（林東泰，2008）。通常媒體所強調的部份，往往也被人們認為是重要議題，這也印證了新聞報導的確會影響民眾對議題的重要性及顯著性上的判斷力。因此在競選期間，新聞成為良好的議題設定工具，當候選人在記者會上陳述某些重要議題而成為新聞報導焦點時，通常也會引發選民對此議題的關注或理解，進而達到候選人宣傳的目的。

Bower（1973）認為，在競選期間，候選人、媒體與選民三者間具備了相互影響的關係，三者所關注的議題也會產生交互作用，新聞媒體要反映各候選人的競選活動與事件，勢必會受到候選人的左右，而新聞媒體做為競選期間的觀察者，除了要了解候選人的政見外，亦扮演候選人與民眾間的溝通橋樑，候選人在競選期間必定會積極爭取媒體的曝光程度，並產生媒體的議題設定。因此競選期間，候選人、媒體與選民呈現相互影響的三角關係。

Trent & Friedenberg（2008）認為，新聞記者會對候選人來說，是一個能夠平衡新聞報導的方式。因為候選人可以控制新聞記者會的狀況，決定何時、何地舉辦記者會和決定誰可以發問問題。在策略面上，決定時機和地點是首要考量，畢竟好的時機和地點能增加新聞報導，幫助記者會主題的聚焦。一般來說，候選人舉行記者會的目的除了陳述政見與議題立場外，還能順勢攻擊對手或回應對手的攻訐。許多候選人在某些特殊情況下，會緊急召開記者會進行適當的危機處理。例如遭受不實的報導或被謠言耳語抹黑時，以致於對候選人的名譽或聲勢產生嚴重威脅，就必須立即召開記者會說明澄清，以確保候選人或政黨的權益。危機發生時的緊急應變若能處理得當，不但能降低對候選人的傷害與衝擊，同時能控制危機繼續惡化，並重塑其在公眾心目中的良好形象（黃浴沂，2006）。

五、公共演說及政治辯論

候選人的公開演說有許多種型式，不論是受訪時所發表的言論、或是大小型座談會、問政說明會、政見發表會或造勢活動場合所發表的談話，都可歸屬於候選人公開演說的部份。候選人進行公開演說的目的不外乎是為了傳達自己的政見，對議題立場做適當陳述，以宣揚自己的優勢，並藉此向對手發動言語攻擊，質疑其作為。另一方面，公開演說也能幫助民眾建立對候選人的認知，了解其論點，經由反覆申述的過程讓選民產生深刻印象。

候選人進行公開演說有幾種目的，除了清楚表達候選人參選的意圖之外，也順勢讓潛在競爭者洩氣，挫敗對手信心，而公開演說也彰顯為什麼候選人要參加競選的意義，並強調自己當選公職後，會為社會大眾帶來什麼樣的幫助，並且在公眾面前表現自己獨特的一面，強調候選人勝選的可能性。此外，藉由公開演說的儀式宣佈選戰正式開跑，並啟動競選的主軸，從中開展競選期間的重要議題（Trent & Friedenberg, 2008）。

彭懷恩（2005）指出，政治演說的目的就是透過大眾傳播媒介，將候選人修辭後的演說傳達給選民。競選團隊會盡可能讓候選人在最舒適的狀態下進行演說，將候選人訊息以有效率的方式清楚傳達給選民。此外，決定政治演說的重要因素是時機的掌握，此外還必須考慮到地點、哪些人在場、演講內容及演講之後的意義為何。因此，候選人和競選團隊會以最有效的原則來擬定政治演說計畫，並善加安排候選人有限的時間。而決定政治演說的最重要課題有兩個：一是決定要對誰演講，二是決定演說的內容如何呈現（Trent & Friedenberg, 2008）。

一般而言，競選演說的場合可能發生在參選說明會、政見發表會、募款餐會、公開辯論會、競選總部成立、後援會成立、掃街拜票遊行等各式造勢活動上（邱健吾，2007）。Jamieson（2000）認為，假使候選人希望透過媒體將自己的議題報導出來，他們必須從事一些簡明的、容易記憶的、與每天新聞議題有關的事情。因此在演說或談話內容上，能夠吸引選民的注意力才是關鍵所在。

依據彭懷恩（2005）的看法，幾種常見的競選演說形式大約可分為巡迴演說、論題演說、特殊事件演說、防禦性演說以及道歉演說。評估候選人演說實力與擇定適合的演講型式後，接下來就是要策畫政治演說的內容。在內容的準備上，候選人與其幕僚通常會設定一個演講模組（或辭庫），也就是將政治、社會、經濟、法律、教育、民生等各種類型可能被討論的議題，都事先整理好相關資料，形塑基本的共識或概念並擬好草稿，這些議題成為將來進行政治演說的素材，方便日後因應不同場合做適當的演說運用。歸納來說，所謂演講辭庫的內容大約可分為兩種型式：第一種是闡述大部份民眾都感興趣或關注的議題，第二種則是說明為何候選人有勝選的機會。

Trent & Friedenberg（2008）指出，通常候選人在選舉期間會準備幾種主要的演講模式，大部份的候選人會使用演講辭庫，或是演講撰稿人的協助。每個候選人都會準備十到二十個最常被討論的議題，組合成二到七分鐘長度的演講內容，視情況增減。演講模組的設計必須掌握四個原則，分別是贏得選民注意、描述當前問題所在、提出解決之道、此議題在候選人勝選之後的願景。

值得注意的是，在演講辭庫裡不可或缺的一篇內容就是「為何我有勝選機會」，讓選民了解候選人的優勢在哪？為什麼要選擇該候選人？而該候選人當選之後又能為民眾帶來什麼樣的福利？演說時要隨時切入「為何我有勝選機會」之論點，以抓住選民的注意力。

學者Faucheux（1995）建議，最好用一句話或短文，簡要說明選民為何要選你的理由，來搏得選民的支持，讓選民記住候選人所擁有的優勢，並說明競爭對手的弱點，灌輸選民候選人的立場和觀點。

至於在演講稿的撰寫上，不論現任者或挑戰者，幾乎都會雇用一些成員來進行這項工作，通常稱為文膽。畢竟候選人的時間有限，如果沒有撰稿人幫他們預想演說內容，難以應付大量的演講需求。再者這些撰稿者通常具備一定程度的學識和能力，候選人傾向於相信他們能寫出一份出色又合乎重點的講稿。Trent & Friedenberg（2008）認為，講稿撰寫人最重要的工作之一便是「了解候選人」，並且在撰寫講稿的同時，能將候選人的特質、看法準確地描述給觀眾。因此，撰寫人必須與候選人保持密切的工作關係。

一般而言，在大型的競選活動中，撰稿工作大多都是採取團隊分工方式。根據Smith（1976）的觀察，撰寫團隊是由各別小組組織而成，而每個小組的成員都必須熟知候選人的理念、價值觀、決策過程等。至於講稿的撰寫過程，大約可以分成兩個階段，在擬定講稿內容時，由撰寫人、候選人以及某些議題的專家共同協商，產生演講稿的初步想法，使大家意見一致，候選人也會表達自己的立場、看法，而撰寫人通常採取錄音或是速記的方式，將這些瑣碎的內容構成講稿的初稿，素材大部份來自候選人本身（Allen, 2002）。在草稿完成後，便會開始一步步修改講稿內容，至少會經過五次以上的重覆修改，依據候選人的想法改寫，直到完成最後定版的講稿為止（Powell & Cowart, 2003）。

掌握公開演說的基本原則後，不論是問政說明會、政見發表會、造勢活動、後援會成立等競選活動的場合中，都能得心應手的高談闊論。儘管如此，在各種公開演說場合中，最難以掌控的情勢莫過於候選人之間的辯論會，雖然事前雙方能做充足的準備，但當天隨時都可能發生令人難以預料的情況。而辯論會往往也是引爆選戰高潮的關鍵所在，除了能見度高之外，比起競選廣告、造勢晚會、掃街拜票、公開演說等競選活動，辯論則讓人覺得更有看頭，畢竟這是競選期間，雙方正式同台交會，以一個公平、公正、公開的方式進行競爭。

每逢總統大選，依照慣例都會舉辦電視辯論會，候選人間的電視辯論是由美國首創，近年來則逐漸成為民主選舉的必備戲碼。根據Friedenberg（1997）的說法，辯論是「候選人在整個選戰中參與的最關鍵傳播活動」。選戰中沒有任何一種傳播活動，無論是競選廣告、造勢晚會、掃街拜票、公開演講等，能夠像辯論一樣在單一時段吸引到如此廣大的閱聽眾（Benoit, Blaney & Pier, 1998; Jamieson & Birdsell, 1988）。另一方面，辯論的特質能造就選戰的高潮，引發辯論前、辯論當天與辯論後廣泛的媒體報導，佔據新聞版面，擴大其影響力（Friedenberg, 1997; Kaid, McKinney & Tedesco, 2000）。

鄭自隆（2001）以SWOT分析探討公辦政見會或辯論會舉行之必要性，他認為，不論是政見會或辯論會都給予候選人平等時間的機會，展現候選人之人格特質或政治理念，也避免媒體的守門過程，就經濟層面與安全考量上，不但節省競選廣告的龐大支出，透過電視轉播還能有效區隔各方的支持者，免於過度激情或衝突。然而對於不具有領袖魅力的候選人來說，確實是處於劣勢，另一方面，過度強調候選人的外貌或口才，容易形成「表演政治」，使選舉活動流於「綜藝化」。

雖然辯論對選戰而言具有正面價值，但參加辯論對於不同候選人而言卻價值不一，在民調中大幅遙遙領先，甚至被選民預期將贏得辯論的候選人，都可能在辯論中慘遭滑鐵盧。而選戰策略的不同選擇也會影響其辯論勝負的判斷（游梓翔、溫偉群，2002）。Friedenberg（1997）也認為，政治辯論能夠強化閱聽人立場、改變少數選民、幫助設定選民議題、增加選民對政見的知識、修飾候選人形象與建立對民主的信心。

由Weaver & Drew的研究中得知，收看電視辯論可以增加選民對候選人議題立場的認知（Drew & Weaver,2004；Benoit, McKinney& Stephenson, 2002）同時，收看電視辯論可以增加潛在投票者在競選期間的學習效果。至於電視辯論是否真的對選舉結果有所影響，則有學者提出質疑。電視辯論通常只能影響尚未決定投票意向的游離選民，而非改變已經決定投票意向者的立場，是以電視辯論在美國總統大選中經常具有「動搖關鍵少數」、「強化既有態度」乃至於「提高投票動機」的重要影響（Benoit& Wells；轉引自溫偉群、游梓翔，2009）。儘管許多研究指出，電視辯論對於選民的影響並不顯著，但對於加強原支持者的決心及拉攏游離票，特別是對選情膠著的選舉而言，仍可發揮一定程度的功效（楊洒仁，2002）。

Trent & Friedenberg（2008）綜合各學者對政治辯論的看法，歸納出幾種政治辯論的主要效果。政治辯論可以吸引大量的聽眾，並強化那些已經決定投票意向的選民立場，此外還能增加選民對議題認知，幫助選民進行議題設定，修正候選人的形象，包括其能力、人格特質和品德等，另一方面，大多數的人會等到辯論結束後，再決定要投票給誰，因此辯論能暫時凍結競選局面，縮短候選人迎頭趕上對方的時間。對於尚未決定投票取向的選民來說，辯論能夠扭轉中間游離選民的立場，因為在雙方勝負極小的情況下，經由辯論所轉換的選票往往是決定選戰勝負的關鍵所在。此外，辯論能動員選民前往投票，幫助選民進行政治參與，建立對民主的信心（Gallop，1988；Jamieson, 2000）。

姑且不論電視辯論對於選民投票意向或選舉結果的影響力，就電視辯論的基本功能來看，它不僅能強化選民對候選人政見或議題立場的認知，也提供候選人彼此之間一個公開溝通與相互了解的平台，針對各別主張進行交互攻防，此舉有助於民主政治的進一步發展，並促使選民能以更積極正面的態度去檢視候選人的言行，提高選民的政治參與感（Benoit,2007；Benoit, McKinney& Stephenson,2002）。

而辯論形態的言論發表，免不了會製造候選人在公開場合出現直接對立的情況，此時語言和修辭就是雙方針鋒相對的主要工具，候選人除了要凸顯自己的優勢外，也要致力於塑造對手不利或不受歡迎的形象，因此在辯論中所運用的語言策略，也自然而然成為令人關注的焦點之一（楊迺仁，2002）。於是候選人在辯論中所採行的語藝策略也成為近年來競選傳播研究的探討重點。

在電視辯論執行階段中，候選人所面臨的首要問題就是「決定是否參加辯論」？Trent & Friedenberg（2008）指出，候選人評估電視辯論是否成局的動機有以下六點，來決定最終是否參加：

(1)參加辯論是否可能縮小選戰差距？
(2)參加辯論是否有利於提升自我優勢？
(3)候選人本身在辯論上具備良好能力嗎？
(4)是否有兩個主要候選人欲角逐這項公職？
(5)在辯論場面上是否可掌控所有重要的可變因素？
(6)辯論對現任者來說是否為熟悉的場域？

一般而言，現任者可能傾向於不希望參加辯論，畢竟現任者具有執政優勢，再者現任者也熟悉民眾需求，他們不願意給予挑戰者創造議題的機會，其次大多數的現任者在辯論中只能採取防禦姿態，畢竟民眾會嚴格檢視現任者過去的施政績效，因此現任者為了維持自己的良好形象，免於落入被迫防守的地位，通常會主動放棄辯論機會。

在候選人實際參與辯論會的過程中，是決定勝負的關鍵所在，因此在策略運用方面，也不得不小心謹慎。就辯論所欲達成的目標而言，候選人參加電視辯論主要是為了塑立形象與建構議題兩大目標（Benoit, 2007）。是以辯論不但能幫助公眾了解候選人議題立場，也能強化選民投票意向，建立對民主的信心（彭懷恩，2005）。

六、代言人之運用

在競選文宣中，經常可見名人推薦候選人，或是較低層次的候選人緊跟著一位高層次的候選人，強調是其接班人或愛將，為的是增加其知名度，此種策略可稱為名人推薦或拉裙角策略。名人推薦的意義在於為候選人「背書」，選民會將對該名人的認同感轉移到候選人身上，而拉裙角的主要目的，則是新進或名氣較小的候選人，期望能透過名氣十足的政治人物來替他加持，共享其政治光環，並打開知名度（伏和康、魏志中編著，1993）。

鄭自隆（1992）指出，拉裙角（Coat-tailing）概念最先是由Joslyn（1984）所提出的概念，意指同次選舉中，參與低層次選舉的候選人，攀附著高層次選舉的候選人，以達到沾光效果。鄭自隆（1992）認為，在拉裙角策略中，被拉者一定要具備足夠的政治資源，方能照應追隨者，否則會造成裙角拉空，得不到既有效果。成為名人推薦背書或拉裙角者大致上可分為四種類型，包括名人、專業人士、虛擬人物及一般消費者。以競選活動來看，可以採用的名人主要是教授、學者、公眾人物、藝文界人士或宗教領袖等，至於影視歌星的魅力主要是扮演娛樂民眾的角色，通常只能吸引看熱鬧的人群，提高對候選人的注意力，無法確切掌握選民的投票意向（伏和康、魏志中編著，1993）。

在競選文宣中如何擇定適當的名人或拉裙角者，則是一門重要的學問。代言人若不慎選，不但無法幫候選人加持，還可能會造成反效果。簡而言之，藉由名人推薦或拉裙角策略能產生權威性，塑造英雄崇拜之感，把選民對代言人的認同，間接轉移到候選人身上，使候選人跟著沾光，分享其聲望與地位，進而達到代言效果。Trent & Friedenberg（2008）指出，在美國，候選人會選擇具有下列特質的人士，擔任其代言人的工作：

(1)能夠勝任公開演說的人，並且擁有實際經驗。當候選人造訪小型的演講場合，通常是由律師、老師或是學校辯論社成員充當代言人；在大型造勢場合則是由政府官員充當代言人。

(2)代言人最好與候選人有某種程度上的關聯，並且在演講的一開始，就率先表明自己的身分。

(3)代言人與選民也必須有某些連帶關係，因為代言人必須充份了解選民的需求，和選民創造共同認知。例如：選區中的當地仕紳或在地官員。

因為候選人無法出席眾多演講場合，需要代言人的幫助。因此，候選人會藉由社會上知名人士來拉抬聲勢，這便是典型的名人訴求。名人訴求係指在競選文宣中由名人來推薦，或是強調兩人交情，藉由名人的背書向選民做出保證，企圖將選民對名人的認同轉移到候選人身上，一方面可以提昇自己的知名度，另一方面更可享受名人的光暈效應，增加選民對候選人的順從與認同（鄭自隆，1992）。

在競選活動中，公眾人物、學者專家與一般民眾最適合扮演代言人的角色（鄭自隆，

1995）。由形象良好的社會名人替候選人背書，具有相當強大的說服力，將選民對這些名人的認同和喜好，技巧性地轉移到候選人身上。而使用學者專家做為代言人，會因為其亮眼的學歷或頭銜，增加些許權威性，民眾對於學者專家的說法通常會傾向於相信的態度，容易達到說服效果。

至於在代言人的運用策略上，Trent & Friedenberg（2008）認為，代理人要能熟悉候選人的立場，才能有效達到加分功效。特別是在候選人自己無法現身的場合，代言人就必須說明候選人為何無法親自到場的理由。此外代言人在一開始就必須對民眾表明其真實身分，由於他們並非候選人本身，所以不一定要回答一些關於候選人想法的問題，可以之後再安排候選人本人或是其幕僚進行解答。

依據鄭自隆（1995）的看法，在台灣常見的現象是請影視明星做為競選活動或競選廣告的代言人，但缺點是這些藝人常會掉入「知名度」與「爭議性」的兩難之中。一般而言，對低涉入感且低教育程度的選民，使用影視明星做為代言人可以達到告知的功能，但對於涉入感較高且高教育程度的選民，使用學者專家或許有引導或強化的功能，因此請藝人站台助選恐怕只有「空氣票」的效果，甚至造成焦點模糊化。

Trent & Friedenberg（2008）認為，適當運用代言人不僅能減輕候選人在競選期間疲於奔命的負擔，也能達到拉抬聲勢的效果。另外在正式的政治場合中，為了顧及候選人的形象或處境，可以藉由代言人說出候選人不方便說出口的話。藉由代言人的號召，也能替候選人募集競選經費或招募志工，是以代言人就如同候選人的分身一樣，必須貫徹候選人的意志和思想，並將候選人的立場或論點傳達給選民，代言人運用得當，將對候選人產生加分效果。

七、人際傳播

在競選過程中，候選人除了運用大眾傳播媒體做為宣傳工具外，還有一種不可忽略的傳播活動，就是透過人際傳播方式，和選民進行面對面接觸。雖然候選人礙於時間、精力等因素，無法挨家挨戶地拜訪選區中的每位選民，但透過人際傳播方式，能順利將候選人的訊息以直接或間接的方式傳達給選民，這也印證了中國俗話所說「見面三分情」，面對面接觸不但能拉近選民與候選人之間的距離，同時也增添了幾分人情味，是以人際傳播在台灣的競選活動中，特別針對地方性的小型選舉而言，已經成為不可或缺的環節。

在競選活動中，大眾媒體的使用固然可以達到傳播的廣度，但人際傳播（interpresonal communication）卻可以做到點的深入，其威力不容小覷。根據鄭自隆（1995）的研究發現，人際傳播對選民的影響力甚鉅，主要有下列原因：

(1)人際傳播是無形的影響力。

(2)人際傳播遭遇抗拒時較具有彈性，大眾媒體遭遇抗拒時則容易產生反效果。

(3)多數選民相信意見領袖所下的判斷，而不太相信大眾媒體所提供的意見。

⑷個人接觸使選民容易產生親切感，而大眾傳播與選民的距離則較遠。

Mendelsohn（1996）指出，在競選過程中，當人際傳播的範圍越廣，選民會從所處的社會網絡中獲取相關政治訊息。Nisbet & Scheufele（2004）亦認為政治參與的重要前提，在於公眾討論政治時事的環境，能夠獲取多元的政治訊息。呂忠達（1993）則是提出，有效的耳語傳播，主要在於善用民眾對於某些社會狀態既有的恐懼及義憤情緒，進而營造有利己方的聲勢。此外人際傳播可以在計程車、菜市場、雜貨店、美容院、廟宇等地進行傳播，形式不拘且範圍廣，並藉由不定多數散播訊息，達到敵消我長的效果。

關於人際傳播對於選舉的影響，早在一九四四年，Lazarsfeld與哥倫比亞學派就以社會調查法來探討媒介對民眾投票行為的影響，提出「親身影響」重於「大眾媒介」的理論。研究發現，選民的預存立場或行為會受到團體中意見領袖的影響，意見領袖是介於傳播媒體與受播者之間的中介橋樑，資訊由意見領袖吸收之後，再經由意見領袖傳達給其他社會大眾，並從中得知資訊的兩級傳播流程。研究結果顯示，親身接觸對於選民的投票行為有較大的影響力量，大眾傳媒在選舉中扮演的角色，只能增加個人對選舉活動的興趣，並強化原有立場（翁秀琪，2003；林東泰，2008）。

Trent & Friedenberg（2008）指出，人際傳播做為政治溝通的管道富有重要涵意，因為人際溝通是交互作用的，每位參與者皆會影響其他人，透過人際溝通，在政黨交流場合經由語言和非語言符號的傳遞，讓彼此能掌握主題。Beck, Dalton, Greene & Huckfeldt

（2002）亦認為，在社會脈絡中，人際網絡與組織對選民的投票抉擇具強烈的影響力，在人際傳播過程中，會因個人身處的環境迥異或是對於政治的看法相左，進而影響個人的投票行為。是以每逢選舉之際，各政黨與候選人紛紛舉辦大型的造勢活動，營造選民與候選人面對面接觸的場合，其目的就是為了動員選民，和選民聯繫感情，期望能改變其政治立場或投票意向。

邱健吾（2007）指出，在團體中口耳相傳的力量並非一般外人能操縱，此時意見領袖就扮演相當重要的角色，這些人通常主動告訴別人哪些好、哪些不好，因此在接觸及經營團體選票時，透過意見領袖的口碑式推銷，能夠有效說服或改變選民的態度。候選人本身是一個非常重要的政治傳播者，當候選人與活躍的意見領袖、潛在贊助者、義工或記者進行接觸的時候，必須設法去利用這些資源，以擴大對選民的影響力（鈕則勳，2002a）。是以候選人常透過政見發表會、造勢活動、掃街拜票、座談會、餐敘等方式和選民進行面對面的接觸溝通。因此候選人和選民之間的人際傳播，可能是決定選舉結果的關鍵要素。

Trent & Friedenberg（2008）指出，在人際傳播過程中，對候選人而言，時間扮演相當重要的因素，畢竟候選人分秒必爭，因此決定哪個地方、哪些人需要拜訪都需要詳細規劃。最有效率的方式是先進行選區內的選民統計分析，讓候選人知道哪些地方有勝算，並且盡可能親自面對面拜訪選民，提高成功的機會，而候選人在人際傳播過程中要瞄準潛在的選民和支持者，而不是只去人多的地方。

Trent & Friedenberg（2008）認為，在競選活動中最經典的人際傳播方式，莫過於餐會的舉行和挨家挨戶拜票。通常茶會或餐敘舉辦的場合比較輕鬆，至於選擇的區域上，最好以中立和游離選民居多的地方為主，或是支持度不足但候選人希望情勢好轉的地方。透過聚餐的方式，候選人除了和選民聯繫感情外，也能藉此招募新的工作者。另一種常見的人際傳播方式是進行挨家挨戶拜票或掃街遊行拜票。它提供候選人親自和眾多選民接觸的機會，打破選民對於候選人的既定刻板印象，候選人必須被塑造為平易近人，且可分享意見、樂於傾聽的形象。

此外，挨家挨戶的拜票方式也是散佈關於候選人資訊的好方法。專家建議在拜票時要儘量創造議題。Peck（1996）也認為，拜票時，文宣品或是宣傳車可以陪同候選人一同行進，穿著競選活動服飾的志工也要盡力做好拉票工作，順便進行文宣的發送，探索選民的投票意願，並找適當機會探詢對手的消息。

Devito（2003）指出，在人際傳播中，候選人可以充份運用領袖魅力或吸引力來幫助政治基金的募集。人際傳播的好處除了增進候選人與選民間的情感外，還有一項重要功能就是進行政治募款。是以政治基金的募集通常在人際傳播過程中自然發生，候選人或其幕僚也都希望從人際傳播過程中達成籌募政治基金的訴求。

學者Lenart（1994）則提出大眾傳播媒體與人際傳播的整合模式，雖然候選人會利用媒體向選民進行傳播，但經由選民和候選人的接觸或團體間的互動，都會對選情的發展有所影響。Shadegg（1976）則建議，候選人應該在社會網絡中佈下基層組織，也就是台灣社會俗稱的「樁腳」。它是由一群有熱忱及知識豐富的候選人支持者所組成，其成員大部分是候選人的朋友或是關係密切的人，負責提供內部資訊，在選舉過程中取得重要新聞，利用電子郵件、網路、傳真等進行聯繫，候選人得以發展一個具有特殊關係的團體，藉由社會互動提供足夠的人際影響力來贏得選戰。

依據邱健吾（2007）的看法，所謂「樁腳」之所以在台灣選舉中佔有一席之地，主要是因為他們是社會底層中的政治領導者。這類型的人物，平常都有不錯的人際影響力，因此每到選舉之際，樁腳便自然而然成為候選人的「地區嚮導」。廣義而言，舉凡能掌握一定數量選票的人物，都可稱之為樁腳。像是縣市長、立法委員、縣市議員、鄉鎮長、農漁會理事長、村里長等，也就是國內政治體系普遍存在的地方派系。這些樁腳能掌握基本票源，也是從中判定選情好壞的一種方式。任羽中（2005）亦指出，候選人想要獲得選票，必須通過「樁腳」來動員。而扮演「樁腳」角色的人物，除了行政基層組織中現任或卸任的村里長，或鄉鎮農會代表外，還包括各社團負責人、寺廟管理委員會主委或委員、中小企業主、各行業公會理事長、家長會長、宗親會理事長，都被納入基層樁腳網絡中。無論在平時或是選舉期間，樁腳政治文化串聯了派系與選民之間綿密的社會網路，透過長期社會互動過程，持續地累積與培養起各種人際關係網路。

八、網路傳播

Swerdlow（1988）指出，以網路為主的互動模式和資訊傳遞，讓資訊分析自動化，提供候選人一個無價的資源和特定公眾溝通。電子郵件直接傳送立即性的選民預測和分析，促成了新的政治型態。電腦、有線電視、電話、影音光碟等傳播科技改變了競選的本質，使候選人和選民能直接在起居室內直接互動。由此可知，科技上的變遷也深深影響競選傳播型式的變化。

網路政治（Internet politics）一詞最早出現於一九九四年，當時已有相當數量的選民使用網路，同時也代表候選人使用網路與選民打交道，是一種前瞻、進步、創新的象徵，並藉此建立自己的形象。舉例而言，英國在一九九七年時，每一個政黨都已經擁有自己的官方網站（MaKeown & Plowman, 1999；轉引自莊伯仲，2009）。根據政治傳播學者Kaid（2006）的說法，網路競選廣告在二〇〇四年總統大選期間被大量使用，它被認為比電視廣告更有效率，而到了二〇〇八年美國總統大選剛起跑時，網路廣告被廣泛使用，幾乎成為政治廣告中的重要傳播管道，改變了原本動態卻又昂貴的電視廣告生態。

在傳播科技日新月異的時代，對任何一位公職候選人來說，如果沒有使用網路做為競選工具，就如同總統候選人沒有利用電視進行宣傳一樣，被認為是一件不可思議的事，這表示候選人利用網際網路從事競選傳播活動已是非常普遍的行為。網際網路之所以能夠成為競選傳播管道之一，是因為網路中的訊息能夠觸及上百萬的民眾，透過網路得以傳達較深入的訊息給選民（莊伯仲、鄭自隆，1996）。在選舉過程中，網際網路所扮演的角色也日益重要，它不同於傳統大眾傳播媒介只能傳遞單方面的訊息，事實上，網路最重要的特性就是互動性，此種特質讓候選人及選民之間能夠不受時空限制，進行互動交流，不需透過面對面的直接接觸，就能了解與候選人和議題相關的資訊，就傳播模式而言，是一種較近似於人際傳播的溝通管道。

Trent & Friedenberg（2008）指出，候選人競選網站的重要功能除了告知選民、呈現候選人最新的訊息之外，還有勸服選民的作用。除此之外，能夠影響使用者的意見，影響選民做出一系列的決策結果，例如是否要成為義工、是否捐款幫助候選人或是否出門投票，並強化那些已經決定投票的選民意向。再者，候選人的競選網站能協助政治基金的籌募，例如在一九九六年的總統大選中，柯林頓就從網路募集超過一萬美元的競選經費；另一方面，從候選人的競選網站中能夠發展競選活動的核心，聚焦在死硬派支持者的身上，和他們建立良好的人際關係，確保他們當天會去投票，而非說服新的支持者。

曾萬（2000）指出，網際網路屬於即時性的資訊媒體，網路資訊能夠隨時更新、累加及重組，這對於渴求資訊的使用者來說無疑是相當大的誘因。美國的競選網站通常由候選人與其政黨的網頁組合而成，網頁上刊登競選廣告、競選政見及選舉的活動資訊，加上聲音、動畫與互動式設計，對於喜好新科技的年輕選民產生相當大的吸引力。此外競選網站也提供較豐富的政見訊息，彌補傳統電子媒體不足之處。

彭懷恩（2005）認為，網際網路對於資金較有困難的候選人而言，是一個節省成本又能達到良好宣傳效果的方法，此外他也認為競選網站能提供完整而充份的候選人資訊給選民，提供候選人對於政治議題的觀點與立場，塑造與支持者或贊同者的溝通管道，吸引對政治有興趣的自願者，藉此募集政治基金或競選經費，並作為攻擊競爭者或反對者的另一個場域。

Trent & Friedenberg（2008）認為，利用網際網路可以達成電子競選（E-campaign）的目標，而電子競選能為繁複的競選活動增添莫大益處。首先，電子競選能增加幾分趣味，減少候選人在競選期間所需支付的龐大電視廣告成本；其次，電子競選能促進選民間的相互討論，發展一個競選活動的核心概念，提供相關批判性的後設資訊；再者，電子競選能提供快速而成本低廉的線上民調，比傳統電話民調在樣本選擇或進行調查時更有效率；最後，電子競選能充份發揮和選民對話溝通的潛力，選民也能以客製化的方式呈現新聞和資訊，陳述候選人的議題或政治論調。

Benoit & Benoit（2008）也指出，使用網際網路做為候選人的競選傳播工具已是一種無可避免的趨勢，因為網路能同時傳送文字、圖像、影音，方便選民了解訊息，而網路的閱聽眾數量可觀且仍在持續上升中，相對來說能觸達較大範圍選民。此外網路競選廣告比電視競選廣告費用要便宜許多，對選民來說也相對便利，不管是時間、個人化程度或是金錢，網路都比其他媒體要節省許多成本。另外，網路也給予候選人和選民直接溝通的機會，並提供深度的議題資訊，傳達候選人的個人訊息和訴求至目標閱聽眾身上。就選民角度而言，網路不僅僅滿足了公眾對政治資訊的渴望，也讓資訊獲得更加便利，選民能自由近用自己有興趣的議題類型，也展現了多元的發聲管道，不管是競爭者、支持者、政黨或媒體，都能在網際網路的場域中參與政治過程。

莊伯仲（1998）提出以網路做為競選工具的八大優勢：分別是參與程度高、訊息深度夠、成本效益高、機動性佳、可重複曝光、具恆久性、涵蓋面廣、區隔性佳。除上述所提及之特點外，網路媒體能相互連結，有助於資訊的交換和共享；在網路上進行競選活動，可減少紙張等資源的消耗和宣傳車的噪音，有益環保；以及可避免群眾活動的緊張場面等特殊優點。

Mckeown & Plowman（1998）研究一九九六年美國總統大選時，各候選人在網路上與選民接觸的情形。研究結果發現，使用網際網路可幫助候選人直接將訊息傳遞給選民，避免電視新聞狹隘及賽馬式的報導，網路提供深入的資訊給選民，選民也能發表自己對候選人的見解。此外Klinenberg & Perrin（2000）也對一九九六年共和黨總統初選人的網頁做內容分析，歸納出總統候選人使用網路做為競選工具的六大方法，分別是組織競選志工與籌募經費、對選民進行政治教育、建立候選人相關社群、對網際網路討論空間的讚揚、與其他網站的超連結以及和選民進行互動等（轉引自彭芸，2002）。

選舉期間，候選人可以透過網站郵寄競選傳單、選舉文件、勸募競選基金、出售紀念品、招募義工等，也能做為組織內部的溝通工具。事實上，網路也成為使用者選舉決策的重要資訊來源，畢竟網際網路是以特定群眾為訴求目標，在網路傳播中，選民並非處於被動地位，能夠主動篩選與過濾自己想要的政治資訊，網路徹底改變了資訊流向，而在政治競選中，網路傳播的勸服模式，更是一種嶄新的競選文宣路徑（曾萬，2000）。

Blivins Group（2006）針對二〇〇六年美國的候選人網站內容進行調查，研究報告中指出，候選人的競選網站內容反映三個層面的涵義。首先，第一階層的網站內容由各種基礎資訊組成，這些訊息可能也會出現在候選人的自傳或競選相關新聞之中，這促使網站的訪客會自願幫忙競選活動或是捐獻一些競選所需經費。其次，第二階層的內容組成包括多媒體、部落格、RSS與下載等元素，部落格能夠按時間排序寫出作者的個人想法並富含其他網站連結，幫助政治意見形塑。最後，第三階層的網站內容涉及進步的科技技術，像是網站提供其他語言的版本、提供選民組織籌募基金小組的能力、提供志工組織活動路線、幫助志工設立候選人的家庭黨部等。

另外，在網站內容的設置上，也必須兼顧親切性、互動性、資訊性及工具性等特質（鄭自隆，2004）。由於網際網路對選民來說能創造較高的回饋，但往往使用成本相對低廉，因此對競選經費較為拮据的候選人來說，是一種值得多加善用的競選傳播管道。Trent&Friedenberg（2008）指出，候選人使用部落格做為競選宣傳工具時會受到相對兩種限制：一是因為候選人十分忙碌，根本不太可能有時間參與部落格的寫作，因此部落格的使用被認為是浪費資源，無法增加候選人的時間。

學者Benoit & Benoit（2008）針對競選網站的使用方便性與資訊的豐富度，劃分出幾項評估競選網站的標準，像是網站本身的辨識度、網站邏輯是否順暢、內容的可讀性、搜尋或點選過程是否會使人易怒、資訊的可接近性、有趣程度、資訊的廣度與深度、有無必備的議題、是否加入強化立場的資訊、對閱聽人的適用程度以及互動性等，這些設計的準則可以用來評估競選網站的優劣或做為開發新網站的依據。

莊伯仲、王至唯（2006）分析二〇〇四年台灣總統大選的競選網站，發現網路競選的使用遠遠超越以往的經驗，各候選人在網站上利用連載動畫、圖像化方式來吸引年輕選民，並利用線上拍賣機制販售候選人週邊商品，不僅拉抬聲勢，也募集了些許競選經費，種種表現都合乎網路競選的三大方向—網路廣告、網路動員及線上募款。鄭自隆（2000）更進一步提出未來競選網站研究的兩大趨勢，即是選民與候選人之間的高度互動化以及資訊傳送的即時化。

Selnow（1998）針對一九九六年總統大選的候選人網站做出分析，並描繪出競選網站應具備的本質，首先是網站的文章需包含候選人的簡介及照片，提供一些和演講、政策立場相關以及最新報導的連結，並主動提供候選人的電子郵件，方便與選民直接聯繫。Ward & Gibson（2003）也認為，網路具有以下三大功能，挑戰了傳統選舉的本質與型態。首先，網路能直接傳遞政治訊息給選民，毋需通過傳統大眾媒體的守門過程；其次，網路能針對目標選民量身打造專屬資訊，有效傳達個人或地方性議題；再者，候選人能提供電子郵件或留言版等機制，設計互動式平台塑造候選人與民選的持續對話，並透過線上民調得到立即性反應或回饋，此種溝通模式撼動了傳統選舉的基本形貌。

以上就是筆者以Trent&Friedenberg（2008）所發展之競選傳播研究分析架構為主幹，並結合國內外學者所提出的相關論述與研究發現，進行文獻回顧與整理，期望能從中發展一套系統性的競選傳播研究模式。從文獻檢閱中可知，整個競選活動的形成是候選人、媒體與社會大眾三者互動的過程，換言之，候選人陣營所擬定的競選傳播策略不僅會左右媒體報導的方式，也會影響選民對候選人的認知與想法，而媒體所呈現出關於競選活動或選情相關的訊息，同樣會讓候選人的競選傳播策略有所調整，此外，選民對候選人既有的認知與印象，則是透過各種傳播管道所獲取而來，候選人經由民意調查所探測的普遍民意也會造成候選人陣營所策劃的競選傳播策略有所更迭。在此互動過程中，每個細節都是環環相扣的，是以本系列研究將從候選人陣營所擬定的競選傳播策略為主軸出發，探討競選傳播策略如何形構出競選活動的雛形，從而剖析整體競選傳播活動的全貌。下一章將簡要說明本系列研究的研究設計與方法，以使讀者了解本系列研究如何進行資料蒐集與分析。

第三章　剖析大選戰的方法

第一節　深度訪談

本系列研究運用深度訪談法蒐集資料。在包括傳播學門在內的社會科學諸領域中，深度訪談法是常被使用的一種質化研究方法。例如，學者就曾以深度訪談法了解閱聽人接觸電視節目的行為模式（Gunter, 2000）。一般而言，誠如 Jankowski and Wester（1991）所說，深度訪談法很適合被用來了解媒介組織規章與制度運作方式。本系列研究將候選人陣營視為以勝選為目標的競選傳播組織。因此，也決定運用深度訪談法，了解在二〇〇九年的宜蘭及花蓮縣長選舉過程中，各候選人陣營擬定的競選傳播策略及實際作為。儘管有學者認為，深度訪談法或許無法徹底反映社會實況（Silverman, 1993）；但也有學者較樂觀地指出，研究人員仔細分析訪談資料後，還是可以相當程度地看到與實況有關的現象（Miller and Glassner, 1997）。當然，身為候選人陣營之外的研究人員，在選舉期間或選舉結束後去訪問候選人陣營成員，不一定會獲得熱誠接待；但在研究人員說明訪談目的純為學術研究，並讓訪談對象理解，研究人員在進行訪談前，已對競選傳播文獻有所涉獵，並非外行人的費時請教後，也多半能取得各候選人陣營輔選幕僚的信任，在訪談過程中說明候選人的競選傳播活動實況。此外，為能更充份地了解候選人如何進行競選傳播活動，本研究團隊也對採訪宜蘭與花蓮縣長選舉的地方新聞記者、國民黨及民進黨常駐宜蘭及花蓮縣，但不直接擔任候選人輔選幕僚的黨工，以及宜蘭與花蓮地區對這場縣長選舉有所觀察的大專教師，進行了深度訪談，請他們從觀察者的角色補充說明候選人進行的競選傳播活動。

本系列研究採取半結構式的深度訪談。根據研究問題，對候選人陣營核心幕僚及上述包括記者、地方黨工及學者在內的觀察者，擬出兩套深度訪談題綱。對核心輔選幕僚提出的訪談題綱為：

1.整體而言，在這場選戰中，候選人居於何種情勢？競選主軸為何？
2.以候選人所處的衛冕（挑戰）者角色而言，具有哪些優勢或劣勢？
3.候選人的競選廣告策略為何？如何運用各種管道推出競選廣告？
4.候選人如何運用記者會進行競選傳播活動？舉行記者會的目的及主要內容為何？
5.候選人如何運用公共演說進行競選活動？
6.候選人的公共演說講稿是否由專業撰稿人草擬內容，並與候選人溝通後定稿？
7.候選人是否曾與對手進行任何形式的辯論？對於是否與對手進行辯論有何考慮？
8.候選人如何運用代言人幫忙進行競選活動？候選人曾經請哪些人擔任代言人？

9.候選人陣營是否曾對選民人口結構進行調查分析，以做為競選資源管理分配的依據？

10.候選人如何與選民進行面對面的競選活動？候選人如何決定與選民面對面互動的時間、地點與優先順序？

11.候選人如何運用網際網路進行競選活動？網站內容有何特色？如何透過網路與選民溝通交流？

12.整體而言，候選人陣營對自己與對手陣營的競選傳播活動有何評估？

對幾位曾觀察宜蘭縣長選情的受訪者所擬定的訪談題綱為：

1.從觀察者的角度來看，宜蘭縣長選舉的整體政治生態與地方情勢為何？此次選戰對兩個陣營的意義為何？

2.從觀察者的角度來看，對兩個陣營提出的競選主軸有何評估？

3.從觀察者的角度來看，兩位候選人各具有哪些優勢及劣勢？

4.從觀察者的角度來看，兩位候選人的競選廣告策略及實際作為有何優缺點？

5.從觀察者的角度來看，兩位候選人運用記者會進行競選活動的表現如何？

6.從觀察者的角度來看，兩位候選人在公共演說方面的表現如何？

7.從觀察者的角度來看，兩位候選人在運用代言人方面表現如何？

8.從觀察者的角度來看，兩位候選人是否曾充份利用對選民人口結構的調查資料，妥善分配競選傳播活動資源？

9. 從觀察者的角度來看，兩位候選人與選民親身接觸時表現如何？

10. 從觀察者的角度來看，兩位候選人運用網際網路進行競選活動方面的表現如何？

11. 從觀察者的角度來評估，整體而言，兩位候選人在競選傳播活動上的表現如何？

在訪談對象方面，在宜蘭縣方面，經過多次邀約，研究團隊成員只獲准訪問兩位國民黨參選人呂國華陣營的核心幕僚及民進黨參選人林聰賢陣營的四位核心幕僚。此外，被列為選情觀察者的訪談對象包括宜蘭地區國民黨及民進黨各一位專職黨工、三位採訪此次選戰的地方新聞記者，以及一位宜蘭地區的大專教師。所有受訪者的代號、身份、性別及年齡如表一表所列。訪談時間從二〇〇九年十一月二十五日進行到二〇〇九年十二月二十一日。平均每位受訪者接受訪談的時間為九十分鐘。所有訪談錄音紀錄經整理後，分別用於回答本研究提出的各項研究問題。主要研究發現及其涵義將陳述如後。

在花蓮縣方面，由於選舉期間各陣營忙於競選活動，難以抽出時間接受訪談，對於研究人員的冒昧來訪則顯得不甚耐煩。另一方面，又因為此議題涉及政治較為敏感，候選人或其核心幕僚多半不願在選前透露任何被視為機密的消息，這也使得本研究在執行面上遭遇困難。直到選舉結果揭曉後，筆者把握時間，親自到競選總部拜訪候選人陣營成員，並說明訪談目的純為學術研究後，取得其輔選幕僚的信任，答應接受訪問，願意闡述候選人在競選期間的傳播行為與活動實況。

表一　宜蘭競選傳播深度訪談受訪者名單及訪問時間

編碼	身份	性別	年齡	訪談時間
A	呂國華競選總部幕僚	男	60歲以上	2009.11.25
B	呂國華競選總部幕僚	男	40-60歲	2009.12.14
C	國民黨專職黨工	男	40-60歲	2009.12.21
D	林聰賢競選總部幕僚	男	20-40歲	2009.11.25
E	林聰賢競選總部幕僚	男	20-40歲	2009.11.25
F	林聰賢競選總部幕僚	男	40-60歲	2009.11.25
G	林聰賢競選總部幕僚	男	20-40歲	2009.12.14
H	民進黨專職黨工	男	40-60歲	2009.12.21
I	記者	男	40-60歲	2009.12.14
J	記者	女	20-40歲	2009.12.14
K	記者	女	20-40歲	2009.12.14
L	學者	男	40-60歲	2009.12.21

經由多次邀約後，筆者獲准訪問到各陣營的兩位核心輔選幕僚。然而為了求得訪談結果的正確性與客觀性，避免有「隱惡揚善」之情況產生，本研究除了訪談候選人陣營成員，了解競選期間所採取的傳播策略與實際作為外，也針對採訪花蓮縣長選舉的新聞記者、國民黨及民進黨常駐花蓮縣黨部的黨工，以及對當地政治情勢關切的學者等人，以觀察者的角度進行深度訪談，一方面能交互檢證各方說法，再者能就候選人

陣營回答不完整之處進行補充說明，讓訪談內容與資料分析呈現客觀結果。

在深訪對象的選擇上，研究者所擇定之核心幕僚主要為競選期間，從事候選人陣營的策略擬定或執行工作，並充分掌握整體選戰概況與相關細節的輔選人員。至於國民黨及民進黨黨工則分別在兩黨的花蓮縣黨部服務超過十年以上，參與過各項不同性質的選舉，擁有資深的輔選經歷，除了人脈廣闊之外，對於花蓮當地的政治生態也具備一定的了解程度。此外，本研究所訪談的兩位媒體工作者，則是常駐花蓮地區的報社特派記者，長期採訪政治新聞，在選舉期間經常撰寫特稿及選情分析，並且和候選人有直接互動，針對選情發展有貼身觀察。最後，研究者所訪談的兩位學者，任職於花蓮當地大專院校，雖然兩位教師並非主修政治或傳播相關科系，但過去皆曾擔任候選人的文宣幕僚，也長期關注花蓮的政治發展，而此次並未參與候選人的輔選工作，是以能用相對客觀的角度進行剖析。

另外，為了顧及研究倫理，所有受訪者皆匿名處理以編碼表示，只透露其性別、職稱或層級，訪談時間大約從二〇〇九年十二月進行到二〇一〇年十月為止，平均每位受訪者的訪談時間約90分鐘，並錄音存證，做為資料分析與整理的素材，並回答本研究先前所提出之研究問題，主要研究發現與涵義將於下個章節分別陳述。下表為本研究之深度受訪者名單及訪談時間：

表二　花蓮競選傳播深度訪談受訪者名單及訪問時間

編碼	身份	性別	年齡	訪談時間
A	杜麗華競選總部幕僚	男	50-60歲	2009.12.23
B	杜麗華競選總部幕僚	男	30-40歲	2009.12.26
C	張志明競選總部幕僚	男	40-50歲	2009.12.26
D	張志明競選總部幕僚	男	30-40歲	2009.12.20
E	傅崐萁競選總部幕僚	男	40-50歲	2010.10.19
F	傅崐萁競選總部幕僚	男	50-60歲	2010.01.18
G	國民黨專職黨工	女	30-40歲	2010.01.18
H	民進黨專職黨工	男	50-60歲	2010.03.05
I	報社駐地記者	男	40-50歲	2009.12.13
J	報社駐地記者	男	40-50歲	2009.12.13
K	學者	男	40-50歲	2010.02.04
L	學者	男	30-40歲	2010.02.04

第二節 研究架構

為使讀者更能理解本系列研究的分析架構，筆者繪製了以下呈現的架構模型。這個分析架構是依據Trent & Friedenberg（2008）所提出之競選傳播分析模型，並結合過去相關文獻研究結果，發展成為本系列研究的理論基礎。不過由於競選傳播涉及策劃計劃階段、策略執行階段以及策略評估階段，範圍相當廣泛，本系列研究由於於資源限制，無法逐步探究每個階段的細節，因此僅將焦點置於策略執行階段中，探討候選人如何運用競選傳播策略，貫徹其競選主軸，並透過各種競選傳播管道將訊息傳達給媒體及社會大眾，從而尋求選民支持，以達勝選目的的過程。對於媒體和選民以及候選人陣營和媒體之間的互動關聯則不詳加討論。

由本架構圖中可得知，候選人陣營在擬定競選傳播策略後，會先策劃候選人之競選主軸，以及依據自己所處的情勢做整體評估，確立採行何種競選風格，將所有訊息整合之後，透過各種競選傳播管道，例如：競選廣告、代言人之運用、公共演說暨辯論、新聞記者會、人際傳播、網路傳播等工具傳達給媒體及社會大眾。值得注意的是，此模式是一動態互動過程，首先，就候選人與競爭對手而言，任何一方所採行的競選傳播策略，都有可能牽動策略執行的某一環節，候選人會依據對手所釋出的訊息或競選期間的突發事件，隨時調整己方競選策略的方向或行動；再者，媒體在競選期間對於候選人的報導方式，建構了選民心目中對候選人的形象或社會觀感，也可能間接影響候選人進行策略調整，此外，候選人的競選傳播策略不但關係著媒體如何呈現候選人訊息，同時會造成選民認知、情感或評價的改變。

是以競選傳播策略的每個階段都是環環相扣的，候選人、媒體與選民三者具有交互作用，彼此產生連帶影響，牽動整體競選傳播策略的發展方向。也從而得知，競選傳播策略是競選活動的核心，也主導競選活動的開展。候選人所進行的每一項活動都是期望能引起選民的注意力，將訊息與議題清楚傳達給民眾知道，建立選民對候選人的認知與形象，進而得到支持。媒體在競選期間則需要透過候選人的競選傳播活動來製造議題，以豐富新聞資訊。另一方面，選民也透過競選傳播活動，增加對候選人的了解程度，提高政治參與感，最後決定投下神聖的一票。是以候選人的競選傳播策略能否妥善擘劃與運用，可能影響選舉結果，幫助候選人贏得選戰。

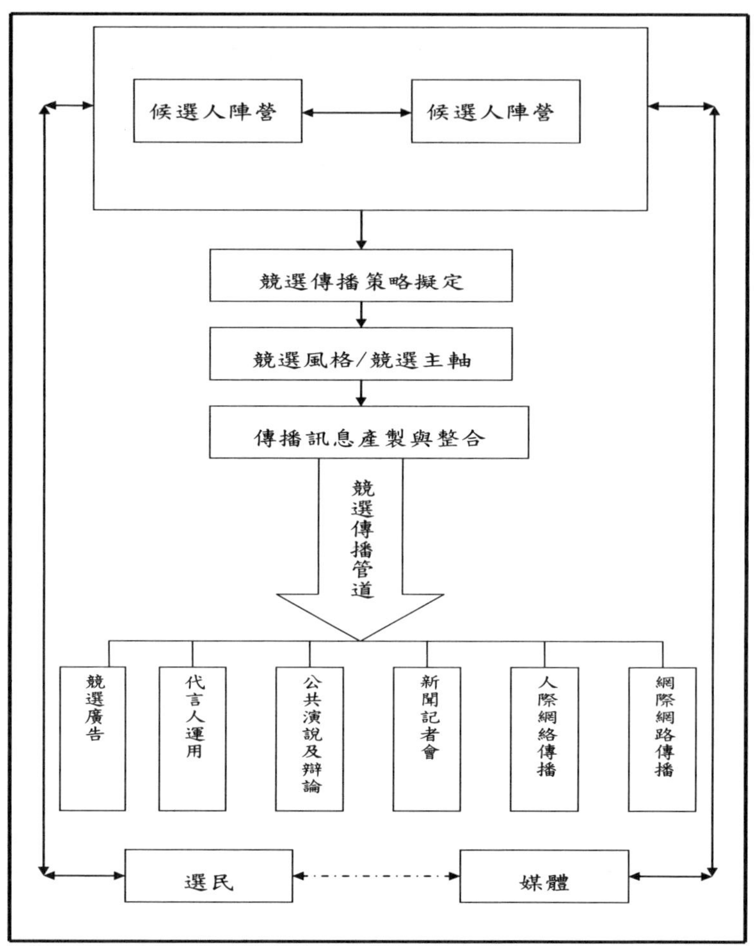

圖一　競選傳播策略分析架構圖（虛線部分本研究未討論）

第四章　宜蘭競選傳播策略分析

第一節　候選人的競選傳播策略

對於二〇〇九年宜蘭縣長選舉兩位候選人競選傳播策略的探索，是本系列研究的試金石。由於要訪談的題目與邀訪對象頗多，事實上是頗費周折才完成資料蒐集工作。由於受訪對象仍然認為訪談主題事涉競選策略的敏感事務，在回答問題時有所保留，也是意料中事。但是研究團隊還是從能夠取得的有限資料中進行了有系統的分析，並且從資料蒐集過程中累積了寶貴的經驗，以便對花蓮縣長選舉的競選傳播策略做較完整的剖析。以下就讓我們從宜蘭這個比較初探性質的資料分析結果中，來看看兩位縣長選舉候選人運用的競選傳播策略。首先要從宜蘭縣長選舉的整體情勢談起。

整體情勢

根據一位受訪的觀察者描述，宜蘭選區基本上可以蘭陽溪為界，區分為溪北、溪南兩大政治版塊。溪北是藍大於綠，溪南則是綠大於藍。在二〇〇九年宜蘭縣長選舉中的衛冕者國民黨參選人，也是當時的縣長呂國華出身溪北，而民進黨參選人林聰賢則是來自溪南，兩人可說各有基本盤的支持者。

溪北就是宜蘭市、頭城鎮。外界認為是呂國華的票區。而林聰賢是羅東鎮人，溪南大都是他的勢力範圍（受訪者I）。

但也有一位受訪的觀察者指出，國民黨和民進黨在宜蘭縣的實力相當，並非如外界的刻板印象是綠遠大於藍。

宜蘭藍綠大約是五五波。從歷次選舉分析，藍綠基本上都各保有45%的基本盤。只因為過去縣長選舉多半由民進黨獲勝，所以才有人認為宜蘭是民進黨的大本營（受訪者L）。

談到這場縣長選舉對兩黨的意義，一位觀察者指出，國民黨當然想在宜蘭繼續執政；而民進黨則是因為曾在宜蘭連續執政達二十四年，因此亟思奪回四年前敗於國民黨之手的縣長寶座。

這次選舉是國民黨的宜蘭縣長保衛戰；林聰賢則是想要延續過去二十四年民進黨在宜蘭的執政傳統，企圖收復宜蘭這塊失土（受訪者I）。

另外，也有觀察者認為，宜蘭縣長選戰不但是對國民黨過去四年在宜蘭施政成績的考核，也是對馬英九當選總統以來的一次所謂期中檢驗。

競選風格／競選主軸

訪談結果顯示，呂國華陣營很清楚自己在選戰中是扮演衛冕者角色，既享有現任者的行政資源，也對過去四年的施政績效有自信，因此不打算和民進黨參選人林聰賢進行負面選戰，而只想以強調施政成果達成勝選目標。但也由於呂國華在參選時是當時的現任宜蘭縣長，因此，在四年施政中所有可能引發爭議的措施，像是停辦宜蘭童玩節活動，也就成為對手攻擊的目標，這是選戰中衛冕者難以避免的劣勢。

> 我方是在任的行政者，我們要顯示出執政格局，強調正面選戰，不做負面選戰。盡量凸顯政績與願景，是我們的選戰核心策略（受訪者B）。
>
> 現任者有既有的名位，在許多公開的官方場合，縣長去出席、主持或曝光都是理所然，這是現任者的優勢，但選民及媒體對現任者也會以較高的標準來要求，一言一行被批判的可能性也較高（受訪者B）。

雖然強調凸顯政績，但從訪談結果來看，呂國華陣營卻在這場選戰中，只是廣泛地強調自己對宜蘭地方建設及招商方面的政績，而並未提出明顯的競選主軸。在其任內停辦宜蘭童玩節，更是成為對手猛攻的主要訴求之一。雖然後來呂國華又提出復辦童玩節之議，但可能已因此而受到傷害。

競選主軸包括很多，像是交通、經濟、環保等。是全方位的策略（受訪者A）。

國民黨參選人呂國華的競選主軸比較不明確，應該是著重在招商，但是並沒有成功凸顯這一點（受訪者J）。

民進黨候選人林聰賢陣營則是很了解，自己是選戰中的挑戰者，不像對手擁有現任者的行政資源。而民進黨既非執政黨，也就沒有來自中央政府的資源挹注。但林聰賢在參選時既是挑戰者，就不像呂國華一樣有施政包袱。因此，從選戰一開始，林聰賢陣營就以恢復宜蘭人失去的光榮為競選主軸，猛烈攻擊對手在四年施政中的種種缺失，特別是停辦宜蘭童玩節，更是鎖定猛攻的議題。所以，恢復民進黨在宜蘭執政時的光榮感，就成為林聰賢的競選主軸，而核心競選策略就是全力攻擊對手施政績效不彰。

從選戰一開始我們的佈局和打法就定位在攻擊呂國華的無能，要站在挑戰者的角度

> 挑出對手的弱點，讓選民知道對方不好的一面。延續民進黨在宜蘭執政的傳統、恢復宜蘭人在過去四年因國民黨執政而失去的光榮，就是我們的競選主軸（受訪者H）。

競選廣告

訪談結果顯示，呂國華和林聰賢陣營都曾運用電視、報紙、廣播等大眾傳媒推出競選廣告，其中又以電視競選廣告為宣傳重點。呂國華方面的競選廣告以宣揚個人在縣長任內的施政績效為主，除了曾推出質疑對手學歷造假的負面廣告外，競選廣告內容多半都採取正面訴求。

> 呂國華的競選廣告主要在談政見，宣傳其各方面施政成就，包括，經濟、文化、教育、觀光等。以正面訴求為主，少有攻擊性的廣告（受訪者A）。

> 呂國華將自己塑造成正直、努力的形象，一天來回雪山隧道四趟，表現招商的努力（受訪者I）。

林聰賢在電視、廣播及報紙上的競選廣告，剛好和呂國華相反，以攻擊對手的負面廣告為主，形塑自己的正面形象為輔。關於呂國華停辦宜蘭童玩節及所謂綠色博覽會的弊案，是林聰賢陣營負面競選廣告的主要訴求。這些負面廣告反覆強調呂國華四年的施政結果，讓宜蘭人失去了以往的光榮感。至於正面訴求廣告，則是強調林聰賢從宜蘭基層公務員做起，能力及形象俱優。此外，林聰賢陣營也在競選廣告中強調，要承接已故民進黨前宜蘭縣長陳定南在宜蘭的政治傳統，恢復民進黨在宜蘭執政。到接近投票日時，則是推出希望宜蘭子弟返鄉投票的競選廣告來催票。

> 我們的競選廣告針對綠博弊案、停辦童玩節及呂國華的其他施政表現提出質疑、批判。強調宜蘭在呂國華執政後，**大大降低了宜蘭人的光榮感**。所以，我們的廣告訴求就是「換縣長，恢復宜蘭光榮。」（受訪者E）

除了運用大眾傳媒，兩位參選人也運用了其他管道推出競選廣告，其中又以戶外大型看板廣告較引人注意。呂國華陣營的大型看板，仍然強調施政成績的正面訴求；林聰賢陣營架設的大型看板，則寫出呂國華在媒體民調中的低落表現，仍以負面訴求為主。值得一提的是，兩個陣營的大型看板內容從選戰開打到選戰末期，並非一成不變，而是在內容上有過更新，並且形成你來我往、互相駁斥對手訴求的有趣景象。同時，兩方陣營以大型看板較勁，也引起媒體注意而成為地方選舉新聞報導內容之一。

> 這次選舉大型廣告看板發揮得最淋漓盡致。等於是文宣戰。這些廣告看板主導整個選舉節奏。看板一出，媒體就會報導雙方看板內容，讓選民來比較。看板內容在整個選戰過程中也經常更換（受訪者L）。

在大型看板之外，雙方陣營也運用傳統的宣傳車、小蜜蜂（摩托車上架設擴音器）、海報（常以夾報方式送出）、宣傳小冊、及其他如旗幟、貼紙、小紀念品等載具進行廣告宣傳戰。這些都是在台灣各重要選舉中常見的競選廣告管道。

記者會

對呂國華及林聰賢陣營而言，舉行記者會也是在這場選戰中極為重要的競選傳播活動。訪談結果顯示，兩位參選人不一定親自主持記者會。通常是與候選人個人操守有關的嚴重話題，如有關弊案或緋聞等，才會由參選人親自在記者會中詳細說明。候選人陣營中的主要幕僚，也可能是記者會的主持人。

關於召開記者會的時機，可以分為主動與被動兩類狀況。主動召開的記者會，多半是說明政見。像呂國華陣營就曾舉行系列記者會，說明各項施政遠景。或是遭對手陣營指控後，感到事態嚴重，必須盡快澄清，就也可能以舉行記者會的方式為自己辯解。另外，也會以舉行記者會的方式，散播攻擊對手的訊息。所謂被動召開的記者會，是指兩方陣營遭到對方指控後，原本不一定想要理會，但在媒體紛紛要求有所回應後，才決定以記者會的方式回應來自對手的攻擊。至於記者會舉行的頻率則沒有定數，但幾位接受訪談的觀察者都有頗為頻繁的印象，並指出曾有過同一陣營一天舉行不止一場記者會。基本上，兩方陣營都將記者會視為選戰過程中，定期宣揚政見或危機處理的管道。這裡所謂的危機處理，是指利用記者會的方式，讓媒體報導了不利於己方的消息後，能在記者會後做平衡報導，以求消滅選民疑慮。

> 如果出現對手攻擊我們的新聞，多半會用記者會的方式澄清，目的是希望媒體能做平衡報導（受訪者E）。
>
> 如果有重要事件發生，我們會在第一時間舉行記者會。通常危機處理的方式是以開記者會為主（受訪者H）。

公共演說／辯論

在公共演說方面，呂國華會在定期舉行的問政說明會中，發表公共演說。如果是以全縣選民為對象的問政說明會，通常會提出比較大的施政願景，或是在演說中澄清對手的攻擊。在針對小區域選民發表的公開演說中，談的是區域性的政見。林聰賢也在選戰期間到宜蘭各鄉鎮發表關於地方建設願景的公共演說。據林聰賢陣營接受訪談的幕僚指出，林聰賢因為知名度較低，所以在公共演說時，常花許多時間介紹自己的經歷。此外，基於不想給選民太常口出惡言抨擊對手的印象，林聰賢在公共演說時雖會提到對手在縣長任內的施政缺失，卻不會太過猛烈地公開發表攻擊對手的言論。

訪談結果也顯示，兩位參選人都有專人負責撰寫公共演說講稿內容。這些撰稿人多半兼任參選人的文宣輔選幕僚。換言之，為參選人撰寫公共演說講稿，只是這些幕僚的文宣工作之一。為能增加講稿深度，撰稿人會向在宜蘭擔任過公職的同黨同志或學者專家請益。畢竟，縣政問題也包括各類專業知識，又有縣內各區域性的差異，撰稿人若只有文采而對宜蘭地方民情不甚了解，也無法勝任撰稿工作。此外，接受訪談的兩位參選人幕僚都表示，撰稿人草擬講稿後，都會和參選人討論內容，並可能經過幾次修改後才定稿。但參選人在縣內各地發表公共演說時，不一定都會照幕僚預擬的講稿發言，有時就只是針對演說當時在場選民的特質，發表即興式的談話。另一項訪談發現是，由於參選人幾乎每天都要發表公共演說，所以撰稿人的確會以模組方式為參選人準備幾套常會用到的演說內容，也就是兩位參選人經常會提到的參選政見。而模組的組成，也就是以常提的基本政見搭配區域性的特殊政見。還有一項有趣的訪談發現是，林聰賢在大型造勢場合的公共演說中，除了會批評對手的政績外，還會將論述層次拉高到對國民黨中央政府施政的不滿，這或許是因為呂國華獲得來自國民黨高層的強力支持，而馬英九總統的全國支持度持續低落，因此林聰賢陣營希望部份選民能將對馬總統的失望與對呂國華的觀感做連結。

至於在候選人辯論方面，呂國華始終拒絕與林聰賢同台辯論，而只參加各抒己見的公辦電視政見發表會。接受訪談的觀察者認為，這是因為呂國華知道自己口才不是很好，所以不願參加辯論。呂的幕僚則表示，不參加林聰賢邀約的辯論會，是不想為對手製造拉抬聲勢的機會。

辯論會對呂國華不見得有利，反而會替對手造勢（受訪者C）。

代言人的運用

從訪談結果中得知，呂國華及林聰賢都在選戰期間運用代言人從事競選傳播活動。運用代言人的原因有三。首先是參選人時間有限，分身乏術，為能廣泛與選民接觸，必須由多位代言人分頭進行競選傳播活動。為達此目的而運用的代言人主要是參選人的親友、主要競選幕僚、以及同黨地方黨工或同黨的宜蘭公職人員或地方民代。運用代言人的第二個目的，是鞏固基本支持者，並拉抬參選人的聲勢。這一類的代言人主要是同黨的全國明星級政治人物。例如，呂國華陣營有馬英九、吳敦義、朱立倫、胡志強等政治人物為呂背書。林聰賢則有呂秀蓮、蔡英文、蘇貞昌、謝長廷、游錫堃、林義雄、劉守成等民進黨政治人物在林的造勢晚會上發言支持林，並代林抨擊呂國華。在選戰後期，林聰賢陣營還請到民進黨前縣長陳定南遺孀為代言人，並在選前之夜的造勢晚會上，將陳定南用過的公事包轉贈林聰賢，以示傳承之意。第三種目的是吸引選民注意，爭取可能對政治原本不感興趣民眾的支持。例如，林聰賢陣營請來阿忠布袋戲、民視娘家連續劇演員等在造勢活動中為林代言。當然，不管是請知名政治人物或影視明星代言，還可以吸引媒體報導，增加參選人在媒體上的曝光機會。不過，接受訪談的觀察者表示，不管請哪一類的明星級人物代言，多半只能達到固票目的，不太能為參選人爭取到對方原有支持者的轉向，因為代言人出現的造勢活動中，來的都是己方支持者。

> 代言人的目的就是凝聚人氣吧！但是不見得能替候選人加分（受訪者J）。

> 雙方代言人主要是在鞏固自己的基本盤，因為到場的都是自己動員的人，少有對方的人到場。造勢晚會或公開演說都是在給自己打氣，吸引中間選民的效果有限（受訪者L）。

人際傳播

在人際傳播的競選活動方面，訪談結果顯示，兩位參選人都非常重視此類競選傳播活動。比較重要的發現是，在選戰進行的初期（根據一位受訪競選幕僚的定義，為投票日前半年）、中期（投票日前三個月）及後期（投票日前十天）所進行的人際傳播競選活動，在活動的安排方式上有所差異。一般而言，在選戰初期，兩位參選人都會透過各鄉鎮成立的後援會，與不同區域，或是不同性質，例如，婦女、弱勢團體、勞工、農民、水利會或漁民等團體成員，以小型茶會或問政說明會的方式，進行面對面互動。在這樣的場合中，參選人或其代言人會向與會民眾說明政見、批評對手，並接受民眾提問。在選戰中期，參選人或其代言人與選民的接觸，就以中型政見說明會為主。到選戰後期，則是以掃街拜票及大型造勢晚會進行人際傳播競選活動。此外，不定期的人際傳播競選活動包括：參選人或其代言人出席選民的婚喪喜慶場合，向選民致意。或是在後援會的協助下，對選民進行家戶拜票，或是到宗教場所、公園、市場中向信徒、休閒運動的民眾或正在購物的選民拉票。

比較特別的是，林聰賢陣營還到台北市舉行了與年輕人互動的「撲友會」，向旅外的宜蘭子弟拉票。

> 我們到台北舉辦一個「撲友會」。這是現在年輕人會去參與的媒介，我們希望促使出外的年輕人回宜蘭投票，因為我們覺得這才是勝負的關鍵（受訪者E）。

從訪談結果中可以看出，兩位參選人陣營都相當重視人際傳播競選活動。這些活動有時由競選總部或地方後援會主動安排，試圖與選區中各階層、各類型的選民互動，以面對面傳播的方式，為自己爭取選票。另一些人際傳播活動則是由選民主動邀約，參選人或其代言人多半會應邀出席，向選民致意。特別是像婚喪喜慶的場合，參選人只要應邀出席，多半都不會置之不理。另一項主要發現是，愈到選戰後期，參選人時間愈緊迫，此時就不太可能以小團體傳播方式與選民互動，而會以重點區域掃街或大型造勢晚會的方式，進行人際傳播競選活動，以期望在活動中能同時接觸到較多數量的選民。

網路／行動通訊傳播

隨著傳播科技的進步，兩位參選人陣營也都架設了競選網站，希望藉由這個新的競選傳播管道，為自己爭取更多選票。訪談結果顯示，兩方陣營都認為，網路競選傳播的目標選民為選民中年紀較輕的網路一族。在內容方面，呂國華陣營的網站中主要是宣揚呂在縣長任內的政績及競選政見。林聰賢的網站中也以說明參選人政見為主。兩方陣營的網站中都可以讓選民對參選人提問，專責管理網站的文宣小組成員會斟酌提問內容，較簡單的問題可由文宣小組直接答覆；較複雜的提問，就必須遵循競選總部的行政體系，由較高層的競選幕僚或甚至是參選人親自定奪後，才向提問者答覆。所以，並非所有選民在網站中的提問，都會獲得立即回答，參選人本人也幾乎不直接在網路上與選民互動，而是由網站管理幕僚密切注意選民意見，再適時向參選人提醒網友反應，讓參選人與年輕選民互動時，了解青年選民的想法。

訪談結果顯示，雖然兩方陣營都由專人架設及管理競選網站，也運用了如facebook、撲浪、BBS等交流平台與選民互動，但除了林聰賢陣營對己方的網路競選傳播效果表示滿意外，呂國華陣營及幾位接受訪談的觀察者都認為，在這次宜蘭縣長選舉中，網路競選傳播對爭取勝選沒有多大助益。

> 網路比較希望傳達年輕人喜歡的議題。照理說網站這個區塊很重要，但在我看來，呂國華的競選網站並沒有得到很好的評價（受訪者B）。
>
> 網站效果不好，瀏覽人次不多，感覺上沒什麼人氣（受訪者K）。

當然，談到傳播科技在選戰中的運用，在網際網路之外，行動通訊也是傳遞競選訊息的一項管道。在這次宜蘭縣長選舉中，兩方陣營都曾以手機簡訊向選民拉票及最後的催票。由於行動通訊的範圍不侷限於宜蘭，以簡訊催促旅外選民回宜蘭投票，就是兩方陣營都極重視的競傳傳播活動。

整體評估

這次宜蘭縣長的選舉結果，是挑戰者林聰賢獲勝，衛冕者呂國華落敗。綜合分析幾位受訪者對兩方陣營競選傳播策略與作為的整體評估，可以獲得幾項重要發現。首先，身為衛冕者的呂國華雖享有現任者的優勢，也擁有較豐沛的競選資源，但從選戰一開打，就沒有設定明確而又有感召力的競選主軸。強調在縣政建設各方面都有成果，反而讓競選主軸變得模糊不清。林聰賢陣營則是以恢復民進黨在宜蘭執政時代的宜蘭人光榮感為競選主軸，訴求明確，能夠喚起宜蘭綠營支持者的團結求勝之心。其次，在競選風格上，由於林聰賢從選戰初期就緊咬呂國華停辦宜蘭童玩節及所謂綠博弊案疑雲，讓原本以正面訴求為主要競選風格的呂陣營顯得處處挨打，窮於應付。而在選戰後期呂國華又提出復辦童玩節之議，則又讓人覺得呂的決策反覆，沒有魄力與定見。

其次，雖然兩方陣營採用的競選傳播管道同樣多元，但在競選議題的設計上，顯然是由林陣營取得主導權，呂陣營則是隨林陣營腳步在後跟隨。在整個選戰過程中，給人一種林陣營設定議題，呂陣營被動回應的印象。從童玩節停辦、綠博弊案，到呂縣長任內政績媒體民調數字低落等等，都是林陣營發動議題，呂陣營被動回應。等到呂陣營也對林聰賢的學歷及個人感情問題發起攻擊，又與原先設定的不打負面選戰的風格相矛盾。

> 民進黨的競選策略比較好，最後是他們主導了整個選戰的節奏，使得國民黨只能跟著他們的議題走（受訪J）。

第三，自從民進黨提出以宜蘭縣長選舉的成敗，做為整個台灣二〇〇九年縣市長選舉的兩黨勝負指標後，媒體也開始將宜蘭視為所謂超級戰區。而馬英九一再前往宜蘭為呂國華輔選代言，又經媒體密集報導後，使宜蘭選情明顯升溫，激化了宜蘭綠營支持者團結之心；但馬自當選選總統以來，聲望一直往下墜落，他為呂國華的代言，就顯得聲勢較弱。民進黨資深政治人物為林聰賢代言時，既批馬又批呂，將呂國華四年施政中的問題，與國民黨在中央執政常受批評之處，做出語意上的連結，對挫敗藍營士氣，可能發揮了相當作用。

> 馬英九來了那麼多次，反而把宜蘭提升到藍綠對決的層次，激化兩邊的選民，對國民黨不見得有利（受訪者J）。

第二節 結論

總結本研究的深度訪談結果，可以得到以下幾項重要發現。首先，在二〇〇九年的宜蘭縣長選戰中，兩黨參選人陣營很清楚自己在選戰中分別扮演衛冕者與挑戰者的結構性角色，也根據角色定位擬定了基本的競選風格。衛冕者呂國華陣營原本想要避開負面選舉的糾纏，只強調自己在四年縣長任內的政績；但挑戰者陣營在整個選舉過程中一直猛烈攻擊呂國華停辦宜蘭童玩節的決定，讓宜蘭人失去往昔的光榮，不但讓衛冕者處於被動挨打局面，也模糊了衛冕者的政績訴求。而呂國華不但未能成功辯護停辦童玩節決策的正當性，在選戰後期又隨對手的訴求起舞，提出復辦童玩節之議，等於承認了自己當初決策的錯誤，這在競選傳播策略上，確為一項敗筆。

其次，兩方陣營雖同樣運用了競選廣告、記者會、公共演說、代言人、人際傳播、網路與行動通訊等多元管道進行競選傳播活動，但在運用這些管道的時機上，往往是林陣營先發而呂陣營跟隨，讓林陣營主導了選戰節奏，呂陣營予人被動回應的印象。此外，林陣營的競選傳播訴求明確，感性地要求選民共同以選票恢復所謂宜蘭人的光榮感；呂陣營則是持續宣揚自己的施政績效，並未對選民的投票行為賦予積極的意義。兩相對照，似乎林陣營的競選傳播訴求，更具對選民的動員能量。

第三，兩方陣營都運用多元載具推出競選廣告，其中又以電視競選廣告最受競選陣營重視。在電視競選廣告中，呂陣營多採正面訴求，強調自己在四年縣長任內的政績。林陣營的電視競選廣告除以正面訴求強調林的公職經歷外，也以負面訴求或感性訴求攻擊對手的施政缺失。

第四，兩方陣營都經常運用記者會宣傳政見或回應對手的批評。參選人陣營有時主動召開記者會，有時則是被動應媒體要求舉行記者會，回應對手的攻擊。特別是當對手提出較強烈的指控時，參選人陣營往往以迅速召開記者會做為危機處理方式。記者會的主持人未必是參選人，愈是有關參選人品德的嚴重指控，愈有可能由參選人親自主持記者會。

第五，兩位參選人在競選過程中都必須經常發表公共演說。兩方陣營雖都有專人負責為參選人撰寫公共演說講稿，但未必在每次的公共演說中都使用撰稿人代擬的講搞。通常是在進行比較重要的演說時，才會依賴撰稿人擬定的演說內容。而這一類演說的講稿，都會由撰稿人與參選人充份討論後才定稿。此外，從觀察者的談話中可以得知，呂國華或林聰賢都不是口才便給、特別有政治魅力的參選人。但衛冕者呂國華拒絕參加林聰賢邀約的電視辯論會，等於向對手示弱，也失去藉辯論過程強力駁斥林陣營諸多攻擊的機會。

第六，兩方陣營雖都運用了多位代言人進行競選傳播活動，但在整個選戰過程中，最受矚目的代言人，無疑是馬英九總統。問題是，馬多次到宜蘭為呂國華輔選，使選情升溫，激化了對手陣營支持者的團結。而馬本人的聲望處於低迷狀態，為呂國華代言，反而讓呂陣營承擔了更多因代言人而引發的批評。至於林陣營，也請到多位高知名度的民進黨政治人物為代言人。但較受注意的，是在選戰後期請出已故前民進黨縣長陳定南遺孀為代言人，並將陳定南在宜蘭縣長任內使用的公事包轉贈林聰賢。為所謂承接民進黨在宜蘭執政的光榮傳統，做出感性、具體而又戲劇性的訴求。

第五，兩位參選人都相當重視以人際傳播方式進行競選活動。參選人及其代言人幾乎每天都要主動或應邀與選民面對面地互動，以爭取最多選票。進行人際傳播競選的方式包括：在選戰初期及中期，在各地後援會的協助下，與選民茶敘或舉辦中小型問政說明會。在選戰後期，以大型造勢活動或掃街拜票方式向選民拉票，以及到人潮聚集處或選民的婚喪喜慶場合中向選民致意。這些人際傳播競選活動的目的，主要在於鞏固原有支持者的選票。

第六，兩方陣營都架設了競選網站，以做為另一種可以和年輕選民互動的競選傳播管道。呂陣營認為網路競選的傳播效果不如預期；林陣營則表示滿意。此外，行動通訊也被雙方陣營用來做為拉票或催票的另一種競選傳播管道。

第七，兩方陣營雖有自定的競選傳播策略，但競選的過程實為兩方陣營動態的競爭過程。換言之，雙方都會因對手的競選傳播作為而機動調整己方作為，不會固守己方預擬策略一成不變。此外，除了觀察對手作為外，媒體對選戰過程的報導取向，也可能讓雙方陣營調整預擬的競選傳播計畫。最常見的例子是，某一方陣營如果發現媒體出現不利於己的報導內容，就可能以召開記者會或向媒體要求平衡報導的方式扳回一城。

最後，總結而言，從本研究所分析的個案中可以得知，在競選的過程中，競選傳播策略及作為確實是影響選舉勝敗的一大重要因素。參選人陣營能否有效運用各種競選傳播管道，以參選人本身及其競選幕僚的能力，一方面清楚說明競選的主要訴求，並形塑參選人的正面形象；二方面運用競選傳播管道回擊來自對手陣營的攻擊，以爭取選民的支持，並進一步掌握散佈競選議題的先機，是決定競選傳播成敗，乃至整個選舉結果誰能勝出的關鍵因素之一。如果能在競選傳播的策略擬定及實際作為上有優於對手陣營的表現，雖是競選資源較少的挑戰者，也可能因此而擊敗競選資源較豐沛的衛冕者。二〇〇九年宜蘭縣長選舉一役，正是如此的一個實際案例。

第五章　花蓮競選傳播策略分析

完成宜蘭縣長選舉競選傳播的小規模初探性研究後，研究團隊在獲得若干研究經驗後，再針對二〇〇九年花蓮縣長候選人的競選傳播策略做深入探討，以了解當時三位候選人如何有效運用競選傳播策略，進行整體選戰佈局，並充實競選活動過程。本章節將所得訪談內容依序整理成逐字稿後，將受訪者以代號表示，進行資料分析，並依據先前所擬之研究問題及訪談大綱，將研究發現歸納為下列幾項，後續將針對競選傳播的各個面向逐一討論。

第一節　花蓮地區政治生態與整體情勢概述

一、初選暨黨內提名階段

要分析花蓮縣長候選人所運用的競選傳播策略，首先必須掌握當地政治生態藍圖。畢竟政治情勢發展和候選人對於競選策略規劃有直接密切關聯。根據Trent & Friedenberg

（2008）所提出的競選傳播功能論指出，整體選戰過程大約可分成四個階段。首先第一個階段稱之為「浮出檯面」（surfacing），通常指涉某人透過傳播活動，表達參選的意向。換句話說，在初選展開之前，有意角逐競選者，將會進行一連串可預期的或特殊的政治語藝功能，彰顯其參選意念，用以吸引公眾注意力，發掘可能潛在的議題。不過由於此階段無法界定確切時間，加上難以判定當事人是否因其政治目的而從事特定傳播行為，故本研究將重點置於第二到第四個階段，探討黨內初選、黨內提名以及競選期間的過程。但不同於美國總統大選的情況，台灣地方縣市長選舉通常在初選結束後，即能召開提名大會，確立由誰代表黨參選，加上時間緊迫的因素，黨提名大會多半是一種例行公事的儀式性活動，故在本文中，將一併討論花蓮縣長橫選人的初選過程和黨內提名階段。

由於第十五屆（2009年）花蓮縣長選舉民進黨並沒有推派人選參選，相較於宜蘭縣長選舉呈現藍綠對決的捉對廝殺狀態，花蓮地區的選情顯得更加複雜。在三位候選人中，一位是曾經擔任花蓮縣農業局長及縣政府參議，在此次選戰中獲得國民黨正式提名的杜麗華，一位是連任兩屆立法委員，因官司問題被國民黨開除黨籍，選擇以無黨籍身份參選的傅崐萁，另一位則是現任花蓮副縣長張志明，原國民黨籍的他也為了角逐縣長一職而採取自動退黨的方式，以無黨籍身份參選。本質都是泛藍的三位候選人一夕之間成為競爭對手，讓此次花蓮縣長選戰增添幾分詭譎氣氛。

這場選戰被外界評為是國民黨自家的內鬥分裂，似乎也考驗著國民黨內部整合能力。

花蓮縣長選舉之所以釀成如此難分難解局面，必須回溯到黨內初選階段。根據研究者所蒐集到的報章資料及訪談結果顯示，國民黨在初選進行到一半時，突然臨時喊停辦，黨中央認為傅崐萁因官司問題纏身，不符合登記參選資格，也無法獲得黨內提名，但傅崐萁卻不認同中央決策結果，執意參選花蓮縣長，於是扛著國民黨黨旗，在支持者陪同下，完成參選登記，翌日隨即遭到國民黨開除黨籍。當時傳出黨中央有意徵召前衛生署長葉金川參選，此舉卻掀起一股前所未有的風波，外界質疑國民黨有黑箱作業之嫌，造成社會輿論不斷，民眾心生反感。為了平息眾怒與反對聲浪，於是國民黨又重新舉辦一次黨內初選，依據電話民調結果決定參選資格，不料現任副縣長張志明認為初選機制荒腔走板，體制有失公平，於是放棄第二次初選，在十月初宣佈退黨參選。另一方面，在第二次黨內初選的電話民調結果顯示，杜麗華平均支持率為54％，葉金川平均支持率為46％（游太郎、彭顯鈞、陳曉宜，2009），杜麗華領先葉金川將近十個百分點，最後確認由杜麗華正式代表國民黨參選花蓮縣長，三位候選人本質都是泛藍出身，在民進黨未提名人選的情況下，形成藍軍分裂、三方較勁態勢。

根據一位地方媒體工作者的說法，國民黨在辦理黨內初選的過程中的確有為人詬病之處。初選已經進行到一半時，突然間要求所有程序全部暫停，這不僅打破原有政治遊戲規則，也開了國民黨有史以來的不良先例。當時國民黨高層決議以廉能條款將傅崐萁排除在提名名單外，並且屬意前衛生署長葉金川為花蓮縣長參選人，一度招致「空降部隊」的批評聲浪。在傅崐萁被除名後，原本登記參選的人剩下四位，分別是楊文值、蔡啟塔、張志明以及杜麗華，但有消息傳出，其他人遭到國民黨高層勸退，葉金川被徵召回籠，於是到了第二階段初選，卻只剩下杜麗華和葉金川競逐提名資格，過程離奇曲折不免令人質疑。

五月二十二號國民黨進行初選才兩個星期，突然間在主席：那時候馬英九還沒有接主席，是吳伯雄擔任主席去大陸訪問的時候，吳敦義以副主席兼秘書長的身份，一只公文突然間下令初選暫停，這在過去是沒有先例的。那初選暫停，他就用一個廉能條款把傅崐萁排名在外，本來五個人嘛！那走了一個是不是應該我們四個要進行初選，結果不是，突然間又插了一個葉金川，那我問你，你哪一條法令說葉金川可以，一個政黨的遊戲規則，幾月幾號要辦理初選，幾月幾號要登記，這個是比照中央選委會的模式嘛！那既然已經截止了，你為什麼又可以臨時插一個葉金川進來，那代表什麼？代表我就是要葉金川嘛！那也就是說你們四個我都不要嘛！你再來玩什麼初選民調我都不會讓你贏嘛！所以第一個跳出來不玩的就是張志明，第二個叫楊文值，第三個是蔡啟塔，剩最後一個杜麗華，那事實上國民黨不會想讓杜麗華贏，他們想直接就要葉金川用徵召的方式，可是又礙於面子，唉唷：我們要有民意，因為國民黨初選分兩部份，一個是民意調查，一個就是黨內初選，黨內初選就是黨員投票，那要擔心葉金川沒有黨員基礎選不贏，所以他說我們這一次初選因為時間緊迫，所以就只做民意調查就好了，因為黨員投票的話你再怎麼樣都不會贏過杜麗華，就算它只佔30％，那排除這個不利因素，全部就以民意調查做基礎。（受訪者J，報社駐地記者）

此外，根據其他媒體工作者的看法，國民黨在辦理初選的過程中，確實出現不少瑕疵。傅崐萁因為官司問題無法獲得國民黨提名資格，於是下令停辦初選。但為了避免讓葉金川空降的反對勢力持續擴大，黨中央只好順應民意又重新舉辦一次初選，對支持的選民有個交待。據受訪者表示，國民黨之所以提名杜麗華為參選人，一方面是為了延續國民黨六十年來在花蓮經營的政績，畢竟從先前經驗得知，在花蓮地區只要披上國民黨戰袍，就從來不曾輸過，另一方面也是因為傅崐萁官司纏身，不符合中央所倡導清廉、正派的形象，而無法獲得提名資格。雖然國民黨急於想挽回自己的聲譽，但始終反覆無常、搖擺不定的決策，卻逐漸讓國民黨失去民心和權威性，也引發地方反彈聲浪，這讓花蓮縣長選舉在選戰尚未正式開打前，似乎蒙上一層揮之不去的陰影，或許也間接埋下國民黨在花蓮挫敗的種子。

杜麗華就是為了要延伸國民黨六十年來在花蓮執政的成果，國民黨這次在初選階段是有失誤沒有錯，也是因為傅崐萁的關係。傅崐萁有案在身，國民黨認為他們要改革的形象裡面不容許提名這樣的人，所以第一次初選草草把它結束掉，然後也沒有結果，第二次就派葉金川下來，一般民眾就已經產生反感，遊戲規則都是你訂的，但是他不走初選這條路也不行，那又會走回極權的那條老路去，那杜麗華是經過初選，有民調啊！所以第二次初選時是她跟葉金川去做民調啊！（受訪者I，報社駐地記者）

綜合多數受訪者的意見顯示，既然初選已經進行到一半，不管是什麼特殊因素都不該臨時中斷，特別是在存有個人私心的情況下，因此國民黨在這件事的處理態度上飽受質疑，幾乎成了眾矢之的。畢竟在任何選舉過程中隨意喊停，都不是一個民主發展已臻成熟的國家所該有的風範，這對候選人與選民來說似乎有失公平，讓有意參選的幾位候選人吃了悶虧，許多支持國民黨的選民更是心生反感。此種情況可能衝擊民眾對國民黨的信任感，也間接對民主政治造成嚴重傷害。就連長期在國民黨花蓮縣黨部服務的黨工也認為，國民黨於初選階段舉棋不定的措施，確實讓民眾備感厭煩，造成觀感不佳，連帶影響國民黨在花蓮的選情。

黨部一開始在提名的時候反反覆覆的措施，讓老百姓看了也很厭煩，這個部份是國民黨的家務事，可是當初政策的反覆確實造成老百姓的反感，對這一次挫敗造成很

大的影響。（受訪者G，國民黨專職黨工）

儘管選舉已經圓滿落幕，但是這種泛藍分裂的局面，在花蓮地區似乎是頭一遭。根據杜麗華陣營的輔選幕僚指出，花蓮是一個四大族群融合的區域，而這四大族群長期以來也都和國民黨維持相當密切良好的關係。過去花蓮地區只要是國民黨提名的人選，大都能不費吹灰之力順利當選，雖然花蓮第一屆縣長民選是由無黨籍的楊仲鯨當選，但自此之後國民黨在花蓮選舉從未失利，只要貼上國民黨的標籤，幾乎可以說是「躺著選」，換句話說，花蓮是一個尚未經過政黨輪替的縣市，國民黨所擁有六十年的執政經驗一直是穩紮穩打，然而此次選戰卻讓國民黨內部亂了陣腳，首次慘遭滑鐵盧之役。

基本上花蓮這個部份要談到它的政黨屬性或政治生態，從它的人口結構來看，應該比較清楚。花蓮是一個四大族群的區塊，這是所有台灣地區沒有的，在這個區域中是很自然的結合…，這四大族群長期以來都和中國國民黨相依相存，國民黨和他們的生活結合在一起非常密切。第一次民國三十九年我們台灣地區推展民主政治縣長民選，第一個民選就以花蓮來試辦，因為花蓮比較單純，結果國民黨的候選人落選，由無黨籍的楊仲鯨當選，這讓大家都嚇了一跳，最主要是那時候投票率很低，很多原住民根本都不知道選舉，因為全台灣第一次嘛！一般民眾對於選舉並不是很熱絡，而且也不太清楚，但是從那一次以後，都是由國民黨執政，而且只要是貼上國民黨的標籤，就是很好選。（受訪者A，杜麗華競選總部幕僚）

花蓮地區長期對政治有所觀察的學者也認為，整個初選提名過程非常不公平，而且依照他所得到的內幕消息指出，在第一次初選時，原本參加登記的是五個人，分別是傅崐萁、楊文值、蔡啟塔、杜麗華以及張志明，但是在黨中央下令停辦初選後，先是有意勸退現任花蓮市長蔡啟塔和議長楊文值，再因廉能條款排除傅崐萁。而在第二次初選時，現任副縣長張志明選擇放棄登記，前衛生署長葉金川加入成為新的戰局，於是最後由杜麗華和葉金川進行電話民調。受訪者認為，如果國民黨中央早就屬意葉金川為候選人，一開始就採用徵召方式，不需要舉辦黨內初選，那可能還不會引起民怨，但是在國民黨不夠果決的政策搖擺下，反而使情況愈來愈糟，影響整體選情發展。

你說傅崐萁雖然被開除黨籍，但大家還是認為他是藍營，大家認為是非常不公平的。如果當時國民黨不是這樣做的話，提名的策略變來變去才造成一些反彈，原本是一開始是五個人嘛！就是傅崐萁、現在的議長楊文值、現在的市長蔡啟塔、還有杜麗華、張志明，原本就五個人，在初選和黨員投票的過程中，黨員百分之三十，民調百分之七十，在這過程中，一直是傅崐萁第一名。所以黨中央據我了解，國民黨就勸退楊文值和蔡啟塔，那傅崐萁還是在前面啊！所以就用一種方式，說他有黑金前科不准他選，後來才又重新改變方法，說用民調的方式，最後只剩下葉金川加入，還有杜麗華，那整個提名過程大家覺得非常不公，不然就直接提名葉金川就好，也許狀況會不一樣，所以國民黨在策略上來看它本來就不對。（受訪者L，學者）

根據研究者所蒐集到的報章資料顯示，對於國民黨中央所做出的決策，其他候選人在中央下令停辦初選後，也都是怨聲載道，意見分歧。杜麗華表示，「樂見黨中央聽到基層聲音，尊重地方民意…。只要符合黨中央的廉能條款，和馬英九所提出的『正派、清廉、勤政、愛民、有理想、講道義』提名六要件，都應歡迎共同參與初選民調。」另一方面，張志明則怒斥，「初選喊卡後，他已停止初選活動，現在又說要恢復初選，不僅時機已過，對於遵守黨中央規定的參選人而言非常不公平。」（中評社，2009）。他同時指出，「電話民調的可信度、樣本數等問題重重，他無法接受電話民調的做法…黨中央並未展現智慧，也未真正了解花蓮人的感受…」（劉嘉泰，2009）。此外現任的花蓮縣議會議長楊文值也抱怨，「到現在才要恢復初選，實在是很不公平的遊戲規則，要恢復初選，也應只限原先登記的五人。」現任花蓮市長蔡啟塔表示，「黨中央初選喊停後，不應放著五名登記參選人不管，應當多溝通、多協調，想出解決問題的辦法，而不是放話傷人。」（中評社，2009）。傅崐萁則強烈質疑，「黨中央說須由考紀會審查初選資格，這根本就是想在地方黨部就排除他的參選資格。」（陳恆光，2009）。由此可見，國民黨在初選期間政策反覆的作法，讓有意參選的幾位候選人怨聲連連，引發民眾不信任感，或許是間接導致部份支持者選票流失的重要因素之一。

二、花蓮地區政治生態概述

要談到花蓮地區長久以來的政治生態，就不得不檢視當地的選民結構。根據長期在花蓮服務的國民黨專職黨工指出，這裡居民的投票取向大多是泛藍居多，幾乎是泛藍的大本營。而花蓮縣也一向都是國民黨的鐵票區，只要是由國民黨提名背書的人，就一定穩坐縣長寶座。

> 真的是六十年以來都由國民黨執政，因為當初要提名之前，不管縣長或市長的部份，我們在台北都做了一些民調，但是在縣長部份民調的時候，包括民調公司自己在做調查時，都聽得出來這邊選民結構幾乎都是泛藍大本營，老百姓對泛藍是比較偏的。（受訪者G，國民黨專職黨工）

此外，依據學者的觀察發現，在花蓮泛藍的基本盤相當穩固，藍營和綠營的比例大約是七比三，雖然在二〇〇八年的總統大選時差距一度有拉大到八比二的趨勢，但一般說來，七成左右的泛藍結構，通常不太有大幅度變動。換句話說，長期以來，花蓮地區的政治生態幾乎都是由藍軍掌控，綠營要翻盤執政的勝算並不大。雖然這一次是由無黨籍的傅崐萁當選，但其本質還是歸屬於泛藍，因此整體來說，經過這次縣長選舉之後，地方政治生態仍維持和以前一樣的情況，沒有產生太劇烈的變化或衝擊。

> 因為本來花蓮是藍營和綠營，但是傅崐萁自從離開親民黨之後，就整合成一個比較大的藍營，對抗一個比較小的綠營，這個情況大概可以從零八年的總統大選看出來，在花蓮是一個很大的藍營，曾經大到88％比22％，不過那是因為在立委選舉時綠營大敗之後，所呈現出新的政治型態。（受訪者K，學者）

> 就花蓮而言，地方生態還是沒有變，就國民黨和民進黨而言，大致上是七比三，但從這次選舉結果來看，杜麗華加傅崐萁的票還是十幾萬，那傅他是打深藍嘛！所以地方的政治生態還是七比三，沒有什麼變化，雖然無黨籍當選，但並不代表是地方的生態改變。（受訪者L，學者）

由以上論述得知，長久以來，花蓮民眾的投票取向都是藍大於綠，就地方政治生態而言是相對穩定的狀態。雖然本次由無黨籍的傅崐萁當選，但基本上還是將他歸屬於藍軍的範疇，所謂的地方政治生態並沒有大幅改變，依然維持藍大於綠的局勢。但也有其他政治觀察者持不同意見，認為此次三合一選舉後的政治情勢改變並不在於政黨結構的大規模轉換，而是選民的自我意識提昇，清楚明白自己心目中理想候選人的典範。

至於傅崐萁得八萬多票，也是有史以來，花蓮縣長得票數最高的一位縣長，表示有足夠的民意基礎。但從這一次選舉的生態來看，是一定有改變的。因為會讓人家認為說，從無黨籍的人當選來看，花蓮縣民現在只想投票給會做事的人，而政黨意識就變得比較淡薄。（受訪者H，民進黨專職黨工）

對於選民政黨意識逐漸淡薄的現象，傅崐萁競選總部幕僚則表示，在候選人處於政黨分裂的狀態之下，選民可能會依據自己的主觀想法，決定要投票給哪一位候選人，選民的自主性提高後，百姓也變得聰明，不會受到朋友、親戚或是國民黨的壓力，而改變投票意向，只要能對花蓮有所貢獻的人，就是選民的託付對象，至於政黨色彩則逐漸淡化，其重要程度相對減低，並非左右選戰發展的主要因素。

選民他們雖然會覺得泛藍分裂，可是他們還是會選擇人、對象，哪一個人可以對花蓮有所期待，能夠改變花蓮，所以他們會對人有所選擇，黨的色彩就擺在一邊了。

（受訪者F，傅崐萁競選總部幕僚）

儘管本研究多數受訪者皆認為在花蓮藍營和綠營的比例是七比三，但畢竟只是預估的範疇，如果要掌握更精準的統計數字，則必須檢視過去五屆花蓮縣長選舉候選人得票數以及政黨得票率，才能有效釐清花蓮地區長久以來的地方政治情勢，進行全面性的觀察評估。研究者針對過去幾屆花蓮縣長的選舉結果進行資料整理，詳細統計結果如下表所示：

由以上統計資料結果顯示，綜觀前五屆花蓮縣長候選人，當選者皆為國民黨籍，第十一屆（1989年）以及第十二屆（1993年）的參選人皆為泛藍，並且獲得超過五成以上的得票率，而藍綠對決的情況首次出現於第十三屆（1997年）花蓮縣長的選舉，由國民黨提名的王慶豐和民進黨籍的游盈隆捉對廝殺，王慶豐以接近六成的得票率擊退游盈隆，但也就此打開民進黨政治人物在花蓮地區的知名度。本次民進黨的得票率在花蓮縣長選舉中創下最高峰，拿下43.24%的高選票。而在第十四屆（2001年）的縣長選舉中，時值陳水扁執政時期，花蓮絲毫不受任何影響，依舊是藍軍的天下，由國民黨籍的張福興當選縣長。民進黨所提名的游盈隆獲得三成左右的得票率，從此奠定綠營在花蓮地區的基本盤。好景不常，張福興縣長在任期內因病逝世，經由補選程序，國民黨籍的謝深山得以接續張縣長剩餘兩年任期，一直到第十五屆（2005年）縣長選舉之時，謝深山才再度蟬聯縣長寶座。根據

表三　第十一屆花蓮縣長選舉概況

號次	黨籍	姓名	得票數	得票率	當選
1	中國國民黨	吳國棟	83,975	55.77%	⊘
2	無黨籍	陳清水	48,970	35.56%	

表四　第十二屆花蓮縣長選舉概況

號次	黨籍	姓名	得票數	得票率	當選
1	無黨籍	陳永興	45,366	30.13%	
2	無黨籍	林榮輝	13,315	8.84%	
3	中國國民黨	王慶豐	89,171	59.22%	⊘

表五　第十三屆花蓮縣長選舉概況

號次	黨籍	姓名	得票數	得票率	當選
1	中國國民黨	王慶豐	72,456	56.76%	⊘
2	民主進步黨	游盈隆	55,194	43.24%	

表六　第十四屆花蓮縣長選舉概況

號次	黨籍	姓名	得票數	得票率	當選
1	民主進步黨	游盈隆	47,596	31.37%	
2	親民黨	賴政雄	41,752	27.52%	
3	無黨籍	莊三修	1,481	0.98%	
4	綠黨	齊淑英	1,299	0.86%	
5	中國國民黨	張福興	59,591	39.28%	⊘

表七　第十五屆花蓮縣長選舉概況

號次	黨籍	姓名	得票數	得票率	當選
1	無黨籍	柯賜海	20,113	12.89%	
2	民主進步黨	盧博基	30,988	19.86%	
3	中國國民黨	謝深山	66,575	42.66%	⊘
4	親民黨	傅崐萁	38,379	24.59%	

資料來源：花蓮縣選舉委員會，本研究整理製表

受訪者的觀察，花蓮地區在藍綠的政治光譜上已儼然成形，國民黨和民進黨比例大致上是呈現七比三的態勢，此後不論是縣長選舉或立委選舉，大都維持這樣的情況。

> 傳統民進黨在花蓮的票應該是佔三成左右，但是這一次選出來，張志明才兩萬多票…所以說如果是以縣長選舉來講，他們基本票大概都是三萬到四萬左右。曾經一次是游盈隆參選，那時候突破到五萬多票，當年勝選的是王慶豐，那也是民進黨的最高峰，票已經佔到百分之四十左右了，那是最高峰的一次，接下來不管是立委選舉，或者是縣長選舉，都一直維持在百分之三十，大概是28%～30%左右。（受訪者I，報社駐地記者）

表八　第十六屆花蓮縣長選舉概況

號次	黨籍	姓名	得票數	得票率	當選
1	無黨籍	陳永興	45,366	30.13%	
2	無黨籍	林榮輝	13,315	8.84%	
3	中國國民黨	王慶豐	89,171	59.22%	㊣

從本次縣長選舉結果來看，無黨籍傅崐萁所得到票數是85,532票，總得票率為56.37%，無黨籍張志明所得到的票數是27,595，得票率為18.19%，國民黨提名的杜麗華所得到的票數是38,603票，得票率為25.44%。很明顯可以看出，張志明與杜麗華兩位候選人相加的票

數遠遠不及傅崐萁，兩個人的得票率加總還落後傅崐萁十個百分點以上。按照選舉策略操作的常理來說，三位同是泛藍的候選人競爭，有可能產生產生「棄保效應」。所謂的棄保效應發生在當兩位候選人為同一政黨之候選人時，選民經由理性思考之後，會把票投給勝算較大的候選人。但此刻「棄保」策略並不如國民黨所設想的如意算盤，選民反而是「棄杜保傅」，無視於杜麗華為國民黨所提名的正統人選，卻選擇了被國民黨開除黨籍的傅崐萁。這對國民黨來說，無疑是一記當頭棒喝。據地方媒體工作者表示，杜麗華的得票數創下國民黨在花蓮有史以來的新低記錄，只得到三萬八千多票，僅百分之二十五的得票率，對杜麗華來說，不僅是她人生中的重大挫折，更是國民黨第一次在花蓮嚐到失敗的滋味。

> 過去國民黨只要在花蓮提名就贏了嘛，她（指杜麗華）那一天獲得提名時非常高興，結果事實證明她遭受有史以來第一次的挫敗，她得票數破：我們有查紀錄，國民黨在花蓮提名縣長沒有輸過，第一屆以來，因為第一屆是無黨籍沒話好講，沒有輸過，而且票數沒有那麼低過，她打破了國民黨在這裡的歷史。（受訪者J，報社駐地記者）

三、競選期間

杜麗華於第二次的黨內電話民調初選擊敗葉金川，順利獲得國民黨提名後，傅崐萁也隨即被開除黨籍，執意參選的他，仍毅然決然地完成參選登記，而張志明選擇放棄第二次黨內初選，宣布退黨參選。值得注意的一點是，這次選戰中雖然三位候選人都隸屬於泛藍，但是原國民黨籍的張志明卻在選前尋求民進黨的支持，姑且先不論資源上的實質幫助，民進黨主席蔡英文就曾經公開替他站台背書，也間接造成張志明在政黨定位上曖昧不明的矛盾。然而民進黨這樣的決策並沒有得到多數綠營的支持，雖然很難估算綠營基本盤到底有多少票源流向張志明，但如果以七比三的比例來看，張志明的所開出來的票數根本不到三成，或許這樣的策略操作能吸引少數中間游離選民，但事實證明，張志明試圖在兩造的政治光譜中取得平衡的理想，並未獲得絕大多數選民的認同。

> 張志明這一次他想拿藍的票，但是又想拿綠的票，他加起來以為自己會有票六萬五，但事實上我們從側面角度去看的話，他不但拿不到綠的票，藍的票他也拿不到，果然他就在兩萬這裡，就是一些中間游離票，民眾就是看候選人滿意我才去投他。（受訪者I，報社駐地記者）

反觀這一次民進黨在花蓮縣長選舉中並未推出屬於自己政黨的合適人選，轉而支持原本是國民黨籍的張志明，這是否會造成兩黨在政治理念上的相互衝突，使得選民對張志明產生認知上的混淆？對於這一點，張志明競選總部的幕僚則表示樂觀其成，對於民進黨的支持力量他們不排斥，也大方地樂於接受。他認為是因為張志明清新的形象相當符合民進黨本身的理念和訴求，才能獲得民進黨主席的首肯，並公開站台支持，這和政治色彩與意識型態無關，而是共同認可一個兩黨都能接受的清廉核心價值，超越黨派色彩，也跳脫既有的藍綠框架，這才具備成為全民縣長的資格。

如果再回到顏色上的問題，那又無法脫離黨派的惡鬥了，不管民進黨的支持有他自己的意識形態也好，或者是他們有自己追求的目標，但我們打的是一種所謂的核心價值，所以我們當然接受民進黨的支持，因為我們已經超越黨派了，這才有資格當一個全民的縣長。我們已經得到民進黨主席的全力支持，其他在花蓮有參與這次選舉的民進黨朋友，他們也都願意支持，因為這是支持一個共同的理念，他們並沒有把其意識形態加諸在我們身上，只是單純認同這樣清新的形象，我們並非只有尋求他們的合作而已，雖然花蓮原本是泛藍的支持族群較多，但兩黨共同合作是追求一個核心價值，所以兩者並不衝突。（受訪者C，張志明競選總部幕僚）

綜合訪談結果顯示，或許張志明陣營的做法是希望能夠囊括藍軍和綠營雙方的選票，進而在三位候選人中脫穎而出贏得勝選，於是他們在傳播策略上使用「花蓮人共同提名」，強調要跳脫傳統上藍綠的色彩。不過事實上從張志明的得票數來看，他只得到兩萬七千多票，顯示「藍綠通吃」的策略宣告失效，他並未獲得絕大多數國民黨和民進黨的支持力量，選民對於這樣的訴求恐怕還是難以認同，畢竟在台灣的選舉中有所謂的基本教義派，他既非披著國民黨的戰袍出征，也沒有獲取民進黨內部的正式提名，是以選民在政黨認同上，就可能產生根本性的懷疑因素。

> 我們所爭取的是他們認同清廉的價值，來爭取選民的選票，而不是一種結合，這樣的話又會落到原來政黨的框架之中，所以我們採取「花蓮人提名」，因此民進黨也認同如果能堅持清廉的理念，他們也能接受。那另外國民黨這邊，雖然我們沒有掛著黨徽，或許也會有人認為說，跳脫政黨的包袱也許花蓮可以走出自己的路，所以我們並不刻意去強調政黨上的色彩。（受訪者C，張志明競選總部幕僚）

儘管張志明陣營強調不涉入政治惡鬥，只希望讓認同清廉理念的民眾都能支持，因此他們在所有的傳播策略上，也刻意忽略政黨色彩，在「花蓮人提名」前提下打出「只會做事、不玩政治」的口號，但卻有地方政治觀察者持不同意見，他指出張志明想同時藉由現任縣長謝深山的行政資源，以及蔡英文的站台支持，來通吃藍綠兩邊的選票，可惜策略操作不當，卻因此將自己陷入雙方都不討好的窘境中。

張志明因為有謝深山支持，自己也認為有謝縣長的行政資源，因為蔡英文也有去他競選總部嘛！想說兩邊的票通吃，但民進黨並沒有提名他嘛！所以民進黨的票也投不下去，國民黨的票也被杜麗華和傅崐萁瓜分了，比較可惜的是他自己是學者，但諷刺的是他的競選口號是只想做事、不玩政治，但其實他是三個人當中玩最兇的，所以他的票如預期一樣是最低的。（受訪者L，學者）

至於民進黨為什麼在此次花蓮縣長選戰中沒有提名參選人，釀成三名泛藍候選人割據一方的態勢，也讓選情增添幾分難以預料的變數，這點始終令人匪夷所思。據民進黨常駐花蓮縣的黨工表示，這次民進黨沒有推派人選出來，他認為是錯誤的決定，畢竟目前台灣已經慢慢趨向政黨政治，而民進黨又是現今最大的在野黨，竟然連一個縣長候選人都無法推選，導致綠營支持者失去信心，更別說將來要如何取回執政權，領導台灣走向新的里程碑。因此不論往後花蓮藍綠的政治結構如何，民進黨都不應該放棄這個選區，仍然要推派自己的人進行參選。

像這一次花蓮縣長選舉，你說民進黨沒有推人出來是對嗎？我看是錯的。我想這一次民進黨沒有推人出來喔，他們最基本的理念應該是說，花蓮長期以來是藍大於綠，七比三很清楚，既然有一個無黨籍的，國民黨他們已經分裂了嘛！而且在三個候選人裡面，最優良的、形象最好的、能力最好的也是現任的副縣長張志明，他最符合民進黨的理念，所以當初民進黨打的選戰策略就是成功不必在我，才會全力支持張志明，應該是基於這樣的考量。而且張志明又是現任副縣長，有充足的行政資源。（受訪者H，民進黨專職黨工）

另一方面，也有部份受訪者認為，民進黨之所以沒有推派人選的原因，一來是想藉此做內部整合，重新整頓黨內新勢力，協調地方派系，二來是民進黨在進行自我評估之後，找不到適合人選，也發覺勝選機率渺茫，畢竟長期以來都由國民黨執政的花蓮縣，要徹底翻盤恐怕不是一件容易的事，於是改由支持走中間路線的張志明，其清廉形象也恰好符合民進黨一路走來所堅持的理念。

民進黨這一次沒有推派人選的原因是，他們想讓新勢力抬頭，這一次如果要推人選的話，民進黨在花蓮必然還是只有一個選擇，那就是盧博基，但這一次在民進黨花蓮縣黨部內，有太多的聲音是反盧博基，如果說推一個新人出來選縣長的話，盧這一股勢力必然也不會心服口服，但民進黨還是有做準備就是了，蘇嘉全和蕭美琴的戶籍有遷進花蓮，他們隨時準備要上場，但後來覺得這樣也不是辦法，乾脆讓它空一屆，下一屆再用全新的局面去應對，或者就是選擇我們不打第一仗，因為我們知道自己打不過傅崐萁，那我們就準備傅被拉下來的時候打那一仗，民進黨也在利用這一次的機會整合自己的內部，讓舊的勢力完全退出，再培育一個新人出來。（受訪者I，報社駐地記者）。

民進黨之所以會支持張志明，是因為他們在花蓮找不到人，推不出人來選，也沒有人願意選，也知道選不上，那張志明因為初選會輸，我認為他自認為初選會輸，所以就退出初選，退出國民黨，民進黨就順勢來支持他（受訪者L，學者）。

綜合上述訪談結果可以得知，此次花蓮縣長選戰的政治情勢相當複雜。選戰尚未正式開打前，國民黨在初選階段就已經鬧得滿城風雨，當五位候選人參與初選，投票進行到一半時，國民黨突然下令停辦所有程序，並以「廉能條款」的訴求將傅崐萁排除在外，後來國民黨高層又屬意衛生署長葉金川以徵召方式參選花蓮縣長，卻引起地方極大反彈聲浪，認為所有參選過程都是黑箱作業，對有意參選的候選人以及選民來說非常不公平，於是國民黨為了遏止輿論撻伐，才又重啟初選機制，不過卻又不是原來的那批參選人，只讓葉金川和前花蓮縣政府參議杜麗華進行電話民調。最後民調結果出爐，杜麗華以54.476%的支持率勝過葉金川45.524%的支持率，贏了將近十個百分點。

至於傅崐萁被排除在外後，仍堅持參選，在初選結果出爐的隔天，扛著國民黨黨旗到選委會登記，於是遭到國民黨開除黨籍。而現任副縣長張志明則認為整體選舉過程不公平，選擇退黨以無黨籍身份參選，在選戰後期又得到民進黨主席蔡英文公開站台力挺，希望綠營支持者能把票投給他。於是乎花蓮的政局被外界形容是同室操戈，上演了一場「自家人打自家人」的戲劇性轉折。國民黨正式提名的杜麗華、現任立法委員傅崐萁以及現職副縣長的張志明的三方割據戰，當時引起政壇一陣嘩然。儘管選舉結果已經揭曉，由無黨籍的傅崐萁以85,532的高得票數當選花蓮縣長。但情況不同於傳統藍綠對決的形式，三位同是泛藍的候選人，究竟運用什麼樣的競選傳播策略，以凸顯自身最大優勢，進而被選民所熟悉認知，這才是影響選戰的成敗關鍵，亦是本文所欲著墨的重點。

四、整體環境因素分析

除了了解花蓮當地的政治生態之外，整體的社會環境因素也必須考慮。二〇〇九年適逢馬英九總統上任屆滿一年，多數人都認為年底的三合一選舉不僅是對馬英九執政績效的考驗，同時也是二〇一〇年五都升格合併的大選前哨戰。身為國民黨主席的馬英九總統也在選戰中投注相當多的精力和資源。以花蓮選區來說，馬英九就偕同多位中央官員與行政首長，五度親臨花蓮替國民候選人杜麗華進行輔選，使得花蓮選區聲勢高昂，還被當時的媒體譽為「二級戰區」，表示戰況激烈，也自認是國民黨絕對不能失守的地方。

在馬英九上任之前，民眾對他寄予厚望，也對二〇〇八年的政黨輪替充滿信心，希望馬政府能革除前朝的貪腐弊端，重組優良的行政團隊，加強內閣的施政效率，無奈自從馬英九上任之後，全球經濟情況仍在風雨飄搖之際，不管是失業率或各種民生問題都不見好轉，其在選前所提出的「六三三政策」難以兌現，只能默認跳票。特別在經歷二〇〇八年的莫拉克風災之後，外界對於馬政府的危機處理能力有所質疑，其行政效率遭受極大批評，而在選前半年，又發生了開放美牛與簽署飽受爭議的ECFA條款等事件，種種因素都考驗著執政團隊的行政和危機處理能力。因此二〇〇九年的三合一大選被賦予幾分政治性和歷史性的意義，也被公認是對馬英九的期中考試。

直到三合一選舉結果出爐，國民黨在幾個綠營基本盤的縣市幾乎可以用慘敗來形容，就連國民黨一向勝券在握的鐵票區，像是桃園縣、澎湖縣、嘉義市等地方卻都只有低空掠過，甚至原本由國民黨執政的宜蘭縣也在一夕之間由藍天轉為綠地，在整體得票率上，國民黨佔了47.8%，民進黨則是45.3%，雙方的些微差距不到三個百分點，與二〇〇八年總統大選相互對照，當時馬英九和蕭萬長搭擋競選總統時獲得60.5%的高得票率，相較之下，民進黨的謝長廷和蘇貞昌卻只有39.5%，但經過執政一年後，得票率竟然大幅下挫，顯示國民黨如日中天的聲勢已不如以往。過去普遍被認為具有濃厚個人領袖魅力的馬英九，其政治光環不可同日而語，造成輔選起不了關鍵性作用，還可能引爆反效果。由此得知，候選人所屬政黨的整體表現也被納入選民投票考量的範圍內。因此也有部份受訪者認為，此次國民黨在三合一選舉的表現不盡理想，是民眾對馬總統所投下的不信任票，用選票來教訓國民黨，也間接反應民眾對於一年來的施政成效是備感懷疑。

最主要是國民黨這次在辦初選上坦白講，就已經造成國民黨內部的分裂，一些泛藍的支持群眾已經看不下去，所以用選票來教訓國民黨，那這個又佔一部份因素，這一次投票其實可以反映出民眾對馬英九所投的不信任票⋯⋯而且這一年多來的施政，我想也是零零落落，這也是對馬英九一種期中考，也是不信任投票，那時候美牛事件剛發生，還有ECFA，很多事件都是對馬英九很多的不滿，包括失業率提昇，整個經濟狀況都不好，所以才會造成國民黨這一次在花蓮整個崩盤的原因，跟馬英九施政有很大關係。（受訪者H，民進黨專職黨工）

國民黨在執政的時候，大家對國民黨失去信心，尤其是馬英九執政以後，老百姓都聰明了。那過去選舉藍軍很團結，怎麼喊口號出來都會團結，這一次是怎麼喊都沒有用，總統來什麼都沒有用，效果也不大，因為民心思變，選民都很了解、很聰明，自主性也變高的，不會受到朋友、親戚或是國民黨的壓力，改變我的選舉，所以完全都變調了，往後大概也都是這樣。（受訪者F，傅崐萁競選總部幕僚）

在整體政治環境因素下，不管是經濟問題也好，民生問題也罷，加上八八風災、美牛事件和ECFA風波的影響，執政黨的表現無法給予社會大眾一個滿意的交代，民眾也逐漸對國民黨失去信心，而此次花蓮縣長選舉又面臨藍軍分裂的狀態，對國民黨來說更是雪上加霜，以致於馬英九在二〇〇八年總統大選時在花蓮所創下77.48％的高得票率，並未成功移轉給杜麗華，也被外界賦予「馬英九光環徹底失效」的解讀。而身為國民黨正式提名的候選人杜麗華，礙於沉重的施政包袱，使得實力難以發揮，以致於在整體競選傳播策略上受到侷限。

國民黨原來馬英九在花蓮是78％的高得票率，我記得是超過十三萬的選票，那為什麼杜麗華只拿到三萬多的選票，到底是馬的光環失效⋯所以馬英九來輔選杜麗華，並沒有把馬英九本身在總統大選時所開出來的票轉移給杜麗華，這個比例非常少，十三萬票只剩下三萬六，不曉得打幾折，所以馬英九光環在這次花蓮縣長選舉並沒有發揮出來。那從民進黨縣議員所開出的票那麼好的情況來看，有可能是選民將不滿反映在選票上。（受訪者L，學者）

另一方面，根據受訪者表示，花蓮地區一直以來有著閩客輪流執政的不成文傳統，在花蓮四大族群分佈相當平均的情況下，長期以來縣長職務都是由閩南人和客家人在互相抗衡，換句話說，假設上一屆縣長的籍貫是閩南人，那下一次當選的人就會是客家人，之後的下一次的選舉就會考慮由閩南人來執政。

這裡有一個閩客輪流執政的不成文傳統，所以上一屆謝深山是閩南人，謝深山更早之前死掉那個叫張福興，張福興更早之前叫王慶豐，是閩南人，換客家人張福興，可是張福興很倒楣，做了一年多就患肝癌死了，那照理講這八年要補足我們客家人、要挺客家人，可是他提一個謝深山閩南人，那客家人說好吧！算我們衰吧！那這一回你該換個客家人給我們了吧。（受訪者J，報社駐地記者）

花蓮一直以來都有閩客輪流執政的不成文傳統，這一次是客家人，下一次就是閩南人，如果立委是閩南人，縣長就會考慮讓客家人當，我記得從台灣光復以後的歷史來看，就都是這樣，這邊的選民結構是泛藍居多，閩、客、原住民、外省人，都各佔四分之一。（受訪者F，傅崐萁競選總部幕僚）

仔細觀察過去幾屆縣長當選人的籍貫，閩客輪流執政在花蓮算是一個不成文傳統，這次當選的傅崐萁是客家人，上一屆的謝深山是閩南人，再上一屆因病逝世的張福興是客家人，不論是巧合也好，刻意塑造出來的結果也罷，雖然沒有直接證據能夠確切指出閩客輪流執政是一成不變的定律，但至少可以解釋在花蓮地區，籍貫問題或許也是影響選舉勝敗或左右選情發展的因素之一。

綜合以上論述所言，可以大略了解花蓮地區的政治生態與整體地方情勢的改變，根據Trent & Friedenberg（2008）所言，若要剖析候選人的競選傳播策略與實際作為，就必須充份了解當地的政治藍圖，掌握挑戰者或衛冕者所具有的優劣勢，以明白候選人針對自身所處情勢的整體評估，並確認候選人競選風格，後續才能對不同面向的競選傳播策略進行系統性的觀察分析。

第二節 候選人競選傳播活動實況論述

一、競選風格／競選主軸

由於二〇〇九年的花蓮縣長選舉並沒有競選連任者，因此在這場選戰中，三位候選人應該都是居於挑戰者的姿態，來爭奪縣長寶座。但候選人要採行現任者或挑戰者策略，其實沒有特別的限制。一般說來，候選人會將兩種模式混合使用，並視情況而機動調整（彭懷恩，2005）。是以候選人在確立自我的競選風格之前，必先會評估自身與對手的優、劣勢，再依照競選期間的需求與選情發展做進一步調整。以下將針對三位候選人所具備的優、劣勢進行剖析，以了解其各自在選戰中所設置的角色定位為何。

先就當選人傅崐萁來看，據傅崐萁陣營幕僚指出，傅崐萁最大優勢在於他是現任立法委員，在八年立委期間替地方上爭取不少經費，立法院的表現也是大家有目共睹，實實在在紮根基層，在花蓮地區進行長久的深耕經營，在各族群、各階層都具有高支持度，此外，他的個人魅力也受到民眾喜愛，尤其是在年輕族群部份，傅崐萁也得到相當大的迴響和支持。另外駐地記者也指出，傅崐萁平日就會主動行善，從事愛心慈善的佈施工作，在無形中強化其個人形象。

傅崐萁的優勢就是在地經營很久，而且他又有立委現任的行政資源配合，加上他長年在各種基層的經營，比如說他在原住民族群的經營就是他會投入原住民的豐年祭，配合原住民的需求，因為他本身是客家人，而且他也擔任花蓮專屬的客家理事長，基本上他在客家族群和原住民族群就佔了相當大的優勢，另外他在外省族群的部份，因為過去他是屬於親民黨，所以他跟這些外省族群也是非常融合，在整個眷村對這些榮民叔叔伯伯他也投注了很多心力。（受訪者A，杜麗華競選總部幕僚）

傅崐萁有三任立委的優勢，有他一定的支持者，況且他在選前做了一個東西，在選前他很技巧性的做了一個各鄉鎮市區發放白米的善事，他甚至擔心這個東西和賄選劃上等號，還行文花蓮地檢署說我要做這樣的事情，在怎麼樣的一個範圍之內，我

不會被認定是賄選…所以他就照規矩來，不能怎麼樣…但大家都知道說那是傅崐其佈施的啊！（受訪者I，報社駐地記者）

多位受訪者一致認為，傅崐萁的優勢在於當了八年立法委員，而在擔任立委期間，替民眾爭取相當多的預算和經費，具有高曝光率與高知名度，利用現有資源和職務之便，徹底深耕基層，適度撥款補助地方社團或弱勢族群，也能順理成章的出席各種活動，表達關切之意，這是他最大的優勢所在。然而部份受訪者則指出，從過去到現在，傅崐萁的選舉經驗相當豐富，關於選戰的步調和打法也有一定的認知，重要的是他起步比其他人都早。再加上先前由於泛藍團結、國親合作的關係，使傅崐萁對國民黨由上而下的組織動員戰術瞭若指掌，也滲透到基層體系之中。對於另外兩位選舉經驗較為不足的候選人來說，他不管在選舉流程的掌控、策略的擬定和執行上，都是佔有上風的。

他當時民調本來就比較高，所以三個候選人裡面他算是經營最久的，那另外兩位候選人包括杜麗華跟張志明，是臨時後來才開始參選的，所以起步最快的一直都是傅崐萁先生，資源也最多，之前因為國親合作的關係他也很清楚，當初他第二次選立法委員的時候，深入了解國民黨的整個體系，當時因為國親合作，國民黨的一些組織運用或文宣策略上，傅先生那邊大致都很清楚，所以在這一次選戰中，除了他資源多以外，國民黨的下一步要如何進行他也清楚。那這是其次，最重要的是他資源下得非常濃厚，也奠定了他勝出的基礎。（受訪者G，國民黨專職黨工）

而在候選人的劣勢方面，傅崐萁的幕僚也坦誠，最不利於傅崐萁的地方在於官司問題纏身，又受到國民黨「廉能條款」的限制而被排除在外，禁止參加國民黨初選，也無法獲得國民黨的正式提名，在缺乏政黨奧援的情況下，加上官司部份的判決結果也已經二審定讞，對手不斷攻擊他在人格方面的缺失，似乎讓他處於相當艱困的選情之中。

劣勢大概就是沒有政黨的奧援吧！沒有國民黨的支持，藍軍國民黨都沒有靠到傅崐萁這裡來，沒有疼愛到，疼愛的是杜麗華。（受訪者F，傅崐萁競選總部幕僚）

以傅崐萁來講，他的劣勢應該是沒有被國民黨提名，然後又有官司。你看他用的口號沒有被國民黨提名，結果他打的是正藍戰將，拿著黨徽出去，那麼國民黨也沒有做任何實際處理，於是就把這些劣勢變成優勢，選民對於誰代表國民黨其實也不是很清楚，但這還是在他紮實的地方耕耘。因為花蓮很大，你要短時間就要掌握到地方的支持並不容易，比如說一個寺廟、一個學校或一個社區，你要跟他們有互動，傅崐萁已經耕耘得很深，所以他可以把這個劣勢，沒有被國民黨提名又有官司的情

況化解，對他不造成什麼影響。（受訪者K，學者）

從上述訪談結果顯示，雖然傅崐萁官司纏身，面臨二審定讞的判決結果，在沒有獲得國民黨提名情況下，照理說選情應該是最艱澀也最不利的，但他卻能技巧性的善用傳播策略，將危機變成轉機，尤其是使用國民黨黨徽，強調自己是「正藍戰將」的策略上，就操弄得十分成功，模糊選民焦點，造成選民在認知上的混淆，除此之外基層的深耕更是不可或缺的一環，和選民建立良好的互動關係，並且強化自己認真做事、為民服務的形象，似乎成功轉移選民對於官司問題的疑慮。

至於傅崐萁其他缺點當然很多，比如說黑金、被判二審，但似乎選民不太care，他們認為你有做事就好了，你怎麼樣他不在乎，那他的優點就是很勤跑，在地方跟人家有感情交流，所以選民還是希望能看到你，像他這個禮拜三也跑去玉里，爛或不爛都無所謂，只要選民看到你就好。（受訪者L，學者）

雖然沒有獲取國民黨提名資格，也失去了政黨奧援，但據傅崐萁的幕僚表示，這並不構成他在選戰中的最大威脅，儘管先前所付出的一切並未搏得國民黨的肯定，反而被「廉能條款」排除在外，遭受不平等待遇，他在心理層面多少會受到些許打擊和影響，但是因為他擔任連續三屆立法委員，憑藉自己在基層實力，即使國民黨後來沒有提名他，但對於這場選戰，傅崐其從頭到尾都是信心十足、勝券在握的。另一方面，在他的自我認知中，也相當清楚其他兩位候選人的基層實力和知名度都和他相去甚遠，除了能攻擊官司問題外，在各方面的表現都難以與之抗衡，也因此他毅然決然地堅持參選到底，表現出壯士斷腕的決心。然而傅崐其和國民黨之間的關係也有了微妙轉變，一方面他要顧及過去的同袍情誼，維持良好的人際關係，一方面又不希望和國民黨產生正面衝突，激化為雙方對立的局面，於是立場顯得相當尷尬。

> 沒有獲得國民黨提名並不是最主要的劣勢，對他來講可能心理上會受到影響，因為總是我認為我一直都是你的人，你沒有把我當成是你的人，還反過來對付我，心理上會受到一點打擊，那沒有提名多多少少會介意，但不至於是一個定生死的影響，所以他的民調一直都很高，當時他不能接受的是，我一直都是你的人，而我的民調也都一直保持領先，那你為什麼不提名我？其實他跟國民黨的一些人一直都有友好的關係在，他跟吳伯雄也很好，所以當然他在處理跟國民黨的關係上他要考慮到這一層，所以選舉的時候他也沒有特別針對國民黨有什麼樣的動作。（受訪者E，傅崐其競選總部幕僚）

除了沒有獲得國民黨提名可能是傅崐萁的劣勢之外，地方媒體工作者表示，傅崐萁能順勢將危機化解為轉機，針對官司問題巧妙地進行消毒工作，他利用耳語傳播的方式，強調自己沒有貪污舞弊，沒有拿任何一毛百姓的血汗錢，更沒有賺政府的黑心錢，和選民解釋澄清，把案件對他的形象傷害降至最低，成功將劣勢扭轉為優勢。但最重要的還是他勤跑基層，主動和民眾噓寒問暖，塑造和選民親身接觸的機會，建立情感交流，自然而然選民也逐漸覺得，涉嫌炒股票的官司問題對他們來說不構成十惡不赦的罪行。

他的劣勢就是那些官司的問題啊！但是他的劣勢裡又講了一個非常有道理而且我認為相當重要的一個重點，就是說：對！我炒股票，但是我在三次立委期間，我沒有包工程啊！我沒有賺任何政府的黑心錢啊！我已經在股市就賺夠了，所以選民並不會覺得這是多麼嚴重的問題（受訪者I，報社駐地記者）。

再來談到國民黨候選人杜麗華的優勢，據杜麗華陣營的幕僚表示，由於她擔任十三年的農業局長，具備相當良好的政績，其中無毒農業推廣是她最大的強項。在農業的改革方面相當有魄力，做出許多亮眼成績，嘉惠當地農民，並和他們建立良好的革命情感，也因此獲得大部份農民的激賞和青睞。包括一些產銷班、家政班以及肉品公會，在這次選戰中，都傾盡全力支持杜麗華替她拉票。除此之外，杜麗華有一項最大的優勢就是獲得國民黨的正式提名，這是其他兩位候選人所沒有的條件。根據訪談結果顯示，過去六十年來每逢縣長選舉，只要是國民黨所推出的候選人就篤定當選，象徵國民黨提名就如同一張當選的保證書。

局長個人有她自己的基本盤，她在農業局待過十二年，像我們花蓮很出名的無毒農業，米從六百多元跳到現在一千六百多元，那外縣市還是一樣六百多元、七百多，甚至有的價錢更低，因為他們的土地都被汙染了，我們主打無毒的雞、無毒的米、無毒的鮮奶、無毒的牧場，這個訴求讓我們的農產品還算不錯，收益蠻大的，所以很多農民都力挺杜麗華。（受訪者B，杜麗華競選總部幕僚）

至於在人格特質上，據輔選的國民黨專職黨工表示，杜麗華所展現出來的企圖心和戰鬥力都很強盛，除了口才好、能言善道之外，對任何事情的思維邏輯也相當清晰，儘管她是一位女性候選人，面臨其他兩位男性候選人激烈競爭之下，卻不失該有的果決和勇敢，也不需要刻意塑造男性特質來強化自己的氣勢，就她本身的個性而言，具有非常濃厚的陽剛氣息，不同於一般的公務員，碰到問題就容易逃避，她不但腦筋靈活，一旦遇到困難就會設法解決，達成既定目標，也正是因為她的執行力強，能夠將所想的理念一以貫之，在縣政府創造出亮眼成績單。

杜麗華本身的優勢是她戰鬥力很強，她自己對文宣方面的架構也有一定的認知，她真的是跟社會脈動有一定的認知，這方面都是她的優勢。她到各個場合都可以馬上講出自己的政見，能言善道是她最大的優勢，她對整個花蓮的結構、該發展的一些產業她自己都有很深的藍圖在她腦海裡，其實以他們三位候選人到最後，她花的錢是最有經濟效益的，她花的錢比一個選縣議員的都還少，只是必要的一些文宣開銷而已，如果以經濟效益而言，她已經達成了最大的經濟效益。（受訪者G，國民黨專職黨工）

而在杜麗華的劣勢方面，雖然具備國民黨提名身份，但是其他兩位競爭對手的條件也是不容小覷，張志明是現任副縣長，手中握有豐厚的行政資源，同時獲得現任縣長謝深山的全力支持，另一方面，傅崐萁雖然有官司纏身問題，但畢竟他仍是現任立法委員，能夠善用中央資源去締造其政績，而過去八年也替花蓮地區民眾爭取不少經費。此外，杜麗華競選總部幕僚也不諱言，這次雖然代表國民黨出征，但真正享有的資源是少之又少，所有泛藍支持力量幾乎都被瓜分，行政系統和中央資源掌握在其他兩位對手身上，所以杜麗華不管是在經費或是人力上都相當拮据，以致於選情比預期中還要艱困。是以杜麗華競選總部幕僚也坦誠，唯一有幫助的，只能靠總統馬英九總統親自站台，拉抬她的聲勢。競選期間適逢國民黨建黨一百一十五週年，各鄉鎮皆會舉辦黨慶活動，並利用此機會成立後援會，借助黨工力量發放文宣、搖旗納喊來進行輔選。

因為以前國民黨的提名很輕鬆，現任縣長就能幫他，可是這一次不一樣的地方是，謝深山當選縣長之後，因為他個人的因素，竟然沒有支持國民黨候選人，這樣的情況下，即使國民黨提名，也是非常難選，她沒有縣政府的資源，另一位對手是現任立法委員，他又有中央的資源挹注，所以這次選舉是很艱困的，不像以前這麼簡單，只要國民黨提名就鐵定當選，而這次是行政系統不幫忙，中央資源也沒有辦法幫忙，所以說絕對是行政不中立。（受訪者B，杜麗華競選總部幕僚）

根據長年在花蓮地區替國民黨進行輔選的專職黨工表示，由於資源短缺，使得杜麗華在初選階段就幾乎將財產消耗怠盡，而在獲得國民黨提名後，就只能依靠中央黨部的基層民眾，以小額捐款方式應付接下來的選戰開銷，雖然黨部有適度挹注少許資源，但相較之下還是顯得捉襟見肘，以致於在各種媒體的運用上，都面臨經費不足的危機，只能選擇具有經濟效益的方式來打選戰。另外，在支持者的結構方面，儘管得到許多基層農民支持，但政績卻也始終侷限在農業局部份無法突破，導致點、線、面的整合困難重重，雖然表面上所營造的競選氣勢盛氣凌人，實際上仍然無法落實到整體選票的爭取。

不利於她的地方基本上有兩個，第一個部份是在資源的部份，他們夫妻長年來都是公務人員，沒有什麼資源，加上整個初選階段很慘，能花的資源都花得差不多了，所以後半期國民黨提名以後，他們就靠著中央黨部基層民眾出錢出力幫忙，所以他在整個縣府的資源非常薄弱，所以我們在打文宣戰或組織動員上，或是各種媒體的運用上，都很短缺，明天要打了，今天還在算有沒有錢。第二個部份就是杜麗華她一直侷限在農業局的部份，傳崐萁長年的經營、加上縣長的行政資源都用在副縣長身上，所以她的人手部份很少，當初要幫她做面的結合部份就很缺乏，她都是基層的民眾，是個體，沒有辦法做整個面的結合，要紮實到票源的爭取事實上還有一段距離。（受訪者A，杜麗華競選總部幕僚）

另一方面，依據部份受訪者的說法，由於杜麗華的肩上背負著執政黨的施政包袱，在當時國民黨行政效率不佳、招致民怨的同時，她不太可能違背黨的旨意，清楚的劃分切割，民眾對執政者的不滿她一律要概括承受，當時馬總統的民調低迷，以致於馬英九在替杜麗華站台輔選時，可能造成適得其反，並未達到加分效果。而在前述所提及的人格特質上，正是因為其果決的執行力和強悍的行事風格，容易在無形之中得罪一些人，反而少了女性該有的身段柔軟。在農業局長任內的政績，不知情的民眾會將功勞歸屬在謝縣長身上，造成她知名度一直無法順利開展，也讓其原有的優勢變成劣勢，這或許是較為可惜的地方。

她只要發展無毒農業，就一定會發展到百分之百她自己認為可以的地步，她不會碰到問題就轉彎，她不管碰到多少問題都一定會解決，達成既定目標，所以這也變成為人詬病之處。她不夠柔和，反而是少了女生該有的一些身段柔軟，或是去協調的功能。基本上她為了達成某些目標她會不惜得罪一些人，鏟除阻撓她的事物，可是當初她在執行一些事情時所得罪的人，到最後就變成在這場選戰中很困難的地方，只能說她只是為了完成當初既定的任務而已，對於人和的部份真的就比較欠缺。（受訪者G，國民黨專職黨工）

杜麗華她在縣政體系這麼多年，也當過主管，因為她本身比較強勢，這種做法一定會得罪一些人，而且她的個性也很強烈，所以在行政體系中可能得罪很多人，這是她最大的缺點。（受訪者H，民進黨專職黨工）

杜麗華很會講話，她的行銷能力很強，可是她太獨斷獨行，她是標準的女強人，很強悍也很強勢，這是她的優點也是她的缺點，所以會因為這樣得罪不少人，包括她自己的幕僚，她有時候會因此讓人覺得不好商量，有時候她堅持的東西不一定是對

她有利的。（受訪者E，傅崐萁競選總部幕僚）

從訪談結果得知，多位受訪者皆一致認為，杜麗華的個性過於剛烈，行事風格也相當強勢，雖然執行力果決，但過於獨斷獨行、堅持己見的個性，容易變得一意孤行，難以廣納建言、虛心受教，因此常常在無形之中得罪不少人，包括自己最親近的幕僚，也常因為意見相左而產生間隙，是以在人和部份不夠圓融，或許是她在人格特質上為人詬病的缺失之處。

接下來提及張志明的優勢，由於張志明在競選期間仍擔任副縣長一職。根據Trent & Friedenberg（2008）的說法，現任者能善用其公職，於各種公開場合中露面，增加和民眾親身接觸的機會。是以張志明能充份利用現有行政資源，並以副縣長身份出席各個場合，參加公益活動，不僅曝光機會高，也能藉此提昇知名度。根據張志明競選幕僚指出，張志明在擔任縣府首長任內，對於整個縣府團隊的運作和相關縣政計畫十分熟稔，頂著教育博士的高學歷光環，又曾擔任過大學教授和教育局長，加上形象清廉，能以自己所具備的專業能力來領導縣政，至於黨派、色彩等次要因素，則暫時擱置在一旁。

在選戰方面，張志明候選人清廉的形象是我們最重要的支撐，所以清廉是我們最大的優勢之一。再來就是他非常了解縣府團隊的內部運作過程，所以我們會用專業來包裝候選人形象，因為他曾經在縣府任內擔任過領導角色，未來當選的話能夠以相同的專業能力去領導團隊並服務選民。第三個就是超越黨派，因為政黨惡鬥或者是內部糾葛讓花蓮進步變得相當緩慢，因此我們提出一個概念，叫做「花蓮人提名」，我們不用政黨提名方式，不管你是任何黨派，藍或綠都能接受這樣一個核心價值，這就是我們最大的優勢。（受訪者C，張志明競選總部幕僚）

此外，根據張志明競選總部的幕僚表示，因為副縣長本身具備學者身份，主修教育行政，對於政策分析有很深的著墨，許多政策他都會親自了解，包括在擔任公職期間，一些花蓮所需要的基礎建設，也是經由他和專業團隊共同討論，擬定執行方針，像是二〇一〇洄瀾夢土計畫，以及各種交通、文藝發展、觀光休閒等產業發展政策，幾乎都事先進行審慎的評估和研擬配套措施。而且他在擔任副縣長期間，也曾接待大批來自各國的國際人士，培養國際視野，期許這種專業能力能夠帶領花蓮一步步走向國際，放眼全世界。其中大部份決策都是經由副縣長親自開會說明，實地了解情況，所執行的決策內容更因此嘉惠當地民眾，解決實質民生問題。

他最擅長的優勢就是政策分析，在做任何一個決策之前，一定要經過審慎評估，才決定到底可不可行，我覺得這是他最擅長的部份。副縣長本身條件真的不錯，因為他學教育和政策分析出身。例如他有一次是幫壽豐地區養蛤蜊的民眾受理陳情，因為他們一季就要換一次砂石，換掉之後再用另一批新的砂石，可是當初民眾是和砂石業者購買，一開始的資金好像是一坪三十，每次換都要好幾立方公頃，所以都要花費一筆很大資金，花蓮這邊有砂石公共造產，我們去做一些開發和疏濬，這些挖起來的砂石基本上是沒有什麼用途的，我們會轉賣給砂石業者去做一些其他用途，副縣長當時就是為了這件陳情特別去跟砂石業者開會，透過縣政府的資源，直接做一個決策，請養殖戶每年都和縣政府租這些砂石，把這些砂石公共造產疏浚起來的砂石租給養蛤蜊的民眾，這些租金相對便宜許多，不僅受益於養殖戶，節省許多成本，也能充份利用公共資源，增加縣政府的公共造產資源，使成本降低，光是這些政策上面的決定和分析就能幫助他們非常多。（受訪者D，張志明競選總部幕僚）

儘管張志明本身條件優異，卻仍有一些不可避免的缺點。地方政治觀察者就曾指出，由於張志明起步太晚，導致和花蓮政治圈不夠契合，在基層耕耘上又經營得不夠紮實，沒有勤跑地方，時時去關懷民眾，徒有副縣長美名，知名度卻沒有累積起來，人際網絡也尚未建立，對於地方政治生態運作模式不夠了解，只一心冀望謝深山的政治版圖能夠成功轉移給他，而後又接受民進黨支持，以致於給人觀感不佳，造成形象定位不清，直到選舉後期才開始奔走基層，但卻為時已晚，選民對他的認知程度明顯不足，並不如他所想像的那樣強烈。

張志明比較慢出來，並沒有像傳擁有那麼紮實的人脈，所以他冀望謝深山的政治版圖能夠轉移給他，或者是民進黨的票能夠給他，這些後來都沒有發揮很好的效果，本來他的弱點等於是就任副縣長過後一年之內，你就要參加縣長的選舉，而且你之前是在台東擔任教育局長，離花蓮政治圈也滿遠的，地方耕耘並沒有像傅崐萁或杜麗華那麼紮實，這是他的缺點，但是他也沒有把它扭轉過來。（受訪者K，學者）

另外有部份受訪者異口同聲表示，張志明備受質疑與爭議之處在於政黨定位的模糊化。從國民黨退出之後，又和民進黨培養某些默契，雖然他和民進黨之間試圖小心翼翼地保持適當距離，但是在泛藍和泛綠選民眼中，他其實處於「似藍非綠」的狀態，造成選民認知錯亂，無法同時獲得兩邊基本盤的認同，選舉結果也證明在花蓮地區，中間路線可能是不討好的，「藍綠聯袂」的策略操作不當，反而讓他兩敗俱傷，所得到的票數也是三位候選人當中最低的，這或許也是釀成選舉失利的最大致命傷。

他就是玩太大，從國民黨退出，又跟民進黨培養某些默契，整個形象都不對了，我覺得這個是他最大的致命傷。第二個就是謝縣長的全力支持，謝縣長末期在花蓮的光環也不見了。另外他知名度也不夠，沒有勤跑地方，因為花蓮和其他縣市不一樣，花蓮比較狹長，南從富里到北的新城秀林，大概快兩百公里，那麼長的地方你不勤跑，選民不認識你啦！尤其是在鄉下地方，選民要看到你才覺得親切，雖然他後期在跑，但選民對他的認知不足，還有他自己也不具親和力，所以整體包裝很重要，他連握手都有障礙。（受訪者L，學者）

你看張志明就被他的劣勢給拉走了，因為他是謝深山指定人馬，於是反謝的人不喜歡他，就掛掉了，當他又跟蔡英文合作的時候，他很小心翼翼和蔡英文保持距離，他的優勢讓民進黨也願意支持他嘛！可是很不幸的，這也是一劑票房毒藥，當他跟蔡英文站在一起的時候，花蓮人基本上泛藍的屬性跟固執，一看到民進黨就「啪」一聲，不要了！所以我個人看法是他已經跟民進黨非常保持距離了，第一次造勢晚會在舊監獄旁邊舉行的時候，本來她（蔡英文）預計要上台，但是後來覺得不妥，其實他們都想要透過媒體傳播來營造他們要的一個距離，可是一直到那天晚上她最後決定不要上台，連出現都不要，因為他會被抹綠，好！那直到最後選前幾天，蔡英文最後一次到花蓮，路過他的競選服務處去跟他握手，好！慘了！結果泛藍的票全部不給他。（受訪者J，報社駐地記者）。

研究者將傅崐萁、杜麗華及張志明三位候選人所具備的優劣勢進行列表整理，俾使讀者更容易理解，也利於後續的策略分析，詳細結果如下表所示：

分析完三位候選人所擁有的優、劣勢後，接下來就要剖析各自的競選主軸，因為競選主軸可謂整體選戰策略的核心，也包含候選人所欲傳達的訊息、形象議題立場、資訊等（Herrnson, 1995；Shea, 2001），它是競選策略的第一步，也明確指出了候選人為何而來，能藉此區分候選人和其他競爭者的差異所在，爭取選民認同，以獲取支持力量，而競選主軸的設定也影響整體競選策略的方針，甚至主導每個選戰步驟。先從當選人傅崐萁的競選主軸來看，據當地媒體工作者表示，傅崐萁所設定的競選

表九　三位候選人之優劣勢分析

分析／姓名	優勢	劣勢
傅崐萁	1.擔任八年立委 2.基層經營紮實 3.了解地方政治生態	1.官司二審定讞 2.未獲政黨奧援
杜麗華	1.農業局長任內，締造無毒農業政績 2.獲國民黨正式提名	1.過於剛愎自用 2.欠缺女性溫柔特質 3.背負執政黨施政包袱
張志明	1.現任副縣長，曾擔任教育局長，熟稔縣政運作，擅於政策分析 2.獲民進黨支持背書	1.缺乏政治人物特質 2.政黨定位曖昧不明

主軸非常清晰明確，唯一主打就是「蘇花高」，甚至在選戰後期還提出「公投蘇花高」的口號。受訪者表示，每逢選舉之際，傅崐萁就會提出興建蘇花高速公路的政見，不論此政見的可行性如何，但只要一提出蘇花高的議題，往往能獲得選民的高度認同，此競選主軸非常符合當地選民的需求和期望。從過去相關資料顯示，長年以來蘇花公路之險峻造成交通事故頻繁，每逢大雨蘇花公路便面臨坍方危機，因此多數花蓮民眾普遍都希望能有一條安全回家的道路，不僅如此，居民也希望藉由開拓東部的交通建設，帶動整體經濟發展。Shea（2001）曾指出，選民會希望從簡明的訊息中尋找支持該候選人的理由，是以競選主軸的設定是博取選民認同與信任的重要因素之一。而傅崐萁所提倡的蘇花高，概念淺顯易懂，除了區隔出他與其他候選人的政見差異外，更能提綱挈領地告知選民其競選理念（鈕則勳，2002a），這或許是一種打動人心的訴求方式。

他一直有一個很棒的主題叫做蘇花高，因為過去有個民意調查統計，在花蓮有百分之八十五的人要求做蘇花高速公路，他全力強打這個，這打動人心，你知道競選有時候是看到有一個目標的，強打蘇花高，甚至他最後弄出一個叫作「公投蘇花高」…因為蘇花高的議題高於一切。你有沒有自己開車走過蘇花公路過，那是非常危險的，也就是說這個東西是深深撼動花蓮人的，於是什麼議題都比不上這個。（受訪者J，報社駐地記者）

據傅崐萁競選幕僚表示，「蘇花高」這個議題並非在選舉時憑空而生，這件事情是從他擔任立委以來，就一直不斷推動的交通建設，也是一項延續性計畫，他認為蘇花高代表花蓮地區的主流民意，對於興建蘇花高持有深切期望和抱負，希望自己上任之後能實現承諾，徹底執行政策，給予花蓮人一條安全回家的道路，並促進花蓮聯外交通與觀光事業發展。

> 其實他最重要的還是蘇花高的議題，蘇花高是從當立委以來一直在做的事情…蘇花高其實本來就是這裡的民意主流，我記得有百分之八十幾吧！之前在立委期間他就常常帶人為了蘇花高的問題到總統府前抗議，所以這個對他來說是延續的事，這個民意和需求一直都在。這個民意調查是以前謝縣長做的，那時候是游錫堃當院長的時候，本來已經要動工了，但是謝縣長忽然喊停，希望能夠再做一次評估，那時候他辦了北中南三場座談會，聽取各方意見，就因為這樣就停下來了。傅崐萁其實很在意這樣的事情，他覺得如果當初不要這樣子，路早就已經開始做了，他曾經說過如果任內這個東西沒有辦法動工，他會自己走，他對這個事情蠻堅持的。（受訪者E，傅崐萁競選總部幕僚）

此外，傅崐萁在此次選舉中沒有獲得國民黨提名，但他卻始終訴求自己是「正藍戰將」，根據研究者觀察發現，為了貫徹這樣的理念，他幾乎在所有的競選廣告中，都掛著國民黨的黨徽，強調自己的身分認同。其幕僚也指出，傅崐萁雖然遭到開除黨籍，但在他的自我認知中，仍舊認為自己屬於泛藍一員。此外當地記者也認為，傅崐萁使用「正藍戰將」為標籤，不僅模糊了選民對政黨投票取向的焦點，也直接削弱杜麗華被國民黨提名的正統性，在選民心目中，還是自然而然地將傅崐萁與國民黨連在一起，但另一方面，他也不和國民黨形成正面衝突，保持敬而遠之的關係。

> 這就是一個烏賊戰術啊！他就一直噴煙墨讓一些老的選民搞不清楚，這是第一點；第二點，他不想打壞跟國民黨的關係，因為他知道國民黨有能力讓他的官司在一定的時間內定讞，所以他一直保持著跟國民黨「我敬畏你，但是我也不排除回國民黨」的關係上。（受訪者I，報社駐地記者）

綜合訪談結果顯示，傅崐萁在某種程度上訴諸悲情牌，打著「背水一戰」的口號，既沒有政黨奧援，同時有官司問題纏身，只能憑藉既有實力，一人單打獨鬥，企圖搏得選民同情，也在某種程度上形塑自己被打壓的形象，凸顯國民黨對他的不公平之處。但同時他又不跟國民黨交惡，採取不回應、不批評的態度，避免正面衝突，甚至於鬆口說選後不排除重回國民黨，也全力支持國民黨在二〇一二年所提名的總統候選人，於是乎他所操弄的

「正藍戰將」與「背水一戰」的策略主軸確實達到些許的擴散作用。

> 沒人疼沒人愛就是背水一戰嘛！行政資源沒有，黨的資源也沒有，張志明有謝縣長的資源，杜麗華這邊有包括總統和黨的資源，全力在輔選，那傅崐萁沒人疼沒人愛啊！本來就是背水一戰，是自己憑自己的實力。他就喊人民最大，背水一戰。（受訪者F，傅崐萁競選總部幕僚）

> 我倒覺得他是訴諸悲壯，悲情和悲壯不一樣，悲情是好像很可憐，你都欺負我，悲壯是說雖然可憐，你欺負我，但我還是要反擊。他最後喊出背水一戰，那他還是打深藍嘛！他就是延續國民黨不提名他是不公平的，因為他民調第一，我覺得這個悲情牌對他來講沒什麼影響，我認為不是他當選的因素，他當選的因素是喊觀光和蘇花高，我認為投票給他的人不是因為他很可憐而投給他。（受訪者L，學者）

對於訴諸悲情的作法，學者則提出不同意見，他認為傅崐萁成功塑造了「悲壯」的情懷，看似不公平的待遇並沒有因此撼動他想勝選的意圖，他將這股無處發洩的悲憤轉化為必須也必然的原動力，營造無路可退的情境，惕厲自己非贏得這場選戰不可，展現無論如何都要全力以赴的決心和意志。縱使如此，這並非傅崐萁登上縣長寶座的主要因素，而是競選主軸清晰明確，他所提出的「國際都會、觀光花蓮」以及「公投蘇花高」讓人一目瞭然，又相當契合選民的需求和期望，特別是在傅崐萁擔任立法委員期間，所舉辦的「十天十夜花蓮國際觀光節」帶來莫大的經濟效益。

傅崐萁在媒體上常常在全國性媒體都佔有篇幅，他打的十天十夜國際觀光節，儼然是這個觀光季的代言人一樣，那麼多人去參加他的觀光季，他的造勢和紮實的地方經營，配合他三個口號，正藍戰將、背水一戰和公投蘇花高，發揮到爭取選票的效果。（受訪者K，學者）

傅崐萁他說觀光，就說要辦十天十夜，後來又說要辦十五天十五夜，雖然吸引年輕人，但選民沒有去深思對花蓮有沒有整體幫助，花蓮以前沒有人辦過這種活動，所以迴響很大。（受訪者L，學者）

據多位受訪者表示，傅崐萁所舉辦的花蓮國際觀光節的確擄獲不少年輕族群的心，活動現場請來各大影視歌星們載歌載舞，並且在全國衛星頻道採全程現場直播方式，讓他一躍登上全國性媒體版面，除了深受年輕族群青睞、帶動地方經濟發展之外，也間接替自己的形象加了不少分數，儼然成為觀光節的代言人一般，也符合其競選主軸「國際都會、觀光花蓮」的概念。

由以上論述可知，傅崐萁所設定的競選主軸和議題內容，明顯主導整體選戰步調，其策略執行面也皆和競選主軸緊密扣連，配合他所提出的三個口號，「正藍戰將、背水一戰、公投蘇花高」，以致於能在各個選戰階段中按部就班實行，這或許才是勝選關鍵所在。

再來就國民黨候選人杜麗華的競選主軸來看，據杜麗華陣營幕僚表示，她想表達的整體概念是花蓮從「改變」到「變好」，所謂「變好」的「好」字拆開來就是「女子」，想強調的是花蓮縣從來沒有過女性執政的經驗，希望能在這次縣長選舉中締造創舉，而且以杜麗華豐富的資歷來看，其在行政上的能力表現也不輸給一般男性候選人，因此試圖結合其豐富的社會閱歷和女性從政的細膩特質來訴諸民眾，展現自己既勇敢又溫柔的一面。

> 她本來是擔任花蓮縣政府農業局局長，行政效率非常好，或者是說經歷方面，她當過建設局長、社會局長、農業局長，經歷相當豐富，不輸給一般男生，只是說花蓮民眾有沒有辦法去接受這樣一個女性縣長。因為就以前的經驗來看，花蓮縣好像從來沒有出現過女性縣長，但其他各縣市好像都有了，所以我們會特別強調希望由一個女性縣長來執政，很簡單的概念就是「換女性做看看」，產生這樣的一個訴求。
>
> （受訪者B，杜麗華競選總部幕僚）

除了要改變現狀，讓花蓮愈來愈好的概念之外，她也提出「八大願景」。根據筆者所蒐集到的文宣資料顯示，所謂的八大願景分別是「交通花蓮」、「產業花蓮」、「無毒花蓮」、「觀光花蓮」、「和諧花蓮」、「福利花蓮」、「教育花蓮」、「活力花蓮」，看似包羅萬象、面面俱到。然而事實上卻有部份受訪者批評，這樣的競選主軸太模糊又不聚焦，選民不清楚想要改變的是哪一方面，而且過長的口號讓民眾不易記住，不如傅崐萁的競選主軸來的鏗鏘有力、簡潔明瞭。

「花蓮變好」的主軸其實很弔詭啦！她一開始其實不是這樣，是到國民黨初選過後才改成「花蓮變好」，之前都不是，她叫「花蓮要改變」，她在正式提名時才改成花蓮變好，這其實不是一個好的口號，因為它太籠統，相較於傅崐萁是很實在的東西：倒不如像傅只打觀光和蘇花高，那杜麗華提花蓮變好，雖然有提出八大訴求，但人們不會記得。（受訪者L，學者）

至於在其他競選主軸上，據杜麗華陣營幕僚表示，他們所要訴求的兩方面重點，一個是提昇民眾對杜麗華的信任感，最主要就是以她在農業局長期間所進行的無毒農業政績，來爭取或提高選民支持度，另一個則是針對對手一些具有爭議性的話題提出質疑和攻擊，加深民眾對她的印象，由於傅崐萁有官司問題，因此他給選民的信任感應該是很薄弱的，是以此議題成為杜麗華陣營鎖定攻擊的目標，甚至馬英九總統來替杜麗華站台時，也同樣都是強調這兩個主軸。不過在事後檢討中，他們也不諱言，當初一直把方向指著傅崐萁的官司問題強力猛攻，以至於重心偏頗，反而忽略了基層經營，無法順利打開杜麗華的知名度以及提升選民支持度。

> 這一次我們就是輸在選戰的主軸，杜小姐的部分是一直希望把選戰主軸拉到提及傅先生比較負面被判刑的部份，但以國民黨的本性而言，我們一直很不喜歡去做負面攻擊的文宣，當初也有跟她商量，可是她對這方面非常堅持，可能也耗了很多心力在上面，所以在選後我們自己跟她都有在檢討，其實在基層很多人還是不太認識她。她是第一次參選，她以前是有政績沒錯，無論是無毒農業還是觀光局配合農業產銷所做的這個部份，都已經推銷到加拿大全世界各國，其實這些政績我們知道的人都是有目共睹，但她把政績歸給謝縣長，所以花蓮老百姓的眼裡人家都知道這些政績，但人家只會認同謝縣長任內推行的，他們對杜麗華三個字基本上是完全陌生的，所以需要修正的部份可能就是她的知名度沒有完全打開來。（受訪者G，國民黨黨工）

另一方面，根據地方媒體工作者的觀察發現，當傅崐萁在提倡「蘇花高」的競選主軸時，杜麗華畢竟是國民黨所提名的候選人，難免受到政黨束縛，不能有任何牴觸國民黨意志的地方，只能依循黨的主張，全力擁護「蘇花替」，但是在選民心目中，「蘇花高」早已是神聖不可動搖的一項政策，唯有「蘇花高」才能深深的撼動選民的心，切中他們心中真正的需求。

（杜麗華）在蘇花高的議題上更慘，因為馬英九強打明年蘇花替開始動工，那杜只好全力擁護蘇花替，可是你知不知道什麼叫蘇花替，那叫替代公路，就像台北—新莊—五股的台二線二省道，人家已經在講高速公路了，你們還在講省道，如果你是選民你會投給高速公路還是省道？所以她的選戰策略上，很不幸的被綁死了。她也很積極的要去呈現那個效果，拼命寫、拼命發新聞，可是這一點打動不了選民的心，但在策略執行上她沒有失誤。（受訪者J，報社駐地記者）

至於張志明在競選主軸的設定上，張志明競選幕僚指出，由於他是現任副縣長，對於整體縣府團隊的運作相當熟稔，因此強調要延續謝深山縣長任內的政績與精神，提出了「清廉博士、專業縣長」的口號，張志明以形象清新、人格清廉為主要訴求，同時具有高學歷的博士學位，以凸顯他的專業能力，是以他的競選主軸定位就是為了貫徹謝深山縣長的意志，延續其任內所執行的「洄瀾夢土」計畫，按照各鄉鎮的地理位置與風土民情，劃分出「一心、二軸、三區」的區域概念，發展六大新興產業，推動精緻農業、綠能產業、海洋深層水、文化創意、觀光以及提倡優質生活，避免改朝換代之後，政策發生延宕或斷層危機。簡而言之，張志明正是一個能夠充份了解縣政方向與該計畫核心的領導者。

花蓮縣政為了要延續，我們會推出一個目前了解花蓮縣政所執行的一些方向的人，因為洄瀾夢土計畫在花蓮已經紮根六年的工作，所以就需要一個能夠延續的人把這項政策繼續執行。第二個，在他的學識方面來講，能夠將此政策繼續延續；第三個就是清廉，是大家的核心價值。所以我們推派出張志明先生，因為他本身具有博士學位，這點在學術上沒有任何問題；第二個延續下來就是他擔任過教育局長，也擔任過副縣長，很了解花蓮縣政內所推動的內涵以及未來的方向；第三個就是我們從其他陣營的候選人當中發現，清廉的核心價值我們不能夠有任何的妥協。（受訪者C，張志明競選總部幕僚）

另一方面，根據研究者所蒐集到的文宣資料顯示，由於張志明是自行退出國民黨，以無黨籍身份參選花蓮縣長，也因此他提出了「只想做事、不玩政治」的競選主軸，希望選民們不要被政黨色彩所囿限，只強調專業、清廉、用心、年輕等形象，秉除以政黨為投票取向的觀念，於是他也不避諱地大方接受民進黨的全力支持，或許是希望營造模稜兩可的角色定位，藉此囊括泛藍和泛綠的票源，然而這種只重視個人形象的競選主軸，也遭到少數政治觀察者批評，看不到實質的政見內容，流於空泛的、形式化的口號。

張志明因為要走藍綠之間，所以他可以反藍，也可以反綠，他也可以挺藍，也可以挺綠嘛！他認為在蘇花高這個議題上，他一定要跟著民意走，所以他也贊成蘇花高。再來他的選舉主軸，他一直強調年輕、快樂、活潑、健康這一類，所以他的選舉文宣等等，強調的是清廉，然後他的網站上、他的文宣上都強調他年輕，事實上三個候選人裡面他的確最年輕，而且他也強調他是專業，是教育學博士，然後強調他專業，他走的是專業路線，希望吸引不要有黨派觀念的人來投我，我不跟你講黨派，這個是他的競選主軸，我認為他運用的不錯，可是很不幸的，選民不吃這一套。（受訪者J，報社駐地記者）

綜合訪談結果與筆者所蒐集到的文宣資料，進而分析三位候選人在競選主軸的呈現方式，可從而得知傅崐萁強打「蘇花高」議題，甚至提出「公投蘇花高」的概念，深深打動選民內心，切中其心理需求，接著又以國民黨黨徽來凸顯自己「正藍戰將」地位，而後訴諸悲壯，營造出「背水一戰」的氛圍，而在其「國際都會、觀光花蓮」的訴求上也力求貫徹始終，在立委期間所舉辦的國際太平洋觀光節帶動當地觀光產業發展，使年輕族群讚譽有加。相較之下，杜麗華的競選主軸「花蓮要變好」過於籠統模糊，其「八大願景」的概念不夠明確，要改變什麼、如何變好並沒有很清楚的告訴選民，唯一能被選民認知的部份就只有「無毒農業」政績。另一方面她又受到國民黨的牽制，受限於黨的理念及施政包袱，使其無法隨心所欲的闡揚己見。至於張志明的競選主軸著重在「清廉博士、專業縣長」的個人形象，可惜只是一味延續前朝謝深山縣長任內執行的「洄瀾夢土」計畫，並沒有提出太多創新的政見或願景，再加上他主張「只想做事、不玩政治」，刻意抹去政黨色彩，企圖跳脫出藍綠框架，然而大方接受民進黨的支持後，反而顯得自己角色定位模糊不明，使選民產生意識形態上的矛盾，最後並沒有囊括藍營和綠營雙方的選票，不免功虧一簣。

綜合以上論述及訪談結果，簡而言之，傅崐其所提出的競選主軸簡潔有力、清晰明確，告訴選民興建「蘇花高」是當務之急，而「正藍戰將」的身分也是名副其實、當之無愧，其所主張的「觀光」發展更是說到做到、一以貫之，在立委任內舉辦十天十夜國際太平洋觀光節，藉此搏取選民的信任感與支持度。是以研究者推論，競選主軸的設定可能主導整體選戰的步調，甚至掌握了成敗的關鍵。由此可知，傅崐其在競選主軸的策略操作上不但先聲奪人，結合當時的社會脈動，成功引發選民共鳴，其策略執行也都和競選主軸緊緊扣連，才能發揮出良好的宣傳效果。

這一次訴求改變的有兩個人，張志明算一個，杜麗華非常清楚，她也是訴求改變，你要改變什麼，你都沒有告訴人家你想改變什麼，但是傳就很明確的告訴你，我就是要蘇花高，那你們兩個：你形象清新、你會做事，那你會做什麼事，你根本沒有告訴人家，杜麗華說要改變，你要改變什麼，你想改變什麼，你說你政績最好的是你的無毒農業，你的無毒農業又要想改變什麼？你說讓花蓮變得「更好」就很空泛啦！（受訪者I，報社駐地記者）

在了解三位候選人各佔有的優、劣勢與競選主軸後，我們可以清楚知道三位候選人都是屬於挑戰者的競選風格，不過就訪談結果顯示，身為副縣長的張志明，曾一度想把自己塑造成現任者的姿態。依據Trent & Friedenberg（2008）所言，現任者在符號操弄上，經常運用四種象徵性的策略，分別是職位的表徵性、職位的正當性、職位和能力以及職位和個人魅力，而張志明也試圖彰顯這樣的特質，充份利用現有的公職位置，來強調他才是最適合擔任花蓮縣長的人選，自詡為花蓮縣政接棒人。比如說凸顯他在副縣長期間執行多少決策和計畫，熟悉縣政的運作模式，藉此去提醒選民他的公職權力所在，並承認他的競選資格。另外在策略操作上，他在公職期間能理所當然的成立任務編組，調查公眾所關心的議題，也能順理成章的出席各個公共場合，善用經費撥款補助地方社團，此外他也適時會晤來自國外的產業界代表，彰顯其國際觀和優異的外交溝通能力。而不可或缺的，他不斷強調在擔任副縣長期間具體的施政成就，並希望能延續前任縣長未完成的相關政策，以搏得選民的認同感。然而他卻忽略了，現任者不一定具有優勢，因為一般選民習慣於對現任者採取較嚴厲的態度檢視，候選人對於施政不當的紀錄也難辭其咎，也容易淪為被對手攻擊的目標。包括有學者曾經指出，謝深山縣長在執政後期傳出風評不佳，產生許多批評的聲音，或許也是導致選民不買單的因素之一，造成張志明無法順利接收現任者的優勢。

> 想要把自己塑造成現任者的樣子，大概就是張志明嘛！因為他有謝深山的加持，又是縣府副縣長，所以他當然自認為是受到縣府所有局處室的支持。他對縣政熟悉，曾做過教育局長，後來當副縣長，所以對整個縣政很容易上手，但卻沒有受到選民青睞。有可能是謝在執政後期風評也不佳，這個是不是有影響到我就不曉得了，因為謝在後期時批評的聲音也蠻多的，他當了這六年的縣長好像也看不到什麼建樹，張志明其實學者出身，他的各種選舉語言都不夠，跟人的交往什麼。但總的來講，大概是他有這樣訴求過啦！但是並沒有用，因為他的特質不對，杜麗華也有用他在縣府中長期服務的經驗做訴求，但是依我看把自己塑造成現任者的樣子並沒有什麼優勢。（受訪者L，學者）

張志明有想要把自己塑造為現任者角色，畢竟他是現任副縣長，因為縣長想要交棒給他，但他跟謝縣長的人格特質又完全不一樣，因為兩個人的屬性給老百姓的觀感是完全不一樣的。謝縣長在政治圈這麼久的時間也培養了很多的人脈，張志明也沒有真正了解其中的精髓，所以他希望去接收縣府既有的人脈，很多人陽奉陰違，也不看好他，因為他的民調一直起不來，所以變成他想要接收現任者的優勢，可是完全接收不了。（受訪者G，國民黨專職黨工）

表十　三位候選人之競選主軸與競選風格分析

分析 姓名	競選主軸	競選風格	策略目的
傅崐萁	1.蘇花高議題 2.公投蘇花高 3.正藍戰將	1.挑戰者 2.具有三任立委的經營優勢	1.蘇花高議題撼動人心，具強大號召力 2.「正藍戰將」模糊杜麗華為國民黨提名的正統性
杜麗華	1.攻擊對手傅崐萁的官司問題 2.花蓮變好 3.八大願景	1.挑戰者 2.曾任農業局長，推廣無毒農業至全世界	1.以恐懼訴求攻擊傅崐萁，降低民眾對其信任感→忽略知名度開展
張志明	1.清廉、專業的形象 2.尋求民進黨支持	1.挑戰者 2.自詡為謝深山接班人，試圖塑造衛冕者優勢	1.延續謝深山政績→政見缺乏新意企圖藍綠通吃→政黨定位曖昧不明

二、競選廣告及文宣品類

綜合訪談結果與研究者蒐集之文宣資料顯示，三位候選人都曾運用電視、報紙、廣告等大眾傳播媒體推出競選廣告，但礙於經費問題，各候選人在廣告上的比例有所不同，不論是平面媒體或電子媒體，已經成為常態性選舉中必備的宣傳工具，至於選戰期間所製作發放的文宣品、廣告看板更是不可或缺的一環。一般說來，競選廣告可簡單區分為正面訴求和負面攻擊性廣告。而在此次花蓮縣長選舉中，三位候選人多半以正面訴求廣告為主，內容為宣揚過去的施政績效或個人形象塑造，而在負面廣告上唯有杜麗華陣營所發動的幾波攻擊性廣告針對對手的官司問題提出質疑外，大部份仍採取正面訴求，強調自己在農業局長任內政績。

先從當選人傅崐萁的競選廣告來看，據受訪者表示，花蓮地區本身有三個地方報系統，分別是更生日報、聯統日報以及東方報，這些地方報在當地維持了一定水準的閱報率，是相當特別的景況，也因此候選人會善用這些特有資源來進行競選廣告。以傅崐萁為例，他幾乎囊括了所有的地方媒體，在三家地方報體系上都分別刊載競選廣告，而全國性報紙像是中時、聯合、自由的地方版也能看到，以及在全國播送的有線電視台中天、三立等，也推出了長達十二分鐘的競選廣告，幾乎每一家媒體都有投注，涵蓋範圍相當廣。

至於在文宣品上，從筆者所蒐集到的文宣資料中得知，除了競選旗幟、ＤＭ形式的小張摺頁傳單之外，還製作了精美的農民曆及月曆供民眾索取，其內容鉅細靡遺，包括刊登各媒體所進行的民調結果、背水一戰的決心、為什麼要興建蘇花高的理由，以及在立法委員任內所爭取的經費預算，最後是對各鄉鎮未來願景與規劃，可謂一應俱全，清楚表達自己過去的施政績效，以求爭取選民認同與支持。其中在廣告看板的部份，傅崐萁不強調個人形象，也不針對對手做任何攻擊性言語，唯一一個訴求就只有興建蘇花高速公路，蘇花高議題深刻喚起選民內心的渴望。

此外，傅崐萁幕僚指出，在競選廣告上投注最多的媒體，非全國性的電視台莫屬，而其他兩位候選人的幕僚也坦誠，礙於經費問題，所製作的電視廣告僅侷限於花蓮當地的有線電視「洄瀾電視台」播放，無法擴及全國性的電視頻道，相較之下，傅崐萁則利用三立、中天、東森等有線電視頻道推出競選廣告，曝光度明顯比另外兩位參選人高出許多，包含競選廣告的ＭＶ、民調結果的刊載、公投蘇花高的影帶、催促花蓮子弟返鄉投票的宣導短片，在全國屬性的電子媒體中都具有高能見度，使得競選廣告的網絡涵蓋範圍遍及全台灣，觸達遠在他鄉的花蓮民眾，也間接加深選民印象，提昇其知名度。

大概就是電視、報紙，全國性的電視廣告有做，地方電視台都有在做，以全國性的廣告為主，就是他的政見嘛！平面媒體上他一樣都有做，包括文宣、挨家挨戶的都有。平面媒體也是幾乎都有做，電視也好、報紙也好，全國他都有做，各大報幾乎

每一家媒體都有做，地方報就是更生、聯統、東方，全國性大概就是聯合、中時、自由他都有做。（受訪者F，傳崐萁競選總部幕僚）

在競選廣告所運用的大眾傳播媒體中，傳崐萁的幕僚表示，不論是平面、電子、地方、全國等屬性的媒體，幾乎是鋪天蓋地囊括所有管道去刊載競選廣告，並與當地有線電視系統「洄瀾電視台」建立長期合作關係，而這個平台是三位候選人播送競選廣告的競逐角力場域。但以頻率來說，仍以傳崐所佔的比例居多。不同於兩位候選人的地方在於，傳崐萁除了藉由洄瀾電視台進行廣告CF的託播之外，在擔任立委期間就經常播出在立法院的質詢片段，不僅能加深平時民眾對他的印象，也能藉此塑造其強而有力的問政風格與個人形象。此種情況能呼應學者Devlin（1997）所言，競選廣告除了讚頌候選人的美德外，還能強化支持者的積極或正面感受，重新定義候選人形象，以及呈現議題資訊或聚焦於公共價值。是以「蘇花高」議題在當時的選舉情勢下，幾乎被形塑成民意主流，甚至進一步昇華為全國性的民生交通議題，成為一項不可替代的政策。

你想得到的幾乎都有，平面、電子、地方、全國，當然地方的有線電視洄瀾電視台，其實這個平台三個候選人都有用，就是播一些廣告的帶子，主要是廣告託播的部份，像是廣告CF啦！傳崐萁有時候就會播他的立委質詢帶，但是立委質詢帶是長久以來都有在播，也有做一些廣告CF，這些CF也有在全國的電視台播，像是蘇花高的議題，然後報紙的都有。地方報紙包括更生、東方、聯統，然後像自由、中時、聯合等每一家地方版都有，電視台他那時候如果上節目應該是東森或年代。

（受訪者E，傅崐萁競選總部幕僚）

在競選廣告內容方面，根據研究者所蒐集到的文宣資料顯示，傅崐萁在連續幾波的文宣品中，「蘇花高」都是強力主打的重要議題，其中發放的文宣內容更是訴諸感性，寫下：「花蓮的進步不能再等待，花蓮人的未來應該有期待…年底縣長選舉，花蓮人大團結，用選票公投蘇花高」，試圖將論述層次拉高，懇求選民用選票實踐花蓮鄉親的展望。另一方面，電視廣告類型則包含質詢帶以及廣告CF，議題也始終都圍繞在蘇花高上。於是乎在大多數的傳播載具中，都能輕易彰顯蘇花高議題的重要性，不論是電視廣告、報紙廣告、平面文宣、戶外大型看板…其主旨都離不開蘇花高。相較之下，國民黨提名的杜麗華只能默默認同中央政策「蘇花替」方案，而雖然張志明也同樣擁護蘇花高，但其在媒體上的表現程度不如傅崐萁來的強而有力。無形之中也逐漸形塑出一種特殊印象，據傅崐萁幕僚表示，當地人只要一談到蘇花高，就會自然而然將「它」和傅崐萁連在一起，而蘇花高也幾乎成為傅崐萁的專屬招牌。

根據傅崐萁幕僚的說法，當時在競選期間並沒有刻意為了拍攝競選廣告而特地撰寫新的腳本，大部份還是剪輯過去的一些問政畫面做成影帶，著重於表現立委任內的政績。在廣告訴求上，傅崐萁不像其他候選人一樣去刻意塑造個人形象，而是以政見及議題為主。其幕僚推測，這或許是肇因於傅崐萁長年經營的結果，民眾對他早已有既定的印象存在，大家也都十分清楚他的為人處事，在短時間之內很難透過媒體去扭轉形象。

值得注意的一點是，經由研究者觀察發現，不論是在廣告看板、文宣或其他宣傳載具上，已經不具備國民黨黨籍的傅崐萁，卻始終使用國民黨黨徽，並用各種傳播方式，包括利用媒體、文宣、口語、人際等傳播管道強調自己「正藍戰將」的身份，凸顯「深藍」的意識型態，企圖吸引泛藍群眾支持。雖然國民黨曾經透過媒體發出嚴正聲明，認為這是侵權行為，傅崐萁卻依然我行我素，始終不願正面回應，此舉不但成功削弱了杜麗華被國民黨提名的正統性，更直接混淆選民對於政黨色彩的認知。但對於國民黨所做出的抨擊，傅崐萁的幕僚卻不以為意，他認為一直以來傅的屬性本來就隸屬泛藍，「正藍戰將」是理所當然而非刻意塑造，使用黨徽、國旗等象徵物也是順理成章的事。反倒是國民黨不斷澄清和強調，反而自曝其短，彰顯其內部對於「正藍戰將」這個稱號的焦慮不安，也表示國民黨針對群眾所認知的「正統性」其實是毫無把握的。

> 比如說用黨徽、用國旗來表現，他這個人很愛用國旗，用很多旗子去寫正藍戰將，然後到處都看的到，其實在他的演說都多多少少會提這個部份，也沒有刻意去製作

CF。雖然當時國民黨不斷在媒體上說這是侵權行為，但要是我的話不會這樣處理⋯⋯。因為如果你有把握群眾認知你是國民黨的，你就不用再去強調說「他不是國民黨」，你會這樣做，表示你會擔心別人懷疑你是不是國民黨，如果他們一直刻意提出，我覺得反而不好，所以在他的認知中，到現在還是認為自己是泛藍的，只不過他是無黨籍的，所以用黨徽和正藍戰將來塑造自己。他認為是理所當然而非刻意塑造的。（受訪者E，傅崐萁競選總部幕僚）

根據杜麗華競選幕僚表示，原本國民黨提名的地位應該是穩如泰山、屹立不搖的，但傅崐萁所運用的「正藍」策略逐漸發酵，似乎日益威脅杜麗華在國民黨的正統地位，使得一些選民也摸不著頭緒，甚至無法辨別投票給傅崐萁和杜麗華有什麼不一樣？於是國民黨為了維護候選人的正統形象，除了在媒體上、文宣上以及人際網絡之間做加強宣導外，所採取的最有效手段就是請現任黨主席馬英九親赴花蓮，或者是知名度高、在黨內具有高地位、高份量的政府官員替杜麗華輔選站台，藉此傳達杜麗華才是真正國民黨所提名認可的花蓮縣長候選人。

我們雖然抓住傅崐萁的弱點，每天都一問，但傅崐萁都不回應，他一直在凸顯他的正藍，每天都在打正藍戰將，事實上我們也有發覺到這個部份，所以說要打出我們中國國民黨的一個正統形象，並不是只有喊口號、做文宣。我們是覺得今天黨裡面誰在掌旗，誰就是正統啊！今天是馬英九在掌旗，他就五度到花蓮來輔選，他不在花蓮期間，我們就請詹春柏秘書長來，最重要的我們葉金川他在初選時輸了她，他也來擔任我們的主任委員，我們就用藍軍這樣的正統，包括我們的長官也好，用黨的聲勢來提振她，馬主席也很辛苦，五度到花蓮來，就是要讓民眾感覺今天掌旗的是馬英九，馬英九挺她這個才是正統，最後的策略是這樣的。（受訪者A，杜麗華競選總部幕僚）

另外就國民黨候選人杜麗華的競選廣告來看，根據研究者所蒐集到的文宣資料發現，其所運用的競選廣告載具也相當多元，包括報紙、電視、廣播、DM文宣、廣告看板、平面媒體等，在廣告訴求上，以形塑自己正面形象為主，攻擊對手官司問題的負面廣告為輔。在正面訴求中，杜麗華多半是宣揚在農業局長任內政績，強調自己從基層公務員做起，擔任過縣府的局處室長，行政閱歷豐富，效能及形象俱優，其所推廣的無毒農業更是行銷到全世界，深獲各界好評與肯定。再者，由於杜麗華是女性候選人，在部份廣告中也特別強化女性溫柔慈愛的特質，所刊登的照片包含和幼童緊緊依偎的和諧畫面，期望自己和所有的母親一樣，讓孩子擁有美好的未來，藉此塑造溫馨的氛圍，做為和其他兩位男性候選人最大的區隔之處。學者彭芸指出，正面廣告的目的多半是為了增加選民對候選人的認知、提供選民線索以及建立選民和候選人的關係（彭芸，1992）。而杜麗華因為知名度較低，必須先透過形象廣告來塑造選民對候選人的認識。

較令人惋惜之處在於，她並沒有將女性候選人的特質發揮得淋漓盡致，換句話說，在競選廣告中，極少呈現她針對婦幼或社會弱勢群體所提出的具體實行方針，有的只是蜻蜓點水、簡單帶過，反而將較多重點擺在農業政績與中央背書的層面上。筆者觀察第一波的文宣內容後發現，關於婦幼方面政策只見「照顧弱勢家庭與花蓮新媳婦」一項，未免顯得含糊籠統，這與杜麗華幕僚所提及的策略目標似乎有些許出入。儘管杜麗華幕僚指出，她的人格特質本來就傾向陽剛豪邁，在行事風格上更是果決勇敢、說到做到，論能力和經驗都不輸於其他兩位男性候選人，但可惜的是，杜麗華卻沒有妥善運用女性參選人與生俱來的優勢，欠缺女性該具備的母性光輝，無法形塑出其亦剛亦柔的中庸形象。

廣告幾乎都有做了，像是DM文宣，電視、報紙、有線電視台、平面廣告等都有做，文宣部份也印蠻多，有正面的，也有攻擊的。而在廣告訴求方面，因為候選人本身是女性，基本上是要把她塑造成比較溫馨的感覺，和別人不一樣的地方。表達她是一個溫柔的女性執政者，重點則是放在她與兩位候選人最大的區隔所在。農業是她的強項，我們其實不太去提它，因為大家都知道，我們其實著重在政見的內容上，它的大方向有八大願景，還有我們是三個候選人之中唯一提出對原住民有具體

政見的，所以你說比政見、比經歷、比能力我們不會輸給另外兩位候選人。（受訪者B，杜麗華競選總部幕僚）

此外，由筆者所蒐集到的文宣資料顯示，杜麗華在競選廣告中闡述「八大願景」的政見，包括「交通花蓮、產業花蓮、無毒花蓮、觀光花蓮、和諧花蓮、福利花蓮、教育花蓮、活力花蓮」。儘管這八大願景看似包羅萬象，面面俱到，但深入探究後發現，其美中不足之處在於內容繁多複雜，無法在有限的文字空間中，將這些概念有條有理地一一解釋清楚，以致於選民對於八大願景的印象是片段且零碎的，難以構築成一幅完整的策略藍圖。當地學者也認為，過於冗長的標語並不是一個好的口號，況且考慮到花蓮人口結構的問題，青壯年族群外流，部份老年人對於這種長篇大論的論述式文宣並不感興趣，也不具備足夠能力來深思熟慮，是以杜麗華的政見內容儘管詳實完備，卻無法有效觸及目標群眾，達到良好的宣傳效果。

另一方面，杜麗華陣營幕僚也不諱言，當初內部會議在討論文宣策略方向時，就計畫將重心放置在負面廣告上，特別是針對對手傅崐萁的司法問題，設計出連續幾波的攻擊性廣告。杜麗華陣營幕僚也坦誠，由於候選人本身的自我意識強烈，對文宣構想具有相當清晰的脈絡，於是希望將目標設定在提及對手被判刑的部份，讓百姓對他的人格及品德提出質疑。但是就國民黨的屬性而言，一直以來的選舉風格都傾向溫和敦厚，強調過去既有的政績或清廉形象，對於負面攻擊文宣向來都是敬謝不敏，而花蓮的人口結構以老年人居多，也不熱衷互相攻訐、砲火猛烈的競選模式，因此大量的攻擊文宣不但沒有挫敗傅崐萁陣營的銳氣，反而讓百姓感到厭惡，產生事與願違的反效果。儘管杜麗華試圖使人們察覺到傅崐萁的負面形象，利用恐懼訴求創造選民對他的懷疑或焦慮，以降低公眾的信任感（Devlin, 1997），然而在過多負面廣告的轟炸下，卻反而模糊選戰焦點，讓選戰流於綜藝化，也間接加深選民的犬儒主義，逐漸對政治產生冷感（Gastil, 2008）。

其實如果以文宣的角度而言，她不管在所有的CF廣告製作上，北區是洄瀾，南區是東洋，她的CF是做得最漂亮的，你們如果有去看她的競選廣告的話，這三個候選人中她的是做得最精緻的，最感動人心。在電子媒體方面，她上所有的傳播媒體去論述自己的政見，她也是上得最頻繁的一個候選人，可是說真的，這邊的選民結構基本上是老人比較多，老人其實對這方面比較不關注，如果今天這邊的選民結構跟台北市一樣，她一定可以勝出，因為基本上她的政見是最齊全的，她的論述是最周延的，她的廣告製作也是最能夠打動人心。她也是每天都固定上各個廣播電台，包括我也一樣去上廣播電台，幫忙論述她的競選主軸，但問題是有聽到、有看到的都是同一票人，其他的人不會去看和聽，變成打不到的選民，還是完全不知道她的競選主軸是什麼。（受訪者G，國民黨專職黨工）

撇除上述幾項不利因素，對於其在競選廣告策略的自我評估而言，杜麗華陣營其實是感到相當滿意的，因為在經費拮据的情況下，他們能運用有限的資源，發揮最大經濟效益。不管在平面文宣也好、電子媒體也罷，杜麗華陣營皆依據大眾傳播媒體的特性來推出競選廣告。根據其幕僚表示，他們在DM上以有條不紊的政見論述去告知社會大眾，而在競選影片的製作上則以打動人心為目標，在花蓮地區的有線電視台廣為宣傳，這點與筆者所蒐集到的文宣資料相符合。此外，為了節省不必要的廣告開銷，杜麗華極力爭取上電視節目的機會，適時闡揚自己的理念和願景，並增加曝光度與提昇知名度。包括廣播電台的人物專訪，清楚陳述競選主軸，也經常藉由各種議題的論調，來表達自己的立場與看法，達到媒體的宣傳效果。因此杜麗華陣營認為其在競選廣告的策略執行上應該沒有太大問題，唯一缺點仍受限於老化的人口結構，所觸及到的閱聽眾都是同一批人，難以有效觸達廣大的目標選民。但假設今天將選舉場景置換成北部都會區，這種積極而全面的媒體戰術，或許會讓選情變得不一樣。

了解傅崐萁和杜麗華在競選廣告上的策略與實際執行狀況後，相較之下，無黨籍候選人張志明所著墨的重點略有不同，據張志明競選總部幕僚表示，由於張志明的資源有限，財力上不允許從事全國性的電視廣告，只能善用地方上的有線電視系統地方台推出競選廣告，建立長期合作關係。再來就是花蓮的三家地方報紙，分別是更生日報、東方報、聯統日報，也都投注了相當多的廣告預算，其中東方報更是傾盡全力支持張志明，在內容上做了一系列的選舉戰報，以置入性新聞為主，希望能藉由新聞報導的方式呈現，增加其公信力，是以「東方報」成為張志明在平面媒體中最重要的宣傳管道。從筆者所蒐集到的報紙資料中呈現，東方報刊載關於副縣長拜會或參訪的新聞時，的確會以較大篇幅處理，而且往往置於頭版或焦點新聞的版面，甚至在左上角也大方的標示「選舉文宣」或「戰報」，對於其他候選人的報導則是批判意味濃厚，且民調結果與其他媒體相較有顯著出入，由此可以看出東方報的立場確實是偏頗不公正的。

因為我們沒有那麼多經費，所以我們在資源有限的情況下，不可能去從事像某些候選人直接在全國性的電視上就去打廣告，我們在地方上有所謂的CABLE（有線電視頻道），我們是有和他們進行長期合作，他們也很了解，所以平常除了新聞報導之外，在地方的有線電視台中，我們有製作某部份的宣導短片，平時經常都可以收看到候選人的廣告。目前在花蓮最奇特的地方，就是有三家地方報紙，更生、東方、聯統，當然各報規模和份數皆不同，但是我們得到東方報的全力支持，這是新興成立的報紙大約兩年左右，但是他們願意接受這樣的條件，傾盡全力來支持張志明候選人，這對我們來說是最重要的宣傳管道。（受訪者C，張志明競選總部幕僚）

一般說來，在競選期間必備的廣告載具像是平面文宣、電子媒體、各種報章雜誌等，都是不可或缺的宣傳管道，綜合訪談結果與筆者所蒐集到的資料顯示，張志明在這方面也幾乎是從善如流，不論是報紙、電視甚至是網際網路等新傳播科技，都納入競選廣告的運用範疇內。除了前述所及以東方報為主要重心外，也製作了廣告宣導短片在花蓮的洄瀾電視台播送。全國性的報紙版面雖然也有少許篇幅，但就整體比例而言仍佔少數。不過由於張志明身兼候選人和現任副縣長的身份，理所當然在出席一些公開場合或活動時，自然容易成為媒體的關注焦點並加以報導，倘若適逢重大議題發生之際，在接受媒體採訪時，其所論述的意見和看法往往也能躍上全國版面，提高曝光程度，無形之中也替候選人進行免費宣傳。誠如Trent & Friedenberg（2008）所言，當候選人皆位居挑戰者的角色時，候選人可能採用的策略戰術，即是以現任者自居，表示承接上一任公職人員的優勢與聲望。而張志明在整場選戰中的定位，從一開始便企圖沿用現任縣長謝深山的名義，為縣政計畫的延續進行背書，採取「類似」現任者的姿態投入選戰。

基本上是電視、平面媒體、報紙等，電視是以地方性為主，因為副縣長自己認為他是最窮的縣長候選人，所以他是沒有用全國性的媒體，主要是以花蓮的洄瀾電視台為主。如果說真的要全國性曝光的就是網路，我們很多東西是放在自己架設的網站上，包括宣導短片、文宣、政見，我們都會放到you tube或部落格上，透過網路的方式放送，讓別人可以搜尋到增加其曝光度。報紙方面全國報導有，只是可能篇幅不是那麼大，報紙方面的廣告主要是以報導為主，也就是置入性的新聞，地方報的廣告則是以更生和東方為主，新聞報導和置入性報導皆有。如果是以強力宣導的話，當然是以東方報為主要核心，因為它們算是全力支援，其他的媒體則保持中立，以候選人的方式來處理新聞。（受訪者D，張志明競選總部幕僚）

至於在文宣品的運用上，據訪談結果與筆者所蒐集到的文宣資料顯示，張志明和其他兩位候選人相去無幾，同時並用了大型廣告看板，傳統選舉中常見的宣傳車、夾報、DM、小蜜蜂（摩托車上所架設的擴音器材）、宣傳手冊、帽子、背心、競選旗幟或其他紀念品等載具來進行廣告宣傳戰。比較有趣的地方在於，此次張志明陣營為了因應新型流感的防治措施，特地設計輕巧又便於攜帶的簡易型溫度計，不僅能藉此宣導防疫觀念，加深選民對候選人的印象，也相當契合社會脈動的發展，和時事議題有效構連，凸顯自己對於民生的關懷之情，順勢拉抬聲勢與層次，不失為一個有效的宣傳方式。

文宣品的話除了一般的DM文宣外，這次最特別的是體溫卡，它是一張名片大小的卡片，上面有一個簡易的溫度測量感應器，可以貼在額頭上，剛好這一次H1N1比較頻繁，所以就做了一個溫度計，依照你的體溫顯示度數，我覺得這個算是這一次選戰期間，副縣長比較推廣的一項文宣品，不僅可以達到防疫功效，而且又方便攜帶，也可以時時提醒民眾如果體溫不正常要記得就醫，所以它是屬於簡易型的溫度測量器。最主要就是以DM文宣為主，再加上額溫卡，其他都是一些大小DM，還有競選帽子和小旗幟。（受訪者D，張志明競選總部幕僚）

另一方面，在競選廣告的內容上，據張志明幕僚指出，其陣營在競選期間幾乎都採用正面訴求，少有謾罵或攻擊性的言論出現，為的是形塑候選人清新、專業、認真的形象。對照筆者所蒐集到之文宣資料，在內容方面大多論述其政見，對於黨派色彩則是四兩撥千金的巧妙迴避，寫著：「只想做事、不玩政治」、「政黨擺兩邊、選票蓋中間」，多宣揚施政理念，並沒有出現任何攻擊性廣告。據張志明競選總部幕僚表示，由於候選人本身堅持「清廉參選」，於是一開始設定的目標就不在於攻擊，而是訴求個人魅力和未來施政方針，並貫徹謝深山縣長的理念，延續「洄瀾夢土」計畫，以其博士學歷為強力後盾，凸顯優異的行政效能。其中最引人注意的一項政見，應屬選後承諾建構市區環保輕軌大眾捷運系統。若參照另外兩位候選人的政見不難發現，此議題是一個相當新穎的概念，也充份融合花蓮當地特色，如果能好好藉題發揮加以闡述，相信能獲得不少選民認同。只可惜張志明並未將此議題發揚光大，反而隨著對手提倡的「蘇花高」翩翩起舞，以致於落入「蘇花高」的紛爭之中，讓其他候選人主導選戰節奏，到最後一刻始終都無法走出屬於自己的一條路。

因為我們很堅持自己的理念，不願意去惡質化，所以我們要超越黨派，如果單純要攻擊國民黨或其他候選人，又再次造成分裂與惡鬥，那我們花蓮不是要走出自己的路嗎？所以我們都是用清楚的概念告訴大家，花蓮可以做得更好，用政策來吸引選民，像是蘇花高速公路，國民黨已經妥協變成蘇花替，至於另一位候選人則是長期打著蘇花高的招牌，卻因為國民黨本身的政策變成蘇花替，於是他又提出了「公投蘇花高」，因為這是全國性的議題，我們覺得他當然可以提出這個想法，但那畢竟是不可行的，類似這些議題我們就必須很清楚的告訴大家，一定要堅持蘇花高。因為公投的話，我們預測與建蘇花高本身有經費排擠的效果，第一個公投本身就很困難，他只是在選舉時去提所謂的公投，這就有公投綁大選的意味，像這種選舉策略我們都不採取。（受訪者C，張志明競選總部幕僚）

將上述分析結果歸納整理後，綜觀三位候選人在競選廣告策略的表現，基本上都是大同小異，三方陣營都運用了平面媒體、電子媒體、新傳播科技等方式進行競選廣告，只是或多或少，比例上各有不同。不過仔細觀察後可以發現，傅崐萁在全國性電視廣告上所投注的經費相當可觀，成本也最高昂，這是其他兩位候選人無法媲美的；杜麗華則以地方電視台、廣播電台的競選廣告或參加節目專訪為主，平面媒體的文宣訴求為輔；而張志明則將「東方報」視為宣傳核心，具有不少篇幅的置入性新聞，幾乎成為張志明的喉舌。但就整體競選廣告的訴求來看，仍屬傅崐萁的蘇花高議題最清晰明瞭，符合當地選民的殷切期盼，其「背水一戰」的感性訴求也足以撼動人心，而在媒體上所呈現出「正藍戰將」的形象更是成功模糊了選民在政黨色彩上的認知，進而在三位泛藍候選人之中做出取捨。而杜麗華和張志明雖然在競選廣告上也是不遺餘力，但主軸和訴求不如傅崐萁來得明確。地方學者則認為，在短時間之內，競選廣告要能扭轉候選人的既定形象並不是一件簡單的事，但不可否認的是，傅崐萁所運用的宣傳管道鋪天蓋地，有如天羅地網般涵蓋整個花蓮地區，甚至遍及全國，儘管難以斷定廣告成效，但至少擴展了目標閱聽眾的觸達率，這和其他兩位候選人相比，是有過之而無不及的。

廣告其實涵蓋很大，像大家都有做看板，但最多最大幅的應該是傅，比較明顯，訴求又比較明確，提出蘇花高，要觀光、國際都會，那杜麗華和張志明的看板做得小小的，訴求也比較空洞。至於其他的報紙媒體三位都有在做，還是一樣傅崐萁的版面比較大，訴求也比較清楚，有一些照片，另外兩位的訴求是正經八百，吸引不了選民。廣告上所呈現出來的形象都是以正面居多，我覺得選民在一般認知，其實心目中早就對候選人有一定的想法，因為時間太短，並不會因為廣告就改變，又不是新人，所以人們的印象裡面對他都已經有一個固定想法，要用廣告來塑造形象短期之中很難。那當然他們報紙都有、雜誌、第四台買廣告都有，比較多的還是傅崐其。他最後做了一個十幾分鐘的蘇花高影片，在全國電視台播，選前幾天，最後一波還是蘇花高，所以以選舉經費來看，還是以傅崐萁下得最重。（受訪者L，學者）

對於三位候選人在大眾傳播媒體的運用上，也有受訪者不願多做評論，他義憤填膺地表示，一切都是媒體形塑出來的假象。此次三合一選舉期間，媒體表現差強人意，幾乎都是有所偏頗的，並沒有站在選民的立場上做公正平衡報導，尤其是花蓮地區的三個地方報，更是劃分得涇渭分明，形成強烈對比，以致於選民所看到的新聞報導內容，往往都喪失了真實性，其公信力大打折扣，甚至某些媒體還養成了傷風敗俗的惡劣習性，此種情況相當不可取。但本文重點主要聚焦於候選人在競選傳播活動的策略與執行面，針對媒體報導的偏頗及預設立場之弊病，則不在本研究的討論範疇之中。

其實媒體是這樣子，媒體本身是第四權嘛！在競選期間應該是很公正、公平、公開替每位候選人做宣傳報導，但是我先講地方報，不只地方報啦！包括一些平面媒體、電子媒體也都一樣，我覺得我們花蓮縣的地方報都沒有很公正客觀在報導，所以媒體在競選期間扮演的角色，非常不公正。我再舉一個例子，東方報就是屬於張志明的，坦白講已經偏得很厲害了，東方報就是國民黨的，它就站在國民黨的立場在報導，國民黨的幾個候選人它一直在報導，都沒有很公正客觀的報導每個候選人他們今天提出什麼東西，或者在競選期間遇到什麼事情，他們都沒有在報導，這是地方媒體最糟糕的地方。到現在還是沒有在改進，很嚴重。所以我一直認為說，在選舉期間花蓮地方媒體要改進的空間還很大。（受訪者H，民進黨專職黨工）

三、新聞記者會

對三個陣營的候選人而言，記者會的舉行也被視為選戰中極為重要的競選傳播活動。在競選活動期間，若是候選人或其幕僚認知到某些議題或言論的重要性，就會考慮用新聞記者會的方式來增加候選人在媒體上的曝光度，並藉由媒體的披露與報導，引發社會大眾關注，進而達到宣傳目的。一方面透過召開記者會告知選民重要資訊，另一方面則試圖搏取版面或爭取現身機會，闡揚候選人對於議題的立場及宣揚政見，某些候選人則利用新聞記者會的時機向對手發動攻擊，期望挫敗競爭對手的士氣，並藉機拉抬聲勢（Trent & Friedenberg, 2008）。

一般而言，召開記者會的時機可區分為主動與被動兩種不同的情況。所謂主動召開的記者會，多半是由候選人陣營自行聯絡記者，丟出重要議題或言論，大部份以說明政見為主要訴求，或是當遭逢對手陣營指控不實訊息後，為了替己方進行辯解，也同樣以舉行

表十一　三位候選人之競選廣告策略分析

分析 姓名	運用媒體管道	訴求方式	策略目的
傅崐萁	1.全國報紙地方版 2.平面文宣 3.三家地方報 4.大型戶外看板 5.地方洄瀾電視台 6.全國有線電視台	使用國民黨黨徽作為象徵性符號，並利用媒體、文宣、口語、人際等傳播管道，強調自己是「正藍戰將」	1.增加全國曝光度，擴大觸達率，催促旅外遊子返鄉投票。 2.凸顯「深藍」意識型態，模糊選民對於泛藍正統的認知。
杜麗華	1.全國報紙地方版 2.廣播 3.平面文宣 4.三家地方報 5.地方洄瀾電視台	發動攻擊性負面廣告，運用恐懼訴求，針對傅崐萁的官司問題及道德瑕疵提出質疑批判	指出傅崐萁之人格瑕疵，試圖激化選民情緒，不料卻矯枉過正，讓選民心生反感
張志明	1.全國報紙地方版 2.平面文宣 3.地方洄瀾電視台 4.以東方報爲主，進行新聞置入性行銷	多採正面訴求，主打個人形象。宣揚過去政績	宣揚副縣長任內政績，政見了無新意，整體來說沒有突出表現。

記者會的方式做緊急澄清。而另外一種狀況則是各個陣營都提出針對競爭對手的言論指控後，原本不願理會，卻不得不因應媒體採訪需求所被動召開的記者會，用以回應對手陣營所發動的攻擊。

就訪談結果顯示，傅崐萁召開記者會的時機與目的通常在說明重要政見或遭逢重大議題時才會舉行，通常是親自主持，但並非表定的行程之一，有時候會聚焦於過去的政績，或者是擔任立委期間所爭取的各項建設與經費，在競選期間，傅崐萁曾經為了蘇花高議題與官司問題舉行過記者會，但整體來說，由傅崐萁陣營主動召開記者會的頻率並不是那樣頻繁。

> 只有碰到重大議題時才會舉行，什麼時候舉行記者會其實不是一個表定的東西，有時候會很突然，突然想到就開。像現在也是，明天早上開一個記者會，你把人找來，我們開記者會，他比較屬於這樣。在選舉的時候有為官司開過記者會，有為蘇花高開過記者會。（受訪者E，傅崐萁競選總部幕僚）

> 記者會都是傳自己要開他就會通知要開記者會。記者會很少啦！就是打他的宣傳、廣告，他所爭取的錢，幾百億，做了什麼事情，這些就會在開記者會時講多一點，主要內容還是在政見方面，因為我們開記者會攻擊對方也是沒什麼意義，國民黨還

是幫杜麗華啊！你也不可能去批評什麼，政黨政治就是這樣。（受訪者F，傅崐萁競選總部幕僚）

而在杜麗華陣營，其幕僚表示，通常新聞記者會分成兩種類別，一類是每天都會按表操課召開的，多半是說明政見或願景為主要訴求，由文宣小組和候選人共同開會商討主題的時宜性，決定要呈現出何種屬性的議題，其涵蓋範圍相當廣，包括針對經濟、文化、教育等不同領域或原住民、客家人等不同族群，提出相關政見論述。另一類是隨機性的，也就是當對手陣營拋出特殊議題或言論時，候選人會隨機應變舉行記者會，從而闡揚自己的見解，但此種情況相對來說是少數。

我們分成兩個部分，一個是每天固定的記者會，假如說因為配合候選人或是競選總部時間不允許的話，我們會有書面的，第二種是隨機性的，也就是針對其他陣營的候選人他們有拋出什麼議題的話，我們會有隨機性的記者會，這個部分就比較少，剛剛也提到因為候選人他們本身沒有什麼強烈的攻擊或回應，所以隨機性的比較少，大概只有一兩次。（受訪者A，杜麗華競選總部幕僚）

她在選前二十天幾乎每天都在辦記者會，當然這是整個team的決定，希望她去製造一些議題。她希望透過記者會來丟出一些東西，所以每天晚上這些文宣小組會決定明天的記者會需要丟出什麼議題，所以是每天下午都會固定舉辦一場記者會，主題都不一定，不管是針對經濟、文化、教育，還是原住民、客家族群，她每天都會有不同的東西丟出來，但基本上不會重覆，針對不同族群丟出主要政見。（受訪者G，國民黨專職黨工）

至於張志明陣營也把新聞記者會視為是發佈訊息的重要管道之一。其幕僚表示，像是政策白皮書發表或各項競選活動的實況，都希望透過記者會的方式來告知社會大眾，並適時爭取在媒體上的曝光度，達到宣傳效果。在早期的媒介效果研究中證實，媒體對於社會議題的重視程度，不論是報導量多寡或版面安排上，皆會影響閱聽眾對議題重要性及顯著性的認知（林東泰，2008），是以在競選期間，是一種良好的議題設定工具。而張志明陣營或許想藉由媒體的披露讓議題成為焦點，引發選民關注，進而達到候選人的宣傳目的。據張志明幕僚表示，其中一場最別出心裁的記者會，內容主要是談論花蓮地區建構輕軌列車的計劃，同時邀請德國專家到現場進行座談，說明整體輕軌系統的藍圖，而這項政見唯獨張志明提出，其他兩位候選人並沒有相關的政策規劃，此議題頓時成為各媒體報導的焦點。

像是各種白皮書要發表的時候。我們希望選戰的焦點不要放在抹黑或攻擊上，而是放在政策上，像是洄瀾之心的部份，因為候選人非常了解，而且這個計畫也已經完成了，那就舉行記者會告訴所有的花蓮人，花蓮建設的成果。第二個就是會去談都心內的其他計畫，像是輕軌計畫，找來德國專家來告訴我們其可行性，並鼓勵他們投資，這些都必須告訴所有的花蓮民眾，這是我們要做好準備的部份，所以我們舉辦記者會都是類似的型態。此外還有一些特殊聚會場合，像是北中南的座談會，或是像29號我們要到壽豐舉辦的活動，剛好有大陸的藝文團體來進行表演，花蓮已經成為觀光的首選之地，那我們要告訴民眾其意義所在，對花蓮的觀光發展的影響為何，類似這樣的例子我們就會發佈記者會告知社會大眾。（受訪者C，張志明競選總部幕僚）

我所知道的是有一場交通建設記者會，這方面在副縣長的政見裡面他有提到一個建構花蓮市的輕軌電車計畫，這方面是其他兩位候選人沒有的政見，副縣長當天也請到了德國代表專門做這些輕軌建設的廠商來實地了解，他並不是因為選舉才提出這個，當他還是副縣長的時候，他就已經在著手這一塊，他希望將花蓮發展成都會區的感覺，它是比捷運還要更輕量，而且環保的交通工具，在馬路正中央，可能是以花蓮和吉安為主，廠商代表是說花蓮地形很適合發展輕軌，因為和國外環境很相

似。（受訪者D，張志明競選總部幕僚）

此外，前述所提及新聞記者會還有一項重要功能，是為攻擊對手的媒介之一，或是回應對手言論及議題的交鋒場域（Trent & Friedenberg, 2008）。也有部份情況是當候選人陣營面對不實指控或遭受抹黑的當下，會以緊急召開記者會的方式為自己辯解做立即澄清，適時進行消毒工作，同時也考驗其危機處理能力。例如傅崐萁在遭致對手杜麗華攻擊官司問題時，曾經因應媒體要求而召開記者會說明，但傅崐萁在面臨攻訐的態勢下，其危機處理的方式並不是即刻回應，而是採取一種「冷處理」的低調態度，避免讓對手主導議題動向。而杜麗華在面臨媒體報導涉及弊案的當下，也曾緊急召開記者會立即回應。

> 比如說在面對杜麗華的指控時，第一個是說正藍的問題嘛！再來就是官司，他好像不是即刻反應，比如說不是她講了之後，我就馬上跟著開記者會回應，會等個幾天才做這件事，一般都是採取冷處理的態度，因為我贏你很多，我幹嘛跟你一直在玩這個東西，我記得他沒有一直在這個議題上打轉，講過他就算了。我印象中他沒有講太多次這個東西。（受訪者E，傅崐萁競選總部幕僚）

關於傅崐萁在危機處理上的態度，地方媒體工作者則深表贊同，畢竟當時三位候選人之中，只有傅崐萁因為官司問題頻頻遭受對手攻擊，但他屢次避重就輕，始終不與對手正面交鋒，等待議題冷卻降溫後，再召開記者會說明始末，而且只陳述一次，從此不予理會。當地學者也指出，他在媒體上所表現出來的形象，就是以一種「無言」又「沉默」的方式應對，這在危機處理的戰術中是很高招的。多位受訪者皆認為他不去回應對手的言論攻擊是一種明智之舉。一般說來，就選舉戰術而言，唯有在雙方勢鈞力敵的情況下，在競選期間所萌發的危機或威脅，才可能對選情產生大幅度的影響，甚至成為左右勝負的關鍵。反之在民調上領先群雄的候選人，不需要理會競爭對手的抹黑或攻訐，因為如果在同一個議題上打轉太久，反而是替對方拉抬聲勢，稍一不慎就會讓對手後來居上。

唯一被攻擊的只有傅崐萁嘛！他只回應一次，而且他回應完告訴你，從此我不再回應這個問題，這個在危機處理上是很高招的，我只回應你一次，我不要你今天講A我答A，明天講B我答B，後天講C我答C，我疲於奔命啊！那我就告訴你我只回答一次，以後你也不要再問我，我不答，然後他就冷處理。回歸到我剛剛講的，為什麼杜麗華要打他，全世界選舉都這樣，第二名一定要找第一名吵架，最好兩個吵來吵去我們兩個才會拉成平盤⋯，傅崐萁要回應是很蠢的，因為回應不完⋯，那他的處理方式就是冷處理，因為我領先太多了。我不希望跟你回應，我幹嘛去拉抬你杜麗華的聲勢，我回應你就是拉抬你嘛！而且我認為他這個處理方式在危機處理上

是對的，是正確的做法。（受訪者J，報社駐地記者）

> 唯一的就只有杜麗華陣營攻擊傅崐萁的官司問題，所以你可以看到他太太一直站在旁邊，那他當選那天又任命他太太當副縣長這件事來看，他太太一直在身邊就表示他們是一起打這場選戰的。萬一杜麗華攻擊的事情真的不幸發生了，官司纏身二審定讞的話，他太太就可以代夫出征，所以他在媒體上就營造了這個效果，他雖然不直接回應攻擊，但是一種無言的回應，用他的廣告不斷在電視上和他太太站在一起，這種回應其實是滿有效的。那關於壹週刊攻擊杜麗華有弊案這件事，她當然就是直接否認有這種事情。（受訪者K，學者）

綜合訪談結果顯示，杜麗華和張志明陣營在面臨抹黑、造謠、黑函、惡意中傷等負面訊息時，也都曾經運用新聞記者會來解釋澄清，進行反制消毒的工作，同時期望媒體能做平衡報導。Trent & Friedenberg（2008）也曾指出，考量記者會舉行的時機點也是相當重要的環節。舉例而言，像是傅崐萁由於民調上始終保持領先，就選擇用「冷處理」的態度來面對危機，相較之下，由於杜麗華和張志明的支持度相去不遠，礙於此種情況，所有對候選人不利的負面資訊都可能影響選情發展，傷害候選人人格和形象，甚至成為左右勝負的關鍵所在。是以杜麗華和張志明陣營的幕僚在面臨上述危機時，通常會緊急召開記者會立即駁斥，並同時運用其他大眾傳播媒體以及坊間的耳語傳播做自我澄清，藉此釐清真相，破除選民對候選人的疑慮和不信任感。基本上，三方陣營都把新聞記者會視為選戰過程中，定期闡揚政見內容或進行危機處理的管道之一。

少部分的記者會我們會對有誤解的部份做澄清，像是蘇花高和蘇花替的疑慮，我們就會堅持一定要蘇花高，這是不能變的，所以我們會去駁斥不合理的地方，而我們的人格沒有可以讓別人抹黑的部份，因為沒有瑕疵，執政上也都禁得起檢驗嘛！所以我們比較少受到黑函的攻擊，有些談的大概是我們努力不夠的部份，我們也會虛心接受。（受訪者C，張志明競選總部幕僚）

如果今天的一些報導很嚴重的傷害我們整個政見主軸，基本上也一定會跟中央黨部反應，不只是我們這邊會做消毒，黨部那邊也會協助。當初有幾件事，包括蘇花高的議題，也都拜託中央和我們一起發出聲明，我們會放在地方版的廣告做一些修正工作，真的有看到的都是固定那些人，沒看到的也還是沒看到。（受訪者G，國民黨專職黨工）

除此之外，新聞記者會是候選人陣營和媒體進行互動的最佳管道，也是選民與候選人之間的溝通橋樑，媒體除了傳遞競選活動訊息及政見給社會大眾之外，候選人陣營也需要藉由媒體來增加曝光度或報導量，另一方面，媒體的報導取徑可能也會間接影響選民對候選人的觀感及議題走向，也因此媒體在競選期間扮演舉足輕重的角色，候選人陣營也期望能和媒體建立良好的傳播關係。學者鄭自隆（1992）指出，候選人陣營可以透過新聞發佈、媒體訪問以及餐敘等場合，與媒體進行直接接觸。而邱建吾（2007）也認為，為了增加候選人曝光度，使採訪或互動過程順暢，競選總部應該建立「媒體聯絡人制度」，由專人負責平日的記者聯絡與關係維繫。

關於候選人陣營和媒體的互動模式，從訪談結果得知，候選人與其幕僚通常藉由新聞記者會的方式和媒體朋友見面，增加溝通機會，或是在面對媒體訪問時，盡力解答記者們的疑問，滿足其採訪需求，同時也設立媒體聯絡人制度，由專職人員負責與記者聯繫，並主動提供或協助整理報導所需資料，撰寫公關新聞稿及舉辦記者會。而在競選期間，除了原有的地方媒體及長年駐地記者之外，還有許多來自北部的全國性媒體，候選人陣營也必須花費心思給予最方便的接待，確實做好媒體公關經營。

> 我想媒體最需要的就是新聞，如何讓他們向民眾說明，所以我們真誠而且完全的把我們所有的資料都告訴媒體，這是媒體最喜歡的。所以我們幾乎每天都會和媒體做這樣的互動，有專人會接待媒體，包括我本人在內。基本上我們這場選舉和媒體配

合的非常好，所以媒體和我們之間，我們覺得都能相輔相成，全國性和地方性媒體我們都結合在一起，事實上全國性媒體來的時候，也都有配合地方。（受訪者A，杜麗華競選總部幕僚）

根據訪談結果顯示，傅崐萁及張志明都設有新聞聯絡人的機制，定時發稿給記者並主動提供競選活動訊息，隨時和媒體保持聯繫，杜麗華陣營沒有特定的媒體公關，主要是由競選總部的高層幹部負責接待媒體、對外發佈重要訊息，以及文宣小組內的專員撰寫新聞稿，供給記者所需參考資料。除了記者會和定期發佈新聞之外，部份候選人陣營幕僚也不諱言，若是候選人時間充裕的話，也會主動安排與媒體朋友餐敘或茶會，維繫良好的溝通互動模式，也會藉機聽取記者們的想法，做為政策參考依據。此種情況呼應了Trent & Friedenberg（2008）所言，新聞記者會能夠獲取選民的注意力，幫助議題聚焦，同時締造候選人與媒體間和諧的公共關係。

一方面傅崐萁和很多全國性媒體的老闆就都是好朋友，都很熟，像以前他當立委時飛來飛去，地方媒體跟他的互動就比較不多，但選舉那段時間基本上都會有固定的媒體待在競選總部，當然溝通互動的機會就比較多，有空的時候也會找媒體私下聚餐聊聊天，但是機會也不是那麼多，因為選舉的時候很忙，有幾次是請媒體朋友吃

飯，但頻率不是那麼高，在選舉期間也會主動提供稿子給記者，有新聞聯絡人在處理。（受訪者E，傅崐萁競選總部幕僚）

每天定期的稿件一定會有，如果是希望媒體大力報導的部份，我們也是會請他們多幫忙，在競選期間任何重要決策和政見有相關的話，都會希望媒體幫忙盡量曝光，最主要是增加見報率。平常的接洽部份，就會讓媒體有時間各自到競選總部，因為每天競選總部都會有一些活動，那這些活動就是讓媒體可以了解副縣長的政見以及民意的支持度，因為這些活動可以吸引相當多支持者，提供媒體一個很好的採訪機會，像很多媒體都會打電話來總部要求，希望能採訪一些副縣長親民的舉動，比如說握手跟一些交談的畫面，都是透過總部來採訪這些與民互動的形式。（受訪者D，張志明競選總部幕僚）

綜合訪談結果得知，三方候選人陣營平時都竭盡心力和媒體維繫良好的人際關係，也定時召開記者會發佈重要訊息。舉例而言，像是杜麗華在選戰後期幾乎每天舉行記者會，訴求多半是攻擊傅崐萁的官司問題，而張志明則是在面臨政策白皮書發表或重大議題時，選擇以記者會的方式告知社會大眾，至於傅崐萁的記者會則集中在選前關鍵時刻，大部份是後援會成立的場合，內容則聚焦於過去立委期間的政績與當選後的政見。但就地方媒體工作者的評估而言，在此次競選期間，少數媒體公關工作仍有待改進，像是發稿的速度、資料提供的完整性、與媒體聯絡的效率、是否能隨時和候選人保持聯繫、能否滿足採訪需求……等諸多因素，都是值得注意的關鍵要素。而張志明陣營的幕僚也坦誠，此次在媒體連繫的制度上確實不夠完善，在時間急促、人手不足的情況下，無法完全滿足媒體採訪需求，以至於造成部分媒體誤解，這是值得檢討與改進之處。

杜麗華密集開記者會主要是集中在選戰後半段，她都是負面的手法去攻擊傅，幾乎每天講的內容都一樣，她從傅的官司問題開始，然後提到這個官司如果定讞抓去關的話，縣長會被拉下來，一天就是增加一點這樣子，她就是要一直提，營造讓大家都知道這件事。張志明幾乎不開記者會，只有靠東方報，寫得也是很空泛的東西，那別人沒有嗎？傅那邊最多了啊！每天又是誰來拜會什麼的，傅的記者會多數都是後援會成立，對他個人來講都是比較正面的東西，所以他針對攻擊部分根本也不理會，把它當空氣。三個陣營都會發新聞稿給媒體，張志明那邊常常都是落東落西，要人家催，所以跟媒體互動部份表現可能不是那麼好……。三位都有設新聞聯絡人，像我們還可以直接用msn和傅的新聞聯絡人聯繫。（受訪者I，報社駐地記者）

因為這三個都是公眾人物，他們本來就有跟媒體接觸的機會，你看像副縣長就算他沒有要選縣長，平常像我們偶爾出去辦活動都會騎個腳踏車慢跑，「ㄟ~副座，晚上有空吃個薑母鴨」，互動是很好的。杜麗華在農業局長任內的時候，她有很大筆的廣告宣傳預算，所以她和媒體互動也很好，你要了解喔！她在農業局長任內她的預算多到要把什麼無毒雞拿到台北去宣傳，她也可以花錢請記者坐飛機去，用政府的錢回來幫你登很大篇，說：「喔~我們在台北做得多好」，然後花蓮人看杜麗華在台北做得很好，那是真的好、假的好，不知道，反正媒體就寫很好。傅崐萁更不要講，他好歹是個立委，他用的資源更多，他過年過節會送禮。那麼他們在這次選戰當中開記者會呢，就不乏兩種，一種是正面宣傳自己，一種是反面攻擊他人嘛！那這一次反面攻擊他人的只有杜麗華，然後她也只能攻擊傅崐萁，他對張志明就是老鼠咬刺蝟下不了嘴，因為事實上杜麗華陣營幕僚曾經親口跟我講過，這一仗真的很難打，如果萬一要打張志明，還找不到地方打。（受訪者J，報社駐地記者）

從以上論述得知，在競選期間，候選人陣營無不汲汲營營積極和媒體維繫良好互動關係。媒體堪稱候選人與民眾之間的溝通平台，媒體做為選民的主要政治資訊來源，其報導方式影響選民對候選人觀感、形象上的認知以及議題關注程度，甚或主導選民的投票取向。在競選期間，候選人、媒體與選民三者所關注的議題也會產生交互作用（Bower, 1973）。同理可證，媒體報導內容也可能打亂候選人陣營原本設定好的選戰步調，促使其做競選傳播策略上的微調，這些現象可從訪談結果略窺一二。例如杜麗華陣營的幕僚就曾經說道，其實地方媒體有生存壓力，也必須考量到經營者本身的政治立場，於是當記者寫了某些以偏概全的報導時，他們也會先告知，因此她能體諒身為記者的苦衷，針對一些偏頗的報導內容，其幕僚坦誠確實會在競選傳播策略上做些許微調，所採取的策略就是反制消毒，提前用同樣的版面與篇幅進行自我澄清。

有時候台北總公司希望他們做比較偏頗報導的時候，我們也體諒他們的難處啦！因為他們是領薪水的，但我們能夠挽救的就盡量挽救，如果造成他們的壓力我們也不樂見⋯⋯。媒體的報導方式會影響我們做策略的調整，比如說台北那邊希望明天出來一篇比較偏頗的報導，可是我們明知道對手買了哪一個全國版，我們可能今天就會先去買一個地方報的版面，先進行消毒的工作。（受訪者G，國民黨專職黨工）

另外就傳崐萁的幕僚表示，反觀傳崐萁在處理一些攻擊性較強或是偏頗報導時，採取的方式是不予理會，依舊我行我素，按照自己預定的選戰步調進行，絲毫不受任何影響，也較少考慮到記者們書寫的觀點，唯有在一種情況下會有所改變，那就是當媒體所報導的內容與事實不符的時候，他會當下反應、即刻澄清，避免對自我形象與聲譽造成嚴重損害。

媒體報導方式並不影響傅崐萁在選戰期間的步調或策略，他只澄清過一次而已，沒有一直在講，因為他只要選舉官司的問題就會跑出來，所以他也習慣了，我記得有一次他就說這個事情他一次講清楚，講完之後就不會再講了⋯。他不會因為人家說他怎樣，明天就要想辦法弄回去，他都照著自己的步調節奏在走，比較少因為別人怎麼樣而去影響他，但有時候也會有啦！這種情況通常發生在媒體講的不是事實，他就會打電話去澄清說這個事情不是這樣，他有時候會很生氣，如果是捏造或跟事實不符而有這樣的報導，他會比較不舒服。（受訪者E，傅崐萁競選總部幕僚）

綜合訪談結果與以上論述得知，在競選期間，候選人的競選傳播策略會影響媒體的報導方式，而媒體所披露的內容，也會影響選民對候選人的觀感、形象、議題等方面的認知，此外，媒體若產生任何以偏概全或與事實不相符的報導，候選人陣營則會適時調整自己的選戰策略與步調。另一方面，選民透過候選人的競選傳播活動，來增加對候選人的了解程度，提高政治參與感，從而決定投票取向。此現象呼應了Bower（1973）的說法，在競選期間，候選人、選民與媒體三者之間呈現相互影響的交互作用。Trent & Friedenberg（2008）也強調，新聞記者會是競選活動中，選民及媒體進行溝通的重要方式，除了將其言論告知社會大眾外，也將資訊傳達予競爭對手，而候選人所陳述的議題或事件具有新聞價值時，能增加媒體報導量，同時是一種平衡新聞報導的方式。

表十二　三位候選人舉行新聞記者會的策略分析

姓名	召開記者會時機	策略目的	運用情況
傅崐萁	主動召開記者會的頻率偏低，通常遭逢重大議題或說明重要政見時才會舉行。	僅只一次說明官司問題，從此不再回應。	記者會的舉行可視為危機處理的一部分。 三方陣營一致認為記者會是候選人與媒體維繫互動的最佳管道。
杜麗華	選戰後期按表操課舉行記者會。當對手拋出特殊議題時，也以召開記者會的方式回應。	在記者會場合中，杜麗華會藉機向對手傅崐萁發動攻擊。	
張志明	將新聞記者會視為發佈訊息與宣傳主要政見的重要管道。	藉由記者會達到議題設定的功能	

四、公共演說及辯論

在公共演說方面，就訪談結果顯示，三位候選人都分別發表了各種不同型態的公開演說，不論是大小型座談會、各鄉鎮問政說明會、政見發表會、受訪時所陳述的言論以及不同競選場合發表的談話，都可涵括其中。公開演說的目的除了傳達候選人的競選主軸及重要政見之外，也針對議題立場進行適當論述，展現自己的優勢，並藉此機會向對手發動攻擊性言論（Trent & Friedenberg, 2008）。以杜麗華陣營而言，其幕僚表示，候選人在競選期間舉辦過數十次大小規模不等的問政說明會，並且依照不同區域或場地而有所調整，例如以全縣選民為對象的問政說明會，通常會先針對候選人的經歷及過去政績詳加說明，從而論述自己的競選主軸與重大政見，最後是提出大方向的施政願景。如果演說對象是區域性的選民，通常會善用戶外或室內空間，以小型座談會或簡易茶敘的模式進行，內容則偏重於未來當選後對地方建設的實踐。

> 我們問政說明會全縣性的、大型的大概有三場，然後以鄉鎮市為單位的有將近四十場，其他一些比較臨時性的、部落性或主題性、族群性的大概也有五六十場，戶外室內都有，室內的話就類似小型座談會，那主題也都是對候選人的攻、打、守、辯的部份來談，我們比較偏向於對候選人的印象廣告以及她的未來政見訴求。問政說

明會的效果我們覺得還不錯，那麼以目前台灣地區的選舉方式來講，問政說明會應該也是有它的組織性，雖然聽的人會愈來愈少，針對有興趣的部份也會愈來愈少，但還是有它的必要性。（受訪者A，杜麗華競選總部幕僚）

據杜麗華幕僚指出，由於杜麗華知名度較低，在演說內容中常會花費較多時間在介紹自己的經歷，闡述候選人的參選目的，以及國民黨提名杜麗華的理由，期望建立選民對候選人的認知與形象，同時也藉此機會向大眾說明國民黨和傅崐萁的切割狀態，不斷反覆強調，她才是中國國民黨唯一提名的候選人。除此之外，杜麗華也會利用公開演說場合向對手發動攻擊，特別是針對傅崐萁的官司問題及個人品德做出強力抨擊，以恐懼訴求方式挑起選民對傅崐萁的不信任感。

其實問政說明會當初是結合在黨部的區塊，我們去各鄉鎮參選的說明會，由我們的小組長去集合一些黨員，闡述她為什麼要參選，國民黨為什麼會提名她，告訴所有的黨員國民黨今天跟傅崐萁先生切割的狀態，但有來聽這些說明會的以選民而言畢竟是少數，而我們的人真的又比較老實，沒辦法出去一直講，所以變成知道的人還是侷限於一些區塊，沒辦法拓展，……。我們在各鄉鎮都是在活動中心辦的簡單茶會，因為基本上主席也交待說要清白參選，所以連吃飯什麼都不敢，也不願意去砸

國民黨招牌，弄得比較簡單，但這也變成我們的弱勢，當初都是以克難的方式去辦。（受訪者G，國民黨專職黨工）

綜合訪談結果顯示，張志明在公開演說的呈現方式，主要是藉由後援會成立的時機，運用競選總部旁活動空間，上台發表五到十分鐘左右的簡短談話，內容著重於政策面的擘劃實踐。據張志明幕僚表示，他們經常會邀請各界具有份量的專業人員到場進行演講，其演說內容包羅萬象，而候選人則利用此機會傾聽他們的想法與立場，並承諾當選之後要如何達成其訴求。值得一提的是，由於張志明在競選期間仍具備副縣長身份，而從他擔任副縣長以來，也經常善用職務之便，以縣府名義參與各種中小型座談會，邀請各個工商界、教育界、文化界、婦女界等代表共同與會座談，儘管所談論的內容不一定和選情密切相關，但卻能藉此了解不同領域的議題，有利於未來執行政策分析與行政藍圖規劃，並且拉進與選民之間的距離，將民眾給予的意見消化吸收，做為政見擬定的重要參考依據。

像是每天晚上都會有各個後援會在此成立，到場支持候選人，比如說像是勞工界，花蓮的勞工界大約有一萬人，他們也是經過理監事會議同意，成立了張志明勞工後援會，那他們自己各公會內會輪班到競選總部來幫忙或聊天，我們除了聽聽他們的聲音，同時也明確的告訴他們，他們的訴求我們在什麼時候能夠做得到。我們也有商業界的後援會、農業團體的後援會、婦女會等，我們把這些全都匯聚起來，有時候也有青年後援會，聽聽年輕人的聲音，這就是為什麼我們需要找出一個了解花蓮也了解縣政的專業人士來擔任縣長，清楚花蓮這些團體未來的發展方向和訴求，如何去滿足。所以每天晚上幾乎都有公開演說，我們會請專業的人，這就是所謂的牛肉嘛！除了談專業、清廉以及給大家保證之外，就是談民眾最需要的、和他們切身有關的生活，所以我們會細分各領域的專業人員。（受訪者C，張志明競選總部幕僚）

另一方面，反觀當選人傅崐萁，當時並沒有舉辦過太多場特定型式的公開演說。據其幕僚表示，由於候選人在競選期間十分忙碌，少有親自主持問政說明會或小型座談會的機會，通常都是在參與或出席公開活動時，發表即興演說，唯一舉辦過的一次，則要追溯到尚未登記參選之前，傅崐萁曾經帶領各鄉鎮長及代表，連同中央駐地的各部會首長，前進各鄉鎮舉行公開座談會，徵詢意見領袖建議，傾聽民眾需求。其他公開演說多半是接受媒體採訪時所陳述的言論，或參與各種競選活動中所發表的談話，且會根據所處的場合，適時論述不同的主題，針對各領域闡述政見及未來願景，最重要的言論核心則緊扣其競選主軸「蘇花高」。

在選舉期間，他可能沒有刻意說要舉辦什麼說明會，幾乎是走到哪裡講到哪裡，除了造勢活動之外，沒有舉行各鄉鎮的問政說明會，另外兩位候選人有，是因為這對他們來說是比較好處理的，一方面是縣政府的，縣政府今天要call人來，弄什麼東西要找人去是很簡單的。杜麗華有黨部可以幫她處理，像各地的民眾服務社，鄉鎮村辦公室都很好動員，但是傅崐萁那時候會有這個困擾，除非他自己去走。演說內容不一定，比如說你到市場或學校，就會依據場合講不一樣的東西，可能都是講他的政見，但是不一定說是哪一些，但他普遍會講的是蘇花高沒錯，因為這是大家關心的議題，其他的就不見得要講什麼。（受訪者E，傅崐萁競選總部幕僚）

一般說來，在大型競選活動或造勢場合中，候選人需要發表長篇演講時，通常會請專人負責撰寫公共演說內容，而這些撰稿人多半身兼候選人的文宣輔選幕僚，為候選人撰寫篇幅、長度、主題不一的講稿內文（彭懷恩，2005）。訪談結果也顯示，除了傅崐萁不需要他人撰稿外，杜麗華以及張志明都有專業撰稿人代為擬稿，而這些撰稿人背景不外乎是曾經在縣府內擔任過公職的幕僚人員，透徹了解各項計畫的執行運作過程。當然縣政問題除了當地民生、經濟、交通等議題之外，還包含其他各領域的專業知識，若是空有文采但對地方民情不甚了解，也無法勝任撰稿工作，因此必要時，候選人也會徵詢各界卓越的學者專家建議，做為政策參考依據，以創造出文采與專業俱佳的講稿。以張志明陣營而言，由於候選人本身具備學者身份，有豐碩的學術背景做為政策擬定和評估的基石，是以在撰稿分工上，就會以張志明的思維成核心主軸，再與其他專家學者的意見共同匯集消化，政策白皮書由此而生。

張志明候選人本身就有辦法自己做即興演講，因為他是副縣長，我們有一些以前的幕僚人員，也準備了相關資料，駕輕就熟的原因就在這裡，擔任副縣長的時候就是承縣長之命，在執行這些計畫，所以這些計畫他一清二楚，而且我們又參考民眾需求，把它化為政策的一部分，這是可行性的政策，他了解縣府內各局處各組織的功能，是一種統合式的或橫跨式的概念，所以他本身就有辦法撰這些稿。白皮書的部份則有教授群幫忙擬定和策劃，因為花蓮未來的發展一定要有學術做為基礎。演說內容主要著重於政策面，我們除了強調為什麼要超越黨派拋開包袱之外，還要堅持共同的核心價值，因為有個強而有力的清廉人士在執政時，大家的意見都能傳達出去，也知道朝著什麼方向走，以及下個階段需要做什麼。（受訪者C，張志明競選總部幕僚）

另外據杜麗華陣營幕僚表示，在大型造勢場合或競選活動中，通常會由文宣小組中的成員代為擬稿，以團隊分工的作業方式完成，再從中挑選出最合適的篇章，畢竟演說內容包羅萬象，少有單獨一個人能完全精通各領域的專業知識，另一方面也需要各撰稿人的集思廣益，以防言論產生瑕疵為人詬病。至於面對小型的演講場合，則不一定依賴撰稿人所預擬的講稿發言，候選人憑藉過去豐富的演說經驗，會依據該場域選民屬性與特質不同，發表即興式言論，內容不乏當選後的政見落實與未來願景的規劃。

> 候選人自己會有文宣小組幫她撰稿，比較重要的演講都會先撰稿，比較小型的活動就不用…。她自己也知道她面對的是怎樣的選民，自己該講什麼。比較大的造勢場合就會另外幫她撰稿，畢竟任何一個字都不可以講錯，以嚴防出錯，政治的東西非常敏感，就會幫她撰稿，那如果只是一般社團的活動就會依據屬性自己做調整。撰稿人是一個team，不是單純一兩個人，會先寫好幾篇讓候選人去挑一篇最適合的，然後自己run幾遍之後再讓她自己講，她自己會看要講什麼主題。比如說後來總統來幫她站台的時候她會強調蘇花替的議題，會得到總統的一些承諾，就會把主軸放在這個地方，設定的主軸就在於一旦她當選之後，中央會怎麼配合政策，她會依不同的場合來決定她的主軸是什麼，範疇包含了經濟、文化等，會針對各個不同的屬性。（受訪者G，國民黨專職黨工）

除了上述所提及的現象之外，另一項重要訪談發現是，一旦撰稿人草擬完講稿後，會經由開會和候選人商討演說內容的合宜性，並經過反覆數次修改過程後才會定稿，撰稿人須和候選人保持良好密切的互動關係，才能充份表露候選人內心想法與價值觀。此外，由於參選人發表公共演說頻率相當密集，因此撰稿人確實會以「模組」的方式來準備幾套常用到的演說內容。換句話說，也就是將候選人的競選主軸以及幾項重大政見整理匯集之後，依據議題的屬性寫出不同講稿內容，內容可能包含民生、經濟、文化、交通、觀光、地方基礎建設等，而這些文稿可能被重覆使用，理所當然的，模組構成當然也呼應候選人的競選主軸，搭配區域性或族群性的特殊政見，闡述民眾感興趣的話題，並強調候選人為什麼有勝選機會（Trent & Friedenberg, 2008；Faucheux, 1995）。

相較之下，傅崐萁和另外兩位候選人的情況就顯得大異其趣。據傅崐萁的幕僚表示，傅崐萁在演說方面很少有機會請撰稿人代為擬稿，除了自己會花費心力將前置作業準備充足外，一方面肇因於擔任立委期間，藉由長期問政質詢的經歷，磨練出流利的口才與批判思考能力，一方面源於經年累月的投注經營，傅崐萁對於花蓮地區的縣政問題或是地方民情皆洞悉透徹，所有議題都刻劃在他腦海中，除非需要援引準確的數據或年份，否則通常是一站上講台就能滔滔不絕地陳述己見，並視活動場合之屬性不同進行言辭上的調整。

完全沒有，他這個人不需要稿子，也不需要撰稿，他也不會要上去之前先寫什麼，……。只有在一個狀況下會有稿子，比如說他今天去參加一個活動，裡面講到的內容是有數字的，像民國幾年或什麼數據，他會看一下，其他的通通都不會看，因為他只是要看那個數字、時間或經費，他從來不需要稿子，他受訪也好、上電視也好，都不需要有稿子的。他常常講說，如果我對這件事情真的很用心，真的很了解，我就不需要稿子，除非我對這個東西不了解沒有投入，才需要稿子。至於要演說的內容，就是會依據場合而定，到什麼地方就談什麼議題，基本上是這樣子的，他回去會先做功課，比如說明天的場合是什麼，他回去就會先看…。所以整個致詞內容都是沒有稿子，沒有任何人替他撰稿的。（受訪者E，傅崐萁競選總部幕僚）

除了公開演說之外，在競選期間最能引發媒體關注及引發民眾討論的競選活動，莫過於電視辯論會。辯論會被譽為選戰中最關鍵之傳播活動，同時是一個讓候選人正面交鋒的溝通平台，能夠充份表達自己對議題的立場，也考驗著候選人如何處變不驚、臨危不亂的精神，而辯論本身激烈又難以預料的特質，往往能掀起選戰的高潮，擴大其影響力（Kaid, McKinney & Tedesco, 2002；Friedenberg,1995）。可惜的是這一次三位候選人並沒有同台辯論的機會，只有參與花蓮縣選舉委員會所舉辦的政見發表會，在規定的時間內各抒己見，說明自己對議題立場及未來縣政藍圖規劃。至於為何沒有舉辦電視辯論會的原因。據受訪者表示，除了三位候選人皆沒有提出辯論的要求外，地方有線電視台也做了初步評估，對照過去經驗，考量到花蓮當地人口結構問題，電視辯論對於高齡化的民眾來說過於艱澀，難以引發強烈興趣，所觸及的民眾畢竟是少之又少，發揮的效果十分有限，多數受訪者普遍認為舉辦電視辯論意義並不大，也有執行上的實質困難。至於公辦電視政見發表會同樣也是效果不彰，收視率低靡，就花蓮地區來說，稱不上是一種有效率的競選傳播方式。

在公開演說方面呢⋯還是保持那個基調，最早我們講的，傅崐萁要爭取蘇花高，杜麗華要強調自己是國民黨正統，那張志明就是避開黨派不談，告訴大家沒有黨派其實更好，然後強調他的年輕、改革，十三鄉鎮白皮書，所以他們自己很清楚，所謂公開演說的政見沒什麼人看，事實上後續的數字也告訴我們收視率是很低的，台灣的選民已經頻繁接觸電子媒體，短暫、迅速、快速的變化，沒有人能夠坐下來好好的看，⋯同樣的道理，你政見會怎麼能期望大家坐在那邊，然後聽你每個人講半小時，而且你講的還不一定會實現。簡言之台灣的政見發表會其實叫做吹牛比賽嘛！過去的案例告訴我們，花蓮地區沒有公開辯論，那沒有辯論就沒有互相牴觸，所以整體來說我覺得這一次的公開演說並不是一個很成功的表達，他們三個也都只有錄影的公開演說，所以完全沒有政治辯論，沒有人來邀請他們做辯論，你要理解喔！三方變得很困難操作，你如果一對一的辯論是可以針鋒相對的，三方辯論是很複雜的，像美國總統大選為什麼每次都是兩黨，如果有三個人以上的那個辯論都很麻煩的，而這一次大家並沒有很尖銳的對立，沒有那種基本黨綱統一或獨立，它沒有這種東西啊！所以缺乏辯論的一個基本要件，所以這一次根本沒有媒體願意去做這個東西。（受訪者J，報社駐地記者）

表十三　三位候選人在公共演說的策略分析

姓名	公共演説型態	策略目的	
傅崐萁	少舉行問政說明會，通常是在競選活動中發表即興演說，依據場合決定內容屬性	言論核心皆緊扣其競選主軸「蘇花高」。	三位候選人都分別發表不同型態的公開演說，包括大小型座談會、各鄉鎮問政說明會、政見發表會、受訪時所陳述的言論或是競選場合所發表的談話。
杜麗華	大型的以戶外問政說明會的形式進行，小型多半是茶敘或室內座談會	杜麗華知名度低，常花費較多時間介紹自己經歷，而後提及施政遠景；強調自己為國民黨提名的正統性，說明傅崐萁和國民黨的切割狀態，抨擊官司問題。	
張志明	藉由後援會成立時機，上台發表五至十分鐘談話	內容著重未來縣政的擘劃實踐，對於黨派色彩避而不談。經常邀請各領域的專業人士到場演講。	

五、代言人運用

綜合訪談結果顯示，傅崐萁、杜麗華與張志明三位候選人在選戰期間，都分別運用了代言人從事競選傳播活動。在運用代言人的策略上，大略可分為三種情況。首先在競選期間，為了增加與選民接觸的機會，每一刻都是分秒必爭，於是乎候選人經常忙於參加各項行程而焦頭爛額，在時間有限的情況下，當候選人無法出席每一種大小、規模、型式不一的公開場合時，便會運用其代言人從事競選傳播活動，一方面能夠減輕候選人疲於奔命的負擔，另方面則能爭取關鍵時刻、提高效率，以達事半功倍之效果。通常為了達此目的而推派的代言人主要是候選人的配偶、親朋好友、競選總部的幹部、同黨黨工、村里長或鄉鎮代表等地方意見領袖，這些人就如同候選人的分身一樣，替候選人傳達參選理念與政見訴求。以傅崐萁而言，在大型的競選活動或造勢場合中，不乏有競選總幹事、後援會會長、地方政治領袖等代言人替他站台，少有全國性知名人物，發表談話傾向於正面推薦，宣揚候選人在立委期間的輝煌政績。

> 像地方大老、以前的政治人物，大概就是他的重要幹部核心團隊，比如他的競選總幹事、後援會會長、顧問團的團長都可以講話啊！來就是幫忙他講傅先生好處，所以他們的演講內容也都是比較正面的，不會去講其他候選人怎麼樣，花蓮這個地方

民風淳樸，比較不會去做那種激烈的批評，主要是標榜這個候選人的好處在哪裡，他的配偶大型活動都會上台，一般來說很少講話，畢竟她不是候選人嘛！（受訪者F，傅崐萁競選總部幕僚）

依據Trent & Friedenberg（2008）的說法，代言人必須和候選人之間有某種特殊的關聯性，他們能傳達候選人的旨意，說出候選人不方便說出口的話，並適時籌募競選基金。是以在選舉過程中，配偶的傾力支持往往扮演重要的關鍵性角色，也是理想代言人的不二人選。這一點傅崐萁和張志明都運用得當，因為配偶現身象徵候選人的精神支柱。古諺云：「修身、齊家、治國而後平天下」，唯有家庭生活和諧圓滿的候選人，才能無後顧之憂的全心投入選舉。配偶在適當時機出現，容易在選民心目中留下深刻印象，提昇選民的好感，為候選人的形象達到正面加分效果。通常候選人會和配偶採分進合擊策略，以配偶為代言人，或隨侍在側、或分頭行動參與拜票行程，都能營造出不一樣的氛圍。

當然第一個最親切的代言人就是他的夫人嘛！他的夫人就等於是他的分身，其他重要的代言人，像是總部裡面會有主任委員，也有後援會的會長、顧問團的主席，還有對外或對內的總幹事，這些人都可以代表他去參加某些活動，比如說像各鄉鎮都有後援會會長，這些會長都披掛著代表候選人可以識別的象徵，像是背心或帽子等，都非常清楚，參加各項活動就由他們代表出席。如果再更細密一點的組織，我們底下有一些自動自發的地方意見領袖，比如說是村長或里長，他們願意在自己的區域中去幫忙宣傳，因為大家對他們熟識度高嘛！（受訪者C，張志明競選總部幕僚）

其次，候選人運用代言人的第二種情況，則會邀請同黨中具有全國性高知名度的政治明星替候選人站台，採用名人推薦的意義在於為候選人「背書」，希望能藉此將選民對代言人的認同，成功轉移到候選人身上，形成一種「拉裙角」策略。換句話說，意指層級較低的候選人攀附名氣響亮的政治領袖，共享其政治光環，並增加其權威性，以達拉抬聲勢的效果（Trent & Friedenberg, 2008；伏和康、魏志中編著，1993；鄭自隆，1992）。以杜麗華為例，在競選期間，最具有話題性的代言人莫過於馬英九總統，畢竟以總統的身份地位而言，所到之處必定成為媒體關注焦點，身兼國民黨黨主席的他，曾經五度親赴花蓮替杜麗華站台輔選，陪同候選人掃街拜票，甚至拉著杜麗華的手高喊「當選」，其他則有中央層級的各部會首長，像是行政院長吳敦義、立法院長王金平、前衛生署長葉金川、立法委員、花蓮縣黨部主委等人都到場支持，並發表簡短談話，所言多半是強調候選人的八大願景，替候選人當選後的政見背書，期望能搏得選民信任與認同。

我們除了馬英九之外，大概就是葉金川葉署長，還有就是包括我嘛！我們地方的一些學者啦⋯還有我們的立法委員楊仁福啊！他是在原住民族群，還有我們的一些政務官，比如說行政院農委會主委、交通部長、經濟部長他們都有來，這些代言人最主要都是配合候選人的八大願景來背書，我們來力挺她，只要她一當選，講的話一定說到做到，她的願景和理想我們都願意背書。基本上這個部份是沒有攻擊，主要是提昇選民對候選人的信任和支持，都是正面的一些輔選。（受訪者A，杜麗華競選總部幕僚）

值得注意的一點是，代言人除了正面宣揚候選人的優點及過去政績之外，為了顧及候選人的形象或處境，代言人偶爾也會發表抨擊對手的言論（Trent & Friedenberg, 2008），例如馬英九在替杜麗華站台輔選時，也曾經提及對手傅崐萁的官司問題及人格上的瑕疵，強調杜麗華國民黨提名的正統性，但為了維護國民黨的既有形象，不給選民留下過於咄咄逼人、口出惡言的印象，對於攻擊性的言辭仍會適可而止。然而當時馬英九總統屢次造訪花蓮，卻也引發了不小的爭議。據長期在花蓮民進黨部服務的黨工指出，此次縣市長選舉結果反應出民眾對馬英九的不信任投票。由於馬總統上任後，整體經濟狀況與民生問題仍未見好轉，民調持續下滑，聲望處於低迷狀態，挺身為杜麗華代言，反而較難產生正面的加分效果，讓杜麗華承擔了更多執政者的施政包袱與壓力。事實上從這一次選舉結果和上屆總統大選的得票數相較，二〇〇八年總統大選時，由馬英九和蕭萬長搭配的競選組合在花蓮地區一共拿下十三萬七千票，反觀杜麗華在此次縣市長選舉只得到三萬八千票。同時地方學者也認為，馬英九做為杜麗華的代言人，的確沒有將其領袖魅力原封不動轉移到杜麗華身上，也證明個人政治光環並非永久不變的，尤其是在地方選舉中，選民也不見得會照單全收。

杜麗華是執政黨嘛！那馬英九是黨主席嘛！他一定會來嘛！雖然有民眾因為馬英九：坦白講因為這一次三合一選舉，剛剛我們已經談過了，這是對他的一個不信任投票，其實據我所知，有一些基層的民眾支持杜麗華的人，有跟杜麗華建議，你不要讓馬英九來，馬英九來對你沒有加分，反而減分，但是杜麗華排除眾議，她就是希望馬英九來陪她掃街拜票，包括一些部會首長都有來，包括你看陳武雄，一個農委會主委，她來到花蓮幫杜麗華助選，她跳過縣政府，直接找杜麗華，召集農民過來，所以杜麗華的人來替她助講助選的人很多都是部會首長，資源比較豐富。（受訪者H，民進黨專職黨工）

馬英九是來好幾次沒錯，但是馬英九光環已經逐漸不見了，馬迷慢慢失望，所以可能往後的地方選舉還是要靠地方的選舉機器，靠這種個人魅力是沒有辦法成功的，

因為馬英九選總統的時候光環太大了，他幾乎走到哪裡光環就帶到哪裡，但從這次來看他並沒有帶到杜麗華。（受訪者L，學者）

此外，候選人運用代言人的第三種情況，則是邀請某些影視明星或藝文表演團體來炒熱競選活動場合的氣氛，其目的是為了吸引選民注意，藉此拉抬人氣，並爭取原本對政治不感興趣的民眾到場支持（鄭自隆，1992）。據受訪者表示，國民黨某一次的造勢晚會就請到高凌風、方瑞娥、謝金燕等歌手來上台表演，吸引不少選民到場觀賞，也順道幫候選人加油打氣。而張志明及傅崐萁也分別在各自競選活動中，邀請地方社團前來助陣，像是肚皮舞表演、原住民舞蹈、客家山歌演唱都是司空見慣的代言團體，他們雖然不直接發表與選情有關的談話，卻藉由現場載歌載舞的氛圍凝聚大批人氣，也間接表達候選人對地方社團的關注與重視。不過也有部份受訪者提出不同看法，認為不論是公開演說或造勢活動中的代言人，其實都只是在鞏固基本盤，畢竟到場參與的人主要還是動員己方的支持者，對於吸納中間選民或改變選民的選舉投票意向效果有限。

至於張志明在代言人的運用情況，其幕僚指出，張志明所選擇的代言人通常以學術界、工商會或婦女界為代表，其他像是競選後援會幹部等，會在公開場合中替張志明站台，而這些助講人的背景多半是在縣府內幫忙處理重要縣政或參與政策決策的人，著重於強調張志明在副縣長任內所執行的決策與成果，基本上都是正面宣揚其優點為主，並依據各界屬性不同，推派出該領域最具有權威的人士，以選民們熟悉的言語發表談話。

代言的部份，比如說勞工會就會請現任的總工會的理事，我們不去談學術理念，而是最直接的，還有商業會的理事長，我們都不談這些理論，因為他最清楚商業界的概況，由他來向商業界人士轉達候選人的相關政策，那體育界的話就由體育界的理事長來告訴大家，婦女界就是婦女會的理事長，都在我們這邊啊！所以我們用他們的語言而不是打高空告訴大家這些文字的堆砌，因為實質的政策施行比較重要，只要我們能夠承諾的，必定盡全力滿足他們的訴求，像是我們在多久之內會興建腳踏車步道，我們可以告訴勞工該如何維護他們的權益，可以立即做到或承諾的我們都一定會去做。（受訪者C，張志明競選總部幕僚）

提及張志明的代言人，在選戰期間一度引起莫大爭議的代言人，非民進黨主席蔡英文莫屬，根據研究者所蒐集到的報章資料顯示，蔡英文曾經在公開場合中發表談話，表示民進黨支持者要全力挺張志明，而張志明也大方接受。綜合訪談結果顯示，多數受訪者對於這樣的選戰策略卻不以為意，畢竟張志明原本隸屬於國民黨籍，卻在選戰後期無預警地尋求民進黨支持，這種作法容易遭受民眾質疑，最後事實證明，藍綠通吃的情況並沒有在張志明身上發生作用，張志明僅得到兩萬多張選票。而另一個最有可能成為張志明代言人的縣長謝深山，卻礙於國民黨黨紀的問題而顧慮再三，始終不敢過於明目張膽的公開站台輔選，只有默默坐在台下象徵支持，也因此張志明在代言人運用上，難以跳脫政黨屬性的束縛，以致於無法發揮出強大的號召力。

像很多候選人平常就沒有在國民黨內經營，選舉時才扛著旗子，我想很難，那至於張志明因為有謝深山支持，自己也認為有謝縣長的行政資源，因為蔡英文也有去他競選總部嘛！想說兩邊的票通吃，但民進黨並沒有提名他嘛！所以民進黨的票也投不過去…，比較可惜的是他自己是學者，但諷刺的是他的競選口號是只想做事、不玩政治，但其實他是三個人當中玩最兇的，所以他的票如預期一樣是最低的。（受訪者L，學者）

六、人際傳播

在選戰期間，候選人除了運用各種大眾傳播媒體為宣傳工具外，另一項不可或缺的競選傳播活動，即是透過人際傳播方式，與選民進行面對面接觸，將政見訴求與重要訊息直接觸達目標選民，不但如此，候選人能以近距離的方式，傾聽選民內心的需求與渴望，藉由寒暄、握手、擁抱等肢體語言，讓人倍感親切。就訪談結果顯示，三方陣營的候選人皆公認人際傳播是一種最有效率也最具有彈性的競選傳播型式，尤其是在地方性的中小型選

表十四　三位候選人之代言人運用策略分析

姓名	主要代言人	策略執行階段	策略運用結果
傅崐萁	鄉鎮市長、縣議員、立法委員、地方政治意見領袖	與配偶採分進合擊策略，舉凡婦幼、公益、弱勢團體等軟性場合，幾乎都由夫人親自致意慰問	競選活動多半親自上台發言或演說，展現自己的專業能力與親民感
杜麗華	以總統馬英九及中央部會首長為主要代言人	藉由中央背書增加權威性，承諾政策兌現之可行性	當時馬聲望低迷，無法將其政治光環成功轉移到杜麗華身上，同時讓杜麗華承擔更多執政者的施政包袱。
張志明	勞工、商業、婦女、文教等各領域的社團代表 民進黨主席蔡英文	以專業人士之背書及該領域熟悉的語言和民眾對話	張志明在藍綠政治光譜上游移不定，無法獲取選民認同。 謝深山顧忌黨紀問題而不敢公開站台輔選

舉中，人際傳播之重要性更是不在話下，幾乎成為候選人的主要競逐場域。雖然運用大眾傳播媒體可以拓展傳播範圍的廣度，但人際傳播卻可以達到點的深入（鄭自隆，1995）。

以人際傳播的延展性而言，候選人能夠突破行政區域上的界線，親自深入鄉里與選民進行互動。其中訪談重要發現在於，候選人會依據選戰的步調訂定合適的人際傳播策略，通常是以時間軸為劃分基準，分別在選戰前期、中期、後期，於競選活動的安排上各有所異。根據一位競選幕僚所下的定義，以此次花蓮縣長選舉而言，所謂前期大約在投票日前半年，也就是國民黨尚未確立由誰出征角逐縣長寶座之前，候選人為了爭取提名所進行的人際傳播活動，當時的策略重點主要放在知名度的開展上，目的是建立選民對候選人的認知，塑造候選人形象。而在選戰中期（約投票日前三個月），也就是確認參選人與競爭者的身份之後，便致力於推廣其競選主軸，將政見訴求與未來願景傳達給選民，到了選戰後期，約莫選前一個月至兩週的時間，正是戰況激烈、如火如荼的時候，候選人無不卯足全力勤跑地方基層，為的是鞏固原有支持者的票源，期望能吸納游離的中間選民，畢竟勝負往往就在關鍵的幾個百分點上。

事實上，綜合訪談結果顯示，在選戰中期，三位候選人都透過各鄉鎮成立的後援會，來創造與選民互動的機會。這些後援會依據性質、區域等屬性不同，像是各鄉鎮、勞工、商業界、婦女、弱勢團體、地方社團、農、漁會等團體成員，分別以規模不等的型式來進行人際傳播活動，最常見的是舉辦簡易茶敘、座談會以及問政說明會。以杜麗華陣營而言，據其幕僚表示，總部經常透過地方黨部系統，舉辦一些聯誼性活動，由於杜麗華擔任過農業局長，因此在與選民的互動上，會優先以農會體系、產銷班、家政班人員做為宣傳首選之地，期望能在此區塊紮下深厚根基。

除了問政說明會之外，我們有一些動態的活動，比如說針對無毒農業舉辦一些品嚐會，讓民眾來體驗何謂無毒農業，讓他們了解無毒農業未來可能帶領花蓮縣的生機，做一些說明。而在地方社團的運用上，像農業產銷班他們在地方都有固定的影響力，還有家政班，另外比較明顯的是農業系統，我們有光豐農會：它在地方就營造了一個票源市場，還有成立各種後援會，包括工商後援會、產業後援會等。（受訪者A，杜麗華競選總部幕僚）

以杜麗華陣營來說，黨部體系是開展人際網絡的重要核心所在，像是國民黨在各區都設有民眾服務社，大部份的組織動員都透過黨部主委、地方黨工進行資源整合與聯繫工作。據杜麗華幕僚表示，由於選戰期間適逢國民黨一百一十五週年黨慶，候選人就會善用各鄉鎮舉辦慶祝活動的時刻，藉機成立後援會，黨工則負責發放文宣、搖旗吶喊，號召民眾共襄盛舉，全力進行輔選，這樣一來不但節省競選活動所須耗費的人力、物力，更能達到資源共享、事半功倍的效果。其他常見的人際傳播活動，則會在鄉、鎮、村、里長等地方大佬陪同下，以徒步拜票方式進行，例如早晨到公園和民眾一起運動、到市場向攤販及購物民眾拉票、出席婚喪喜慶場合向選民致意等，塑造候選人的親民形象，這些都是傳統選舉中不可免俗的人際傳播活動。值得一提的是，國民黨的黨部系統下原本就設有家戶拜訪隊，在競選期間黨工會代替候選人進行例行性的家戶拜訪，而候選人也會根據民意調查深入較弱的行政區域做補強，親自造訪該地區和選民互動，增進彼此間情感與人際關係。

> 只要握過手之後，基本上選民都會對杜麗華產生一份認同，那在民調上也顯現出來。當初有和地方農會、水利體系、社團等做連結，可是都被另外兩位鎖死，傳崐其在水利會的部份下了很多暗樁，所以水利會的部份杜麗華是完全下不去的，那她只能透過一些農會系統。因為她這幾年長期經營，所以有一些幹部都是優先幫她，那縣政府這個部份也一直在阻撓她，所以對她也會有一些影響，造成很大的阻礙，至於其他社團就是黨部和蘇主委也都有拜託其他的社團，當然沒辦法是全面性，其實像扶輪社、獅子會，都是有一些固定的票源。（受訪者G，國民黨專職黨工）

綜合訪談結果顯示，在選戰後期，越接近投票日的時候，候選人在基層活動就跑得益加勤勞，主要以掃街拜票、家戶拜訪及大型造勢晚會為主。根據一位受訪的競選幕僚指出，花蓮不同於北部大型都會區，其人口結構趨向高齡化，受到天然地勢影響，聚落分佈零散，特別是住在靠近山區的原住民，用大眾傳播的方式難以觸達，也不見得具備足夠知識水準接收訊息，於是在原住民區塊的經營，親自探訪、深入部落才是一種最有效也最實際的競選傳播模式。以張志明而言，就曾經舉辦過多場和原住民議題相關的座談會，配合縣府的原住民委員會，親臨花蓮十三鄉鎮的重要部落進行巡禮，下鄉與原住民進行面對面的交談。

> 原住民的部分，這次有舉辦滿多原住民的座談會，座談的內容有一次是配合原住民委員會去做巡視，就是花蓮十三鄉鎮重要的部落去做巡禮，那時候我們也是下鄉和原住民做交談，因為每個鄉鎮有自己的文化和特色，副縣長希望能聚集這些部落，鼓勵他們發展出自己特有的風俗民情，包括阿美族、布農族等，那時候開了五六場以上的座談。（受訪者D，張志明競選總部幕僚）

此外，掃街拜票與家戶拜訪更被視為人際傳播管道中不可或缺的重要環節。根據受訪者表示，三位候選人都曾經進行車隊遊行、徒步拜票、家戶拜訪等人際傳播活動，這些活動有時由競選總部或地方後援會主動安排，通常由熟悉當地的意見領袖或權威人士帶領候選人進入，以握手請託、噓寒問暖方式向選民爭取選票。至於車隊掃街或徒步拜票的重點區域則置於人口較密集的花蓮市、吉安鄉，除了候選人本身勤於走訪之外，代言人偕同也會產生加持作用，達到擴散效果。另外針對特殊行業或族群，會配合其作息時間，實地參與工作及活動內容，拉近選民與候選人之間的距離。然而愈接近選戰後期，候選人時間益加緊迫，對於頻率密集的小團體傳播方式更顯得應接不暇，此時就會採用大型造勢晚會的方式，和選民進行面對面的互動，觸及數量更為龐大的群體。

> 一種是大型的造勢活動，像我們每天晚上這邊都有大家互相來加油打氣的活動，各個後援會就自己約一約，那我們會辦各種小型的活動，一方面讓大家輕鬆一下，一方面大家也能交換意見和心得，這樣和選民面對面的方式接觸，另一種就是一般所謂的家戶拜訪，一條街這樣一個一個走，雖然沒有辦法走到完，但是他的夫人就走另外一邊，兩個人分頭進行，花蓮大概有十萬戶，有效戶數為七萬戶，那我們大概是挑各鄉鎮人口比較集中的地方，另外就是候選人本身也相當喜歡運動，就會拜訪各地的早覺會，陪同他們一起運動，一方面自己能健身，另一方面能和選民做近距離的接觸，此外還有一些特殊行業，比如像果菜批發市場，是凌晨三點就開始，像屠宰場等，就必須和他們作息時間一樣，一大早去拜訪。（受訪者C，張志明競選總部幕僚）

值得注意的是，在訪談中有一項重要研究發現，即是三位候選人陣營都會定期進行民意調查，民調可能委託媒體協助，或是由總部臨時招募民調小組進行電話訪問，針對不同年齡層、人口結構及鄉鎮區域進行分析，以了解選民投票取向及心理需求。從幕僚口中得知，民意調查結果確實會影響競選策略做出些微調整，換句話說，在整體支持度或認知度較不理想的區域，候選人會特別加強該地方或族群的人際傳播，勤於走訪及擴大文宣政見宣導，展現候選人的親和力與誠意，鞏固基本票源，扭轉選民對候選人的刻板印象，並爭取中間游離選民的認同。唯一美中不足的地方在於，愈靠近選前愈加分秒必爭，此時在問卷題綱的設計上，就很難以議題為主進行深入的問答，多半採簡略的提問模式，徵詢選民的投票取向及偏好程度。

每次的民意調查一定會分鄉鎮市，除了分鄉鎮市以外，裡面一定會有年紀和性別的區分以及從事什麼行業，當初也知道說客家族群部分比較弱，也會針對這個部分去補強，如果是對於政策補強的部份，我們會盡力在文宣上彌補，希望能扭轉選民的一些認同。她當初有一篇文宣是有專門針對客家族群去做出來的區隔文宣，怎麼樣去保留客家文化，怎麼去建構整個花蓮縣，還有很多點是對於客家點面線的呈現。（受訪者G，國民黨專職黨工）

民調部份那時候大概都做很簡單的，題目了不起五六題，比如說你是藍的綠的，你

> 要支持誰這樣，有針對各鄉鎮做民調，比如說民調支持度較低的鄉鎮會特別去留意。（受訪者E，傅崐萁競選總部幕僚）

對於人際傳播及親身接觸在選舉中的影響力，一位地方媒體工作者表示，台灣地方選舉中，除了運用大眾傳播媒體為宣傳工具外，平時在基層的紮根經營以及日常生活中和選民互動交流，在選戰中佔有重要因素。選民所重視的是候選人過去的政績，如何嘉惠鄉里，替民眾謀取哪些福利，將承諾化為實際行動的力量，開創未來美好願景，這些因素可謂左右百姓投票取向的最大誘因。另外也有學者指出，傅崐萁致力於地方經營的工作，平時就會從事救濟等善心活動，並透過媒體揭露來形塑自我形象。

> 像以傅崐萁來講，他本來就是有做救濟的活動，像是白米發放，平常他就有做，白米發放的時候就透過媒體以幫助弱勢的形象，再來就是有一些廟，你也可以看到選舉前都會演歌仔戲給社區的人看，這個都有表現出地方經營，還有他們最常出現在婚喪喜慶中，去出席這些活動。那地方大佬的話以客家大佬或前任縣長都是他們在爭取支持的對象。（受訪者K，學者）

談到傅崐萁對地方的經營，多位受訪者不得不贊同他對花蓮的用心，認為他起步比其他兩位候選人早，致力於深耕基層，其幕僚也不諱言，從他擔任三屆立法委員以來，只要一有空閒時間就往花蓮跑，深入地方組織及民間社團，去了解其運作方式以及需求，撥冗參加各項獅子會、扶輪社、婦女會、工商會所舉辦的活動，傾聽民眾訴求，也時常和地方意見領袖保持密切往來，鞏固既有人際關係，拓展自己的人脈。其立委任內最輝煌的政績，便是成功替花蓮居民爭取高達325億的交通建設預算，從他汲汲營營對地方耕耘以及勤跑基層的行為看來，在他自己的認知中，參與縣長選舉本應是一種順理成章的規劃。

以傅崐萁在地方經營上的具體事蹟而言，在地的媒體工作者指出，在擔任立委期間，傅崐萁每年都固定會準備米、油等民生必需品到榮民之家慰問，逢年過節也必定造訪榮眷，挨家挨戶的登門拜訪，準備紅包給這些長輩討個吉利，表達關懷之意。此外，傅崐萁幕僚指出，在宗教信仰上，傅崐萁本身是一位虔誠恭敬的佛教徒，對於廟宇的祭典與慶祝活動從不缺席，不但在資源上大方贊助，自己也身體力行，身兼寺廟的主任委員，因此在處理佛教團體的人際關係上也十分圓融。其他像是成立基金會，幫助弱勢團體，日積月累的親身付諸實踐，從事愛心慈善工作，此舉讓他在選民心目中留下了濟弱扶傾的優良形象。

他是一個立委，是一個民意代表嘛！在立法院的表現為老百姓解決問題，爭取預算，可以看到的是他所成立的基金會比較可以幫助一些低收入戶，殘障人士他每一

> 年三節都在做，他長期以來都在做這些幫助人家的事，愛心工作他每一年三節都會送東西。（受訪者F，傅崐萁競選總部幕僚）

另一方面，就國民黨這次輔選杜麗華的經驗來看，其幕僚經由自我評估後，也一致認為傅崐萁在基層的實力不容小覷，相較之下，起步較晚、知名度也不足的杜麗華，在基層上的耕耘不如傅崐萁來的紮實，只能從頭開始，一步一腳印的勤於奔走，要在短時間之內迎頭趕上，幾乎可以用舉步維艱來形容。在民調結果顯示中，許多國民黨十拿九穩的鐵票區域，其支持度大幅下滑，雖然其輔選幕僚也曾運用黨務組織系統的聯繫，找來資深黨工針對這些區域進行人際傳播上的補強，試圖挽回流失的票源。

> 包括榮民的部份應該是國民黨最忠貞的，可是這一次也流失很多，因為傅先生在前兩年開始逢年過節他去榮眷裡面挨家挨戶送紅包，而且是三節都去，不是只有過年，因為我們在做第一份民調的時候，榮眷的支持度怎麼少那麼多，後來我們深入去了解其中的原因，也是因為他們覺得他有拿米去關懷他們，他有拿紅包去關懷他們，所以在他們心目中傅先生是很關心他們的，所以說這個部分我們有請黃復興黨部去加強宣導，當然有挽回一部分，可是流失和挽回的不成比例，大約有三成還是流失了。（受訪者G，國民黨專職黨工）

據傅崐萁的幕僚表示，在縣長選舉中，尤其是像花蓮這種保守純樸的地方，短時間內要靠大眾傳播來包裝形塑一個人的形象，效果相當有限，選民所憑藉的是政績，是對地方的關注，是候選人的親和力，是真正為民服務的人。而傅崐萁也自認為，和選民親身接觸，是一種相當有效率的傳播行銷方式。傅崐的貼身幕僚指出，在擔任立委期間，傅崐萁曾經針對客家、原住民、榮眷等族群，依據其需求擬出最合適的社會福利政策，時時表達關懷之意，而在民間社團、地方組織、宗教團體、水利系統等階層中，也培養了密如織網的人際網絡，建立情感交流以致於在聯繫動員上能不費吹灰之力。透過長期社會互動的過程，取得地方大佬認同與支持，是以人際傳播在這場選戰中扮演了關鍵性角色，運用口耳相傳的力量，擴大意見領袖對民眾的影響力。是以勝選不可或缺的因素乃根基於勤走基層、拓展人脈的經營模式，於是長年累積下來的雄厚實力，成為他人攻不可破的最大優勢。

最重要的勝選關鍵在於基層的經營累積，比如說過年過節都會去弱勢團體發一些米、油啦！那在宗教方面也相當虔誠，像廟宇的活動他也都會去參加，有幾個廟都當人家的主任委員，有時候晚上結束他都還會去拜拜，有幾個廟他都會固定去走一走。那這一次客家大佬都是他的支持者嘛！所以客家族群的部份都沒有什麼問題，那原住民的部份他又跑得勤，原住民朋友要找他喝、找他聊，他都可以坐下來跟他們和在一起，所以那時候他這部份的經營是很嚇人的，所以包括客家族群、原住民族群、外省伯伯他都會去探望，他起步都比人家早，所以當然會落差很大，在立委期間的經營也變成他最大的優勢，一直累積下來才有今天，這也是很合理的。（受訪者E，傅崐萁競選總部幕僚）

七、網路及其他行動通訊傳播

拜科技日新月異所賜，網際網路的運用橫跨政治領域，成為競選傳播的重要工具之一，也為候選人的競選模式帶來新氣象。考量到網路本身的特質，不僅能同時傳送文字、圖像、影音資訊，還能觸達範圍更廣的閱聽眾，提供深度議題資訊，陳述候選人完整的政見論述，並且具有重複曝光與恆久利用的優勢，與傳統大眾傳播媒介相比，成本相對低廉，尤其是網際網路雙向溝通與即時快速的特性，若加以妥善運用，將能製造更多候選人與選民互動的機會，使選民政治參與程度提高，是以網際網路做為候選人的競選傳播工具已然是一種無可避免的趨勢（Trent & Friedenberg, 2008；Benoit, 2008）。

網際網路在近年來的大型選舉中經常扮演舉足輕重的角色，不論是候選人的政策遠景、選民對候選人的提問、選民之間的立場論辯，都能藉由網路這個平台傳佈到各個角落，躍升為政見宣傳與議題論戰的角力之地，也被視為跳脫傳統媒介霸權的多元發聲管

表十五　三位候選人之人際傳播策略分析

<table>
<tr><th>姓名</th><th>人際傳播型態</th><th>策略目的</th><th>策略執行過程</th></tr>
<tr><td>傅崐萁</td><td>八年立委期間深耕基層經營深入花蓮民間組織及地方社團，了解其運作方式以及主要訴求，和地方政治領袖保持密切往來。</td><td>培養良好人際關係，拓展人脈，構築一張密如織網的人際互聯網絡。</td><td rowspan="3">三位候選人皆依據選戰節奏，訂定合適的人際傳播策略。
三位候選人都曾進行車隊遊行、徒步拜票、家戶拜訪的人際傳播活動。
三位候選人都曾進行車隊遊行、徒步拜票、家戶拜訪的人際傳播活動。
三位候選人都相當重視與民眾親身接觸的人際傳播活動。</td></tr>
<tr><td>杜麗華</td><td>善於組織戰，運用黨部系統開展人際網絡，各地民眾服務社與地方黨部是進行組織動員與資源整合的重要核心。</td><td>由於杜麗華曾擔任農業局長，農會體系、產銷班、家政班人員為重要基本票源。</td></tr>
<tr><td>張志明</td><td>慣用小型座談會的方式，和選民進行溝通協商</td><td>善用副縣長的職務之便，順理成章出席各項公開活動</td></tr>
</table>

道。特別是針對長時間耽溺於網路的青壯年族群而言，其所發揮的效果更是不容小覷。但就筆者的觀察與訪談結果顯示，此次花蓮縣長選舉中，只有杜麗華和張志明陣營架設了競選網站，傅崐其則否，也並未從事任何關於網路競選傳播的相關活動，對於網路普及的現代社會來說，將網際網路落實到日常政治生活中，已經成為一項不可或缺的工具，但傅崐其卻反其道而行，無視於網際網路所發揮的力量，此種現象值得探討，這和Trent & Friedenberg（2008）所嚮往「電子競選」的理想境界相互參照之下，距離競選過程邁向電子e化的世代，顯然仍有相當大的落差空間。

綜合筆者觀察到的現象與訪談結果得知，在競選期間，杜麗華與張志明皆分別架設了個人部落格，其中張志明還運用了facebook、噗浪、無名小站及BBS等社群網站與選民進行互動。據訪談結果顯示，雙方陣營都普遍認為，由於近年來年輕族群對於政治顯得漠不關心，使用網路從事競選傳播活動，目的是為了吸納年輕選民的支持，激發其政治參與興趣，促進對重要議題的關注與討論。另外，在內容方面，筆者觀察雙方網站後發現，杜麗華與張志明陣營並沒有太大差異性。杜麗華的部落格除了宣揚自己在農業局長任內的政績外，也紀錄了各項競選活動實況及拜票的過程細節，以及媒體所發佈的新聞稿件，告知選民重要訊息。而張志明的競選網站也以說明參選人政見為主，刊載候選人的競選廣告與競選活動概況，並以主題式的文章呈現候選人在文化、交通、觀光、教育等領域的政策遠景，相較之下，兩位候選人在資訊的豐富度、專業度與教育性的層面上，幾乎是相去無幾。

她有一個義工是專門負則網路文宣的部份，負責每天去更新，不管是部落格或人家的投書什麼，她就會負責去回應，那如果是比較重要的議題或建議，她每天會固定跟候選人做一些聯繫，如果有比較重要的議題，我們也會在文宣上適時的去補強（受訪者G，國民黨專職黨工）。

此外，綜合訪談結果顯示，兩位候選人都由專人負責網站內容的管理與更新，通常是一群年齡層較輕，並且熟悉網路操作模式的人。據受訪者表示，由於人力資源有限，這些網站管理者也多半兼任各部門競選團隊的工作，例如協助文宣策劃或是組織動員聯繫工作。而在網站互動性上，張志明與杜麗華陣營都設有留言板供選民發表意見或提出問題，其中較簡單的政策方向問題會由網站管理者直接答覆選民，但如果牽涉到比較複雜的提問，就會請示競選總部體系中的高層人員，由競選核心幕僚或候選人親自定奪後，再決定如何答覆民眾。另一方面，在選戰初期，候選人時間較為充裕時，便會抽空上網撰寫競選活動心得，密切關注選民意見，針對民眾疑問做出立即答覆，然而到了選戰後期，候選人行程愈加繁忙，就不太能逐一回應，只能藉由網站管理者負責接收外界訊息，適度向候選人反應，或是綜合選民的提問與建議，交由候選人或核心幕僚消化吸收後，組織成具有系統性的文章，再一併答覆民眾。

「春嬌團」是由副縣長的學生組成，每次拜票她們都會跟著去，其中一些人員她們是負責管理網站的，把每天的拜票照片或活動內容、政見、宣導片、競選廣告放上去，所以雖然沒有辦法做全國性的廣告，但是會透過網站的發佈讓人家點閱。在網站的互動上，副縣長和夫人都會在晚上的時候盡量回應民眾的問題，有一些是支持態度，也還蠻多是幫副縣長加油打氣，副縣長和夫人會輪流上去做一些心得分享，以及跑活動時碰到的情況和回應的程度，副縣長有空時會上去寫文章和照片管理，不過頻率可能不是很高，因為每天要跑的行程這麼多，最晚也跑到十一二點回家，隔天一早五六點又要起床，所以有些時間真的沒有辦法空出來，但是有空的時候他們會盡量上網看留言或做回應。（受訪者D，張志明競選總部幕僚）

至於競選網站所欲達到的效益，根據候選人陣營幕僚表示，網站易於吸收年輕族群前來點閱，的確達到一定程度的告知與聯繫作用，並提高其參與政治意願，喚起知識份子對地方建設及未來遠景的關懷，最大的用意則希望能藉由網路無遠弗屆的特質，將訊息由內而外傳遞出去，催促外地工作就業的遊子，進行返鄉投票。然而，使用網路的族群是相對固定的，考量花蓮人口結構的組成型態，從日常生活中的觀察可以發現，最常使用網路的青少年沒有投票權，絕大多數大專院校的學生非本地人，至於中高年齡層的選民，懂得運用網路的頻率更是少之又少，甚至礙於城鄉差距的問題，部份原住民部落連電腦都沒有，種種困境造成花蓮地區在推行網路競選傳播時，無法免除現實上的執行困難，遭遇前所未有的阻礙。

當然網站有效果，畢竟青年族群的部份，但他們沒辦法像一些老人一直去外面做一些口語傳播，你說傅崐萁他在寺廟那些人每天都在泡茶聊天，其實他不好都講到變得很好，這是我們很深的感受。我們最後在檢討時，覺得廟宇那些口耳傳播比網路還要有效，因為網路的族群是固定的，可是廟會這些人基本上花蓮選民結構是老化的，就算它網路再強都比不上那些老人，可是如果說當初的選民結構是像台北那樣，說不定我們就會贏了，因為她這一塊是做得比較完善的，所以就會造成一定的誤差。（受訪者G，國民黨專職黨工）

據杜麗華陣營幕僚表示，關於網路傳播的部份他們也盡力要求完善，只可惜選民結構和大都會區相去甚遠，媒介使用習慣與接收訊息的模式大不相同，若將時空置換成北部地區，情況或許會有所改變。是以多位受訪者皆一致認為，在花蓮地區要透過網路從事文宣及政見傳達，遠不如人際傳播及口語傳播來的紮實有效。另一方面，深究傅崐萁沒有建置競選網站的因素，除了當時競選期間行程緊湊、時間急迫，候選人無法一一回應之外，最重要的因素仍有人口結構上的考量，其幕僚也普遍認為，網路競選傳播在花蓮地區發揮的功效並不高，甚至容易流於新聞炒作，就像競選廣告所觸達的目標閱聽眾一樣，都是經由包裝行銷去塑造一個人的形象，但鄉下地方的行事風格較為保守，選民對於候選人的印象早已根深柢固烙印在心中，透過口耳相傳的方式傳遞訊息，難以產生根本性的改變。

> 沒有架設競選網站，是因為當時沒時間、沒人做，他如果要回應一定是沒時間，我在猜他可能也沒有特別交待要去做這件事情，至於為什麼我不太清楚。當然跟這些的人口結構也有關係啦！你做有多大的效用？了不起是一兩天的新聞說你有那個東西，但至於後續效果怎麼樣，其實不像在台北。這邊的人口結構比較特殊，這邊剩下老的跟小的，小的在念書會上網的沒有投票權，老的不會上網，不像在台北一堆，會上網的又會投票的人都不在這邊，所以這邊主要還是以家戶拜訪、人際傳播比較實際，因為如果走網路了不起讓人家認為你應該有個網站啊！那有的候選人就會拿出來，那個就跟做廣告一樣嘛！在台北你可以包裝起來去塑造一個人，透過媒體，但在這邊沒有辦法，地方小，你是誰你怎麼樣大家都清楚得很。（受訪者E，傅崐萁競選總部幕僚）

除了網際網路做為新興的競選傳播工具外，候選人陣營也運用其他行動通訊來傳遞競選訊息。在此次花蓮縣長選舉中，杜麗華及張志明陣營就曾經透過手機簡訊、電子郵件等方式，向選民進行拉票請託，由於行動通訊涵蓋範圍較廣，不侷限於花蓮地區，對於催促旅外選民返鄉投票，能夠發揮一定的效果。至於傅崐萁則有專職的「CALL OUT」部隊，每天於固定時段打電話向民眾問候、聊天、拜票，建立與選民間的雙向溝通，其他如手機、小蜜蜂、宣傳車等行動通訊傳播方式則不由競選總部指派，交由各地後援會巡自處理。是以此次花蓮縣長選舉中，雖然有運用到網路及其他新科技傳播模式，在選戰中似乎並非主流。

表十六　三位候選人之網際網路傳播策略分析

<table>
<tr><th>姓名</th><th>網路媒體運用</th><th>策略目的</th><th>網站互動性</th></tr>
<tr><td>傅崐萁</td><td>並未從事任何網路競選傳播相關活動</td><td>花蓮的人口結構以及城鄉差距問題，網路傳播在花蓮地區效果有限。</td><td rowspan="3">杜麗華與張志明兩位候選人都由專人負責網站內容管理與更新。設有留言板供民眾提問或發表意見，由網站管理者或競選幕僚核心定時答覆選民。兩位候選人於選戰初期，皆會撥冗瀏覽網站概況並親自回應。</td></tr>
<tr><td>杜麗華</td><td>利用網路平台架設個人部落格</td><td rowspan="2">刊登新聞稿、宣揚政見、闡述遠景、告知競選活動訊息、擴大觸達率，目的是吸引年輕選民</td></tr>
<tr><td>張志明</td><td>運用facebook、噗浪、無名小站及BBS等新興社群網站與選民進行互動。</td></tr>
</table>

八、整體評估

綜合訪談結果及以上相關論述，可分別針對候選人的競選傳播策略進行整體評估。基本上，三位候選人在多數情況下，大都能按部就班，依據自我所設定的競選主軸投入選戰，選戰步調也隨著議題論述與危機突發而適時調整，但在實際執行過程中，各自陣營的競選傳播策略與實際作為，仍有美中不足之處，是以導致選舉結果呈現出如此大的落差。傅崐萁以八萬五千多票，相當於56.37%之得票率勇奪縣長寶座，遠遠超越杜麗華的25.44%，大於張志明的18.19%，不如外界所預期的出現三強鼎力的局勢，反而呈現差距十分懸殊的情況。

綜合分析多位受訪者對三方陣營在競選傳播策略的整體評估，可以獲得幾項重要的發現。首先，在此次選戰中，並沒有所謂的衛冕者，傅崐萁、杜麗華與張志明都居於挑戰者的位置，雖然現任副縣長張志明曾經試圖將自己塑造成現任者的風格，但顯然無法全然接收前縣長謝深山的優勢。這也呼應了Trent & Friedenberg（2008）所言，現任者不一定具有優勢，畢竟民眾對於現任者通常會採取較嚴厲的姿態，對於公職任內的作為或政績進行檢視，是以訪談過程中也有部分受訪者提及，前縣長謝深山在執政後期風評不佳，或許也是導致選民不買單的因素之一。另一方面，三位候選人都同時具備過去公職期間所締造的政績實力，是以傅崐萁於八年立委任內，爭取各項預算與基層的紮實經營，成為他在競選期間最大的優勢。杜麗華在擔任農業局長時所推廣的無毒農業，創造了花蓮地區前所未有的農業經濟奇蹟，張志明自認在縣府服務兩年多的經驗，了解縣政規劃運作，是他參選立基所在，三位候選人不論在政績與能力上都各有千秋、不相上下。

其次，在競選主軸的設定上，從選戰一開打，杜麗華就鎖定傅崐萁的官司問題展開砲火猛攻，企圖放大檢視傅崐萁在人格上的瑕疵，一向強調以正面訴求為屬性的國民黨，卻反而讓人萌生落井下石的觀感。其主要政見「八大遠景」過於繁瑣複雜，反而模糊焦點，無法讓選民一目瞭然。此外，以馬英九為代言人，不斷強調自己才是國民黨正統候選人，卻忽略了馬的執政不當伴隨著政治光環消失，也可能連帶影響選情發展，產生些許負面效應。另一方面，杜麗華大幅攻擊的動作卻始終換不到傅崐萁的正面回應，而後傅崐萁祭出悲情牌，以「背水一戰」形塑壯士斷腕的決心，再聲稱自己是「正藍戰將」，以黨徽為頭號標記，明顯削弱杜麗華為國民黨提名的正統性。此外，傅崐萁在蘇花高議題的操弄上也相當成功，訴求簡潔明瞭，甚至開出「公投蘇花高」的支票，具有強大的感召力，足以撼動選民內心最深層的需求與渴望。而張志明雖然是一位形象清新的學者，但從頭到尾都只是不斷複製前任縣長的縣政藍圖，並沒有提出屬於自己的特殊見解，競選主軸不夠明確有力，也缺乏政治人物該有的善於社交的特質。加上張志明公開接受民進黨主席蔡英文的站台支持，讓他在藍綠的政治光譜上左右游移，難以獲取雙方基本支持者打從心底的認同。

由此可知，競選主軸就代表候選人在選戰中的「定位」，競選主軸不但是所有思考的主幹，更是候選人贏得勝利的主要宣傳訴求，必須因時、因地、因人制宜，並符合當地選民的期望，才能成功引發選民共鳴（邱健吾，2007；李美華，2005）。

> 那最大的贏家就是傅崐萁，如果從選票的關係係數來看，傅崐萁的選票跟很多鄉鎮市長的選票的相關比例是很高的，所以他的策略上包括選戰的佈局以及共同聯合都算是打得相當漂亮，那在媒體策略上他就打出了正藍戰將，背水一戰，打他最拿手的蘇花高，另外他在地方的經營，以前兩任立委的經營可以說是開花結果，幾乎囊括了所有原住民選票、客家選票，另外從區域性來看，包括瑞穗、富里、壽豐這些鄉長都跟他成為有緊密的配合關係，甚至這樣的關係也延伸到花蓮以北的鄉鎮，包括秀林鄉。（受訪者K，學者）

再者，談到傳播媒體運用，三方陣營同樣都運用多元化的競選傳播管道，不論是報紙、廣播、平面文宣、大型看板、電視競選廣告、網路傳播、行動通訊等，幾乎三位候選人都各據一方，選擇對自己最有利的媒體傳達政見訴求，但在整體競選議題與廣告訴求的設計上，顯然還是以傅崐萁所提倡的「蘇花高」最為清晰明確、簡潔有力，在各傳播管道上皆可見「蘇花高」議題的論述，也相當切合當地選民長年以來的殷切期望。另一方面，部份受訪者也認為傅崐萁在傳播媒體上所投注的資源相當可觀，鋪天蓋地的囊括各性質的媒體，相較於另外兩位候選人受限於經費問題，只能在花蓮的洄瀾有線電視台播放CF，傅崐萁選擇在具有全國曝光度的電子媒體上刊播競選廣告，甚至在選前播出長達十二分鐘的「蘇花高」廣告，號召許多旅外遊子或其他地區的民眾一同關懷蘇花高議題。這和杜麗華及張志明陣營主打形象，卻缺乏明確軸心的廣告策略相媲美，更加略勝一籌。

贏的那一方他訴求比較簡單明瞭，而且他的傳播這一方面他花的經費應該也是最多，無論是看板、電視、報紙都是他最多，甚至於競選總部選的位置，他都略勝一籌，那傅崐萁這方面資源下得最多，廣告這一塊他大概花最多，他還有送農民曆、大海報很早就做出來。勝負最大關鍵，其實我覺得競選傳播策略和人際傳播都有關係。因為傅崐萁長期在地方經營，跑來跑去當然人際上：那傳播有沒有幫助，應該是有幫到忙，因為他有抓住勢嘛！有抓住花蓮人要蘇花高的勢，趁勢傳播。（受訪者L，學者）

最後，綜合諸位受訪者評估三位候選人的競選傳播策略與實際作為，得出一項重要發現，傅崐萁之所以獲得勝選的關鍵所在，或許肇因於對地方的用心經營和基層深耕，搏得選民的信任與認同，從而打動人心。相對之下，大眾傳播媒體與競選廣告的運用多寡可能是其次因素。畢竟花蓮地區相較於北部都會區的人口特質，仍傾向於保守樸實的鄉村結構，以中高年齡層者居多。對民眾來說，一位陌生的參選人，或許能藉由傳播媒體重新打造形象，但對知名度甚高，特別是大家都熟稔的候選人，卻難以改變選民心目中根深柢固的印象，而這種和選民之間狀似朋友的親密關係，正是日積月累、一點一滴所建立的人際關係。換句話說，從基層開始亦步亦趨拓展自己的人脈，參與地方社團組織，和選民進行親身接觸，深刻了解民眾需求，從而昇華為濃烈的情感交流，才是奠定勝選的基礎。

競選策略的整體效果就是傅崐萁拉著泛藍不放，然後獨打蘇花高，杜麗華就是只拉著泛藍，我才是正統，一直強調自己是正統，張志明就是只要走中間路線，三個就很清楚的區隔出來了。勝負的最大關鍵告訴你說，其實選縣長它不是選總統，它是要經營的，它是要理解地方的，它是要跟選民有直接接觸的。也就是說縣長不一樣，縣長他是會經常讓你看到的，你看謝深山做了六年，他十三鄉鎮跑了多少次，傅崐萁告訴我，十三鄉鎮的每個部落每個村里我最少走過三次，他可以很清楚的告訴我原住民部落有一百二十四個，張志明可以告訴我，有掛頭目封號的在花蓮有兩百多個，因為他們有部落頭目、全體頭目，還有一個大頭目，所以頭目是重疊的，那麼也就是說選縣長他必須要親身跟選民接觸。杜麗華起步的時候已經算慢了，何況張志明，所以當他的競選策略要調整坦白講是有限的，主要是傅崐萁太強了，尤其你面對的是一個八年處心積慮要選縣長的人……（受訪者J，報社駐地記者）。

此外，地方媒體工作者也指出，回歸台灣地方選舉，地方社團、民間組織、農漁會體系、水利系統，這些都是不容小覷的一股力量，尤其是地方領導者，在票源的開發與掌握上，具有莫大的影響力。以張志明而言，手中握有縣長謝深山提供的行政資源，得以深入農漁會及工商會系統，和內部成員保持友好關係，杜麗華則透過國民黨的黨務體系，接觸婦女會、扶輪社、獅子會等旗下組織，擴展其知名度，協調人際關係。據受訪者表示，從表面上看來，傅崐萁似乎處於孤立無援的狀態，既缺乏政黨奧援，也沒有行政體系支援，但有受訪者主觀認定，實際上，他從當上立委的那一刻起，就已經開始處心積慮、步步為營了。傅崐萁善用立委的職權優勢，藉由巡察訪視的機會，帶領鄉鎮市長與縣議員等當地意見領袖，至中央部會爭取經費預算，一來一往間，高達五十億元的經費推動花蓮地方交通建設，也順勢成為他在立委任內的輝煌政績。

日積月累之下，習慣依附於傅崐萁政治權力的地方領導者，無形中化身為候選人的潛在支持者或代言人，和民眾維繫情感上的交流，替候選人鞏固基本票源，負責動員競選過程中所需的人力、物力，並營造候選人與選民面對面接觸的場合。種種現象足以見證台灣社會中司空見慣的「樁腳」文化，這些人在中小型選舉中扮演關鍵性角色，包含基層行政體系中的村里長、鄉鎮市長、縣市議員、立法委員、各社團負責人、各行業公會理事長、寺廟管理委員會主委等，都是候選人在進行人際傳播的競選活動時，最不可或缺的得力助手（邱健吾，2007；任雨中，2005）。爾後再運用廣闊的人脈，旁敲側擊於外圍組織。值得注意的是，每位政治人物可能同時擁有多重身份與頭銜，使得組織與組織間彼此重疊，透過長期社會互動的過程，發展為具有特殊關係的團體，形成嚴密的社會網絡，提供足夠的人際影響力來贏得選戰（Shadegg, 1976）。

張志明的競選幕僚在回溯競選過程時，表示仍有許多不足之處有待改進，像是總部與媒體的互動聯繫不夠積極完備，難以滿足其採訪需求，而在策略與戰術分析上，往往礙於時間急迫等因素，無法審慎思辯問題核心所在，卻在考慮不周的情況下貿然做出決策或回應。而杜麗華的競選幕僚在進行選後的自我評估時，雖然自認為在整體選戰步調設定以及文宣策劃、傳播媒體運用方面，都盡量達到最大的效率，但仍不諱言，長年紮根經營所累積的成果或許才是決定勝選的重要因素之一。

我想基本上我們投票的結果是輸，但是整個文宣團隊和涉獵我們覺得還差強人意⋯⋯，但競選的整體態勢有一點先天不良，資源不足啦！加上對方候選人強力資源的挹注，他們長年經營的選舉態勢，所以不能算成功，但是我想整個運作上我們還算是順利。對手的整體策略應該也是相當成功，他們是一種比較家大業大的做法。這一次勝負最大的關鍵還是在於長年的經營，傳立委長年在基層上是有他的根。基本上還是全面性的問題，我想各個族群我們都需要加強，最主要是時間性的問題，我剛講的她才一年，那你面對六七年的經營當然是會覺得比較艱困一點。（受訪者

A，杜麗華競選總部幕僚）

綜觀此次花蓮縣長候選人的競選過程，不難發現整體競選傳播策略的規劃的確佔有重要地位，參照學者Gant（1983）所言，在擬定競選策略前，必須剖析自己所處的選區環境，洞悉選民、利益團體、政黨、選舉制度等客觀因素，同時考量候選人本身條件的影響力。透過觀察候選人在各種競選傳播管道的策略運用與實際作為，可以發現此次花蓮縣長選戰中，傅崐萁、杜麗華及張志明三位候選人都同時並用了競選廣告、代言人運用、公共演說、新聞記者會以及網路傳播等諸多競選活動，但不可否認的是，傅崐萁經年累月所培育出的人際網絡，卻早在選戰開打前就奠下深厚根基，讓他先馳得點，敞開成功的大門。由於本研究並未從事量化的選民投票行為研究，難以判定人際傳播與勝選兩者變項間是否有相對應的因果關係，但綜合訪談結果顯示，多數受訪者都一致認為傅崐萁之所以贏得選戰，是憑藉長年深耕地方基層、致力於人際傳播的一種反饋。這也呼應了Trent & Friedenberg（2008）所言，人際傳播是政治傳播中的重要管道，在人際間具有交互作用，透過語言和非語言符號的傳遞，達成某種政治目的。於是傅崐萁在八年立委期間深耕基層的紮實經營，以及整體競選策略上的合縱連橫，搭配自定的選戰佈局規劃，也一步一步順理成章讓他登上縣長寶座。

在這邊大眾傳播媒體其實很難去改變，選縣長、選立委多多少少媒體還有一點重要性，但你如果選議員選民意代表，我看就免了，一點重要性都沒有，還是人際傳播比較實際。（受訪者E，傅崐萁競選總部幕僚）

表十七　三位候選人競選傳播策略之整體評估

姓名	整體評估	相同點
傅崐萁	傅崐萁陣營在整場選戰中貫徹其競選主軸，透過各傳播管道論述其競選主軸「蘇花高」，並隨選戰節奏與情勢變化而適時調整策略	三位候選人都分別運用競選廣告、代言人、公共演說、新聞記者會、人際網絡傳播以及網際網路傳播等管道從事競選活動，也都依照自我選戰步調訂定競選傳播策略。
杜麗華	雖然在策略執行上沒有出現太大失誤，但攻擊策略讓選民心生反感，加上整體選戰策略受限於政黨束縛，以馬英九為代言人，也未必達到拉抬聲勢的效果。	
張志明	在政治光譜上左右搖擺、曖昧不明，輕忽花蓮民眾對於泛藍屬性的固執，讓選民對於候選人的政黨認同產生根本性懷疑。	

第三節 結論

本研究乃針對二〇〇九年花蓮縣長候選人之競選傳播策略進行系統化的觀察分析，以洞悉傅崐萁、杜麗華、張志明等三位候選人在競選過程中，其傳播策略擬定以至實際執行階段之落實，在了解花蓮地區政治生態及整體環境因素後，分別針對三位候選人具備的優劣勢及自定的競選風格做出剖析，而後就競選廣告、新聞記者會、公共演說暨辯論、代言人之運用、人際傳播及網際網路傳播等不同面向的競選傳播策略與實際作為進行歸納分析，從而解釋候選人如何充份運用及結合各種競選傳播管道以達勝選目的。綜合前述訪談結果，可得知幾項重要的研究發現，用以回答本文於一開始所設定的研究問題。

研究問題一：在二〇〇九年的花蓮縣長選舉中，三位候選人如何評估自身所處的選舉情勢？

首先，觀察花蓮地區的政治生態與整體環境因素後發現，本屆縣長選舉最耐人尋味之處在於，自初選階段開始就鬧得滿城風雨，一只排黑條款的公文，使已經舉行到一半的黨內初選被迫暫停，這對當時有意參選的候選人而言，的確有失公平。國民黨高層以廉能條款為由，認定傅崐萁不符參選資格，爾後傅崐萁被開除黨籍，喪失提名資格；張志明則因為抗議黑箱作業的流程，而宣佈退黨參選。當時黨內有意徵召前衛生署長葉金川參選，但經多方考量後，決議重啟電話民調，讓杜麗華與葉金川一決勝負，最後杜麗華以高於十個百分點的支持度擊敗葉金川，正式代表國民黨出征參選花蓮縣長。種種情況都讓泛藍陣營蒙上一層自家內鬨的陰影。加上此次民進黨不推派任何人選，改由支持張志明的決定，更讓花蓮地區的政治態勢更加詭譎多端，於是花蓮地區的選情也自然而然成為媒體關注焦點，甚至被媒體劃定為艱困的「二級戰區」，為選情順勢加溫。而馬英九總統因為就任一年後的政見承諾跳票，聲望一再下滑，使得馬五度前往花蓮為杜麗華輔選代言，也無法獲得選民的青睞，讓國民黨在花蓮縣長選舉中首度吞下敗仗，杜麗華拿下有史以來最低的得票率。

根據過去五屆花蓮縣長的投票率以及訪談者觀察發現，花蓮地區選民的投票意向以泛藍居多，藍綠之政黨比例約為七比三，以往花蓮縣長候選人只要貼上國民黨的標籤，皆能順利當選。但此次選戰的特殊情勢在於，傅崐萁、張志明與杜麗華原本都隸屬於國民黨的一員，在民進黨決定不推派人選的情況下，釀成同一政黨意識型態下，三位候選人同室操戈的分裂局面，如何爭取選民的認同與支持，成為三位候選人汲汲營營追求的目標所在。

學者Trent & Friedenberg（2008）認為，在擬定競選傳播策略之前，必先洞悉候選人所處的政治生態與地方情勢，以了解整體環境、社會、文化脈絡的變動，依據選情的不同階段進行調整，方能訂定出適合候選人的競選傳播策略。此外，選舉制度、候選人所屬政黨、候選人本身條件、選民特性以及其他特殊事件發展，這些因素的互動也會連帶影響選舉策略改變或進行（游清鑫，1996）。儘管杜麗華仗勢國民黨的奧援與背書，凸顯其參選的正當性，然而被開除黨籍的傅崐萁依恃自己在該地區的長期經營，熟知當地選民結構，仍不敢悖離民眾對於泛藍喜好的固執，從選戰開打之際，就宣稱自己是唯一「正藍戰將」，緊咬住黨徽、國旗等象徵性符號，甚至在修辭上也不忘重述「正藍」形象，模糊選民對於泛藍正統的認知，成功削弱杜麗華被國民黨正式提名的權威性，除此之外，傅崐萁從不與國民黨針鋒相對，婉轉避開對手攻擊與指控。此種策略模式一路貫徹到底，形塑往後整體競選策略的主要方向。

另一方面，張志明選擇脫下政黨色彩的外衣，以無黨籍身份參選花蓮縣長，企圖吸納游離中間選民，避免落入政黨惡鬥之中，不料在選前大方接受民進黨支持，黨主席蔡英文公開站台力挺的舉動，瞬間讓張志明形象產生錯置與逆轉，將自身陷入定位不明的矛盾之中，搖撼選民既有的預存立場與政黨認同，引發選民的根本性懷疑。強調「只想做事、不玩政治」的張志明，卻技巧性地游走在藍綠之間搖擺不定、態度曖昧，此舉間接弱化了選民對他的信任感，從投票結果來看，張志明並未囊括藍營和綠軍在基本盤上的選票，證明藍綠通吃的如意算盤難以奏效。雖然張志明在策略執行過程中並無出現太大失誤，但他卻未審慎考量該選區的政治特徵、選區人口特性以及競選資源之運用等因素限制（Dawson & Zinser, 1976），輕忽花蓮選民對於泛藍屬性的固執，是以「藍綠締結」的思考模式是為張志明在競選傳播策略上的一大敗筆。

研究問題二：在二〇〇九年的花蓮縣長選舉中，三位候選人的競選風格與競選主軸為何？

誠如Trent & Friedenberg（2008）所言，競選風格與競選策略是選戰的核心所在。在此次選戰中，三方候選人陣營都相當清楚自己在所處情勢中的結構性角色，也根據各自的優劣勢擬定基本的競選風格，雖然三位候選人都位居挑戰者的位置，但由於張志明是當時的副縣長，曾經自詡為謝深山的接棒人，試圖將自己塑造成最具有勝選機會的現任者，可惜張志明並沒有提出令人為之驚豔的具體政見，只是一味複製或延續前朝的各項政策計畫，缺乏創新思維，了無新意，使得清廉、專業的競選主軸流於空泛。學者出身的他徒有豐富的學識背景，卻和花蓮政治圈不夠契合，缺乏政治人物該有的領袖風範及群眾魅力。另一方面，杜麗華也憑藉自己擔任農業局長任內的政績做為強力後盾，但其表現始終侷限於農業推廣上的成果，知名度也尚未建立開展，支持群眾的基本票源相對狹隘，加上其行事風格過於武斷強勢，以至於在人和方面欠缺圓融，成為人格特質上最大的致命傷。而杜麗華在「花蓮變好」的競選主軸下提出八大遠景，看似應有盡有、面面俱到，但內容過於繁雜，訴求不夠清晰明確，此外在選戰初期，杜麗華陣營曾將競選主軸定調於負面選舉之上，猛烈攻擊對手傅崐萁的官司問題，給人咄咄逼人之感受，反而忽略自己所具備的母性溫柔，造成選民觀感不佳。

根據Shea（2001）的看法，競選主軸與競選議題的設定可謂擘劃競選策略的首要之務，訊息必須簡單明確，並依據競選主軸推估對手的競選策略，展開更細緻的攻防行動。學者鈕則勳（2005）也曾指出，競選主軸制定必須考慮當時的政治制度與情勢、候選人條件、選區特性、政黨及候選人資源等因素，並在各個場合中被反覆陳述。仔細評估傅崐萁在競選主軸的選擇與定調上就顯得言簡意賅，從一而終貫徹整體競選活動的核心。「蘇花高」緊緊抓住花蓮選民的胃口，切中選民內心最深層的需求與渴望，也成為他在選戰中強力主打的訴求，甚至於在選戰後期，他還順勢提出「公投蘇花高」的口號，感性地要求選民以選票來實踐長年以來花蓮民眾共同的願望，還給花蓮人一條安全回家的道路。最重要的是，這些相關論述不斷在各場合中被反覆陳述，不論是競選廣告、公共演說、新聞記者會甚或與選民親身接觸的過程中，都不忘重申「蘇花高」議題的重要性。此策略發揮偌大的動員能量，也對於選民的投票行為賦予積極正面的意義。儘管屢次遭逢對手攻擊道德上的瑕疵，他始終以冷處理、不予回應的方式來化解危機。而在主要政見上，則致力於將花蓮發展為國際型的觀光都會區，為此還特地舉辦十天十夜的國際太平洋觀光節，廣受年輕族群好評。

和其他兩位候選人相互對照之下，傅崐萁從一開始所設定的競選主軸和議題內容，除了淺顯易懂、簡潔鮮明外，也符合時宜性，依循社會脈動而調整，明顯主導整體選戰的步調，其競選活動的開展則和競選主軸緊密扣連，配合他所提出的三項策略目標，「正藍戰將、背水一戰、公投蘇花高」，以致於能在各個選戰階段中按部就班實行，這或許才是勝選的關鍵所在。是以競選主軸能幫助候選人在選戰中進行定位，向選民傳達重要競選理念，並區分該候選人與其他競爭對象的差異所在（邱健吾，2007；彭懷恩，2005）。

研究問題三：在二〇〇九年的花蓮縣長選舉中，三位候選人所使用的競選廣告策略及實際執行面為何？

綜合訪談結果顯示，傅崐萁、杜麗華、張志明等三位候選人都曾運用電視、報紙、廣告等大眾傳播媒體推出競選廣告，但受限於經費資源，使各候選人所投注的廣告比例或多或少各有差異。此外，在廣告載具上大致可分為平面媒體及電子媒體兩大類，平面媒體主要以地方報、全國性報紙的地方版為主，其中備受爭議的地方在於，東方報選前每天都大幅刊載關於候選人張志明的競選活動訊息，幾近成為張志明的喉舌，立場明顯偏頗，媒體該有的公正客觀原則已不復存在。而選戰期間各陣營所製作發放的文宣品、ＤＭ、旗幟、布條、戶外廣告看板也成為競選廣告的角力場域之一，各式各樣展示性的廣告圖像能讓選民對候選人產生立即性印象，加深對候選人的認知，強化已經決定投票意向的選民立場（Varoga, 2001）。另外在電子媒體的運用上，傅崐萁和杜麗華皆和當地的洄瀾電視台進行長期合作，於固定時段播放競選ＭＶ，然而三位候選人當中，傅崐萁是唯一運用具有全國曝光度的有線電視台刊播競選廣告，甚至在選前還刊出一支長達十二分鐘關於蘇花高的競選廣告，目的是增加能見度，將政見訴求擴及全台版圖，藉此提升動員能量，催促旅外遊子返鄉投票。總括來說，傅崐萁幾乎鋪天蓋地的囊括所有競選傳播管道，使用媒體頻率居三人之冠，明顯可見他在競選廣告上所傾注的資源及經費，是其他兩位候選人望塵莫及的。

另一方面，在廣告內容上，三位候選人多半採用正面訴求廣告為主，著重於宣揚過去的施政績效或個人形象的塑造，傾向於宣言式或口號式的廣告，卻缺乏政策的詳達陳述（Kern, 1989）。杜麗華強力主打農業局長任內所推廣的無毒農業，張志明則希望秉持專業、清廉的態度延續前任縣長謝深山的執政理念，其中傅崐萁在各競選廣告中，都不刻意強調個人形象，而是以政績及議題為訴求，自始自終都以「蘇花高」為號召，遍及所有傳播管道，搏取選民的高度認同。值得注意的一點是，不論是在廣告看板、文宣或其他宣傳載具上，已經喪失國民黨黨籍身份的傅崐萁，卻依然使用國民黨黨徽做為象徵性符號，並用各種傳播方式，利用媒體、文宣、口語、人際等傳播管道反覆重申自己是「正藍戰將」，凸顯「深藍」的意識型態，企圖吸引泛藍群眾的支持。另外三位候選人當中，唯有杜麗華陣營曾經發動連續幾波負面攻擊性廣告，運用恐懼訴求針對對手傅崐萁的官司問題提出質疑批判，將層次拉高提及判刑的部份。不料卻矯枉過正，讓選民心生反感，造成社會觀感不佳。雖然負面廣告更容易令人記憶、打動人心，獲取較多的報導篇幅（Devlin, 1997），倘若運用不當，可能會間接加深選民的犬儒主義，對政治產生冷感（Gastil, 2008）。猛烈的攻擊態勢反倒讓杜麗華模糊焦點、本末倒置，並未致力於普及自己在基層中的知名度，在競選廣告中也忽略彰顯女性候選人該有的溫柔特質，成為她在廣告策略中最大的缺失所在。

研究問題四：在二〇〇九年的花蓮縣長選舉中，三位候選人舉行記者會的策略及實際執行面為何？

綜合訪談結果顯示，記者會的舉行對三位候選人而言，是選戰中極為重要的競選傳播活動，也是候選人陣營與媒體進行互動溝通的管道。一般而言，召開記者會的目的是告知選民重要資訊，闡揚候選人對於議題的立場及宣揚主要政見，另一方面則藉由媒體報導來搏取版面，增加候選人的曝光度，引發社會大眾關注，進而達到宣傳目的（Trent & Friedenberg, 2008；Joslyn, 1990）。

據訪談結果顯示，三位候選人都曾經透過記者會的方式來傳達政見訴求，爭取在媒體上的曝光機會，使候選人獲得選民的高度關注，是以召開記者會的時機和目的在選戰進程中扮演了舉足輕重的角色。以傅崐萁而言，召開記者會並非表定的行程之一，通常在說明重要政見或遭逢重大議題時才會舉行，由候選人親自主持，內容則聚焦於過去八年立委期間，所爭取的各項經費與交通建設，在競選期間，傅崐萁曾經為了蘇花高議題與官司問題舉行過記者會，但整體來說，由傅崐萁陣營主動召開記者會的頻率偏低。而在杜麗華陣營中，其新聞記者會通常分為兩種情況，一類是每天按表操課定時舉行，多半是闡述政見或規劃遠景，另一類則是隨機性的，也就是當對手拋出特殊議題或言論時，候選人會隨機應變，以記者會的方式進行回應，但此種情況相對來說是少數。相較之下，張志明則將新聞記者會視為發佈訊息的重要管道，例如政策白皮書的發表或轉述各種競選活動實況，就會透過記者會的方式告知社會大眾，達到議題設定的功能（Smith, 1990）。

值得注意的是，記者會還有一項不容忽視的功用，即是在記者會中向對手發動攻擊，期望挫敗競爭對手的士氣，並藉機拉抬聲勢（Trent & Friedenberg, 2008）。杜麗華就曾經協同中央部會首長與競選幕僚，主動召開記者會，攻擊傅崐萁的官司問題以及人格道德上的瑕疵，企圖營造傅崐萁「當選無效」的氛圍。相較之下，傅崐萁在面臨強烈攻訐的態勢時，考量到他在民調上大幅領先的優勢，並未在第一時間內就即刻回應，而是採取一種「冷處理」的低調態度，屢次避重就輕，待議題降溫後再召開記者會一次說明，從此不予回應，避免讓對手主導選戰節奏，這在傳播策略上是一種相當高明的手段。

另一方面，候選人在某些特殊情況下也會召開緊急記者會，特別是當候選人遭受不實指控或造謠抹黑時，就會透過記者會澄清辯解，進行適當的危機處理，維護候選人權益，降低傷害與衝擊（黃浴沂，2006）。例如杜麗華遭逢壹週刊披露貪污弊案時，當下就召開記者會強力否認到底，並至地檢署按鈴申告，適時進行消毒工作，重塑其在選民心目中的良好形象。

此外，訪談結果顯示，三方陣營都一致認為記者會是候選人與媒體維繫互動的最佳管道，畢竟候選人陣營需要藉由媒體增加曝光機會，而媒體的報導取徑也可能間接影響選民對候選人的觀感及議題走向，是以候選人陣營也期望和媒體建立良好的傳播關係。據訪談結果顯示，傅崐萁及張志明都設有新聞聯絡人制度，由專職人員負責與媒體聯繫，定時提供稿件與競選活動訊息，協助整理報導所需的資料，而杜麗華陣營雖然沒有特定的媒體公關，但通常由競選總部的高層幹部接待媒體，對外發佈重要訊息或主持記者會。學者鄭自隆（2004）指出，新聞發佈屬於候選人陣營正式傳遞給媒體的管道，具有濃厚的公關性質，是以在新聞發佈上，必須考量新聞價值的呈現，並符合新聞撰寫格式的要求。因此三位候選人在面對媒體訪問時，也都盡力滿足採訪需求，倘若候選人時間充裕，私下也會主動安排與媒體朋友的餐敘或茶會，傾聽記者們的意見，打造候選人與媒體間和諧的公共關係。

另一個重要研究發現在於，媒體報導內容，可能影響候選人當初設定好的選戰步調，促使其從事競選傳播策略上的微調，此種情況可見於杜麗華陣營當中，例如：當媒體有某種意識型態或偏頗立場時，其競選幕僚會搶在媒體報導之前，先行刊載同樣的版面或篇幅，進行反制消毒的動作。反觀傅崐萁在處理立場有失客觀的報導時，則絲毫不受記者書寫觀點的影響，仍按部就班地執行原先的競選策略，除非內容與事實產生出入，才會當下隨即說明澄清。這也證明在選戰期間，候選人、媒體與選民三者之間，具備相互影響關係，三者所關注的議題也同時產生交互作用（Bower, 1973）。

研究問題五：在二〇〇九年的花蓮縣長選舉中，三位候選人在公共演說暨辯論的策略及實際執行面為何？

就訪談結果顯示，三位候選人都分別發表了各種不同型態的公開演說，包括大小型座談會、各鄉鎮的問政說明會、政見發表會、受訪時所陳述的言論或是不同競選場合所發表的談話，都可視為公開演說的一部分。以杜麗華陣營而言，候選人在競選期間曾舉辦過數十次大小、規模不等的問政說明會，且會依據選民的屬性或區域特性不同，而有機動性調整，由於杜麗華知名度較低，因此在公開演說的場合中，通常花費較多時間介紹自己的經歷，從而論述競選主軸，最後才提及對鄉鎮建設規劃或全縣施政遠景，比較特殊的地方在於，杜麗華會在演說中不斷強調自己為國民黨提名的正統性，說明傅崐萁和國民黨的切割狀態，並且猛烈抨擊他在人格特質上的缺失，企圖強化選民對傅崐萁的疑慮與不信任感。

另一方面，張志明通常藉由後援會成立的時機，上台發表五至十分鐘左右的談話，內容著重於未來縣政的擘畫實踐，對於黨派色彩避而不談。此外也經常邀請商業界、婦女會、勞工團體、文教界等各領域的領導者或專業人士到場演講，以彼此共同理解的語言進行重點式的講述，幫助選民勾勒未來政策藍圖。相較之下，當時在競選期間傅崐萁並沒有舉辦過特定形式的公開演說，通常只是在參與競選活動時發表的即興演說，或是接受媒體採訪的言論陳述，依據所處場合不同來決定論述的主題，唯一不變的是，其言論核心仍緊扣競選主軸「蘇花高」的議題。基本上公開演說的內容結構幾乎是大同小異，各候選人皆維持自己原先的基調與理念，少有推陳出新的論點。

另一項重要的研究發現在於，候選人在必要時刻或特殊演講場合進行演說時，會商請撰稿人代為草擬演講稿，這些人多半身兼候選人的競選文宣幕僚，負責書寫篇幅、長度、主題不一的講稿內文，依據議題屬性以「模組」的方式呈現，此種現象與Trent & Friedenberg（2008）所談到的情況相互吻合。據訪談結果顯示，杜麗華及張志明都有專業的文膽撰寫講稿，撰稿人通常以團隊合作方式進行分工，依據演說場合及選民屬性不同，從中挑選出最適合的文稿。而張志明陣營為了豐富講稿內涵，偶爾也會徵詢專家學者意見，做為政策參考依據，創作出文采與專業俱佳的文稿。相較之下，當選人傅崐萁對於自己的口才有十足把握，善用長期問政質詢的經歷訓練出辯才無礙的能力，也自認為對地方民情洞悉透徹，因此不需要撰稿人代為擬稿，憑藉臨場反應發表即興演說。

儘管杜麗華和張志明都有撰稿人代為擬稿，看似文稿通順、內容充實，但他們卻忽略了最重要的原則，撰稿人不一定能全盤貫徹候選人的意志（Trent & Friedenberg, 2008），特別是在忙碌的競選期間，候選人難有充裕的時間與撰稿人多番討論、反覆修改，容易造成上情無法下達的窘況，況且花蓮的人口結構趨於高齡化，多數老年人或教育程度較低者，對於長篇大論的論述式文章並不感興趣，不如傅崐萁以簡單明瞭的言辭，以蘇花高議題激發選民愛鄉情緒，和選民產生共鳴來的更有效果。

研究問題六：在二〇〇九年的花蓮縣長選舉中，三位候選人在代言人運用的策略及實際執行面為何？

綜合訪談結果顯示，傅崐萁、杜麗華與張志明在選戰期間，都分別運用了代言人從事競選傳播活動。代言人運用的策略大致可分為三種：首先，在時間緊迫的情況下，候選人通常會以其配偶、親朋好友、競選幕僚、同黨黨工或鄉鎮代表等地方意見領袖為代言人，代為參加競選活動行程，傳達候選人的訴求理念，減輕候選人疲於奔命的負擔，而在此次選戰中，三位候選人皆充分運用上述代言人做為分身的替代性角色。其次，候選人為了增加其權威性，擬邀請具有全國高知名度或政治明星替候選人站台，希望藉此將選民對代言人的認同，成功移轉至候選人身上，共享其政治光環以拉抬聲勢（Joslyn, 1984，轉引自鄭自隆，1992）。在競選期間，身兼國民黨黨主席的總統馬英九曾經五度親臨花蓮，為杜麗華站台輔選，引起一陣不小的旋風，畢竟總統所到之處往往成為媒體的關注焦點，其他則有中央層級的部會首長陪同杜麗華掃街拜票，為候選人當選後的政見遠景寫下強而有力的背書。

而傅崐萁的代言人則以縣議員、立法委員、鄉鎮市長等地方政治意見領袖為主，對於傅崐萁在立委期間為民服務的精神給予高度肯定，其中傅崐萁的太太徐榛蔚也在競選期間扮演畫龍點睛的角色，與傅崐萁展開分進合擊策略，舉凡婦幼、公益、弱勢團體等傾向軟性的場合，幾乎都由其夫人親自致意慰問，營造母性慈愛溫柔的氛圍。另一方面，張志明所邀請的代言人多半為勞工、商業、婦女、文教等各領域的權威人士或社會團體代表，上台替候選人助講，基本上都是正面宣揚其在副縣長任內的施政成效，並轉達該領域的相關訴求與未來展望。

除此之外，張志明在運用代言人的策略上，一度引起社會輿論一片嘩然，備受爭議的代言人莫過於民進黨主席蔡英文，在敏感的選前時刻，張志明似乎與民進黨暗自培養某些默契，使得蔡英文在公開場合中發表談話，希望民進黨的支持者能力挺張志明，而張志明也毫不避諱地坦然接受。然而另一方面，原本最有可能成為張志明代言人的現任縣長謝深山，也始終有所顧忌而遲遲不敢公開站台輔選，造成張志明在代言人的運用上進退維谷、遭受束縛。原先隸屬於泛藍結構的他，卻寄望同時討好藍綠雙邊的選民，爭取中間游離者的認同，但他卻忽略了長期以來花蓮地區政黨壁壘分明且相對穩固的政治生態，最後事實證明這張「通吃牌」並無奏效，反而招致更多質疑與批判，難以將代言人的能量發揮到淋漓盡致，可謂在這場選戰中最大的致命傷。

最後，運用代言人的第三種情況，通常出現在大型造勢場合中，候選人會邀請影視明星或藝文團體來熱場，帶動競選活動場合氣氛，藉此拉抬人氣，並爭取原先對政治不感興趣的民眾到場支持。例如杜麗華與傅崐萁曾經邀請知名歌手與戲劇演員上台表演，張志明也商請地方社團載歌載舞前來助陣，可惜這些代言人難以在選戰中發揮實質作用，通常只能吸引人潮，提升對候選人的關注程度，達到告知功效，卻無法確切掌握選民的投票意向，甚至造成焦點模糊化（鄭自隆，1995；伏和康、魏志忠編著，1993）。

研究問題七：在二〇〇九年的花蓮縣長選舉中，三位候選人的人際傳播策略及實際執行面為何？

綜合訪談結果顯示，在台灣傳統選舉中，除了廣泛運用大眾傳播媒體做為重要宣傳工具外，最不可或缺的競選傳播活動，便是透過人際傳播方式，以近距離的方式和選民進行面對面接觸，直接傳達候選人的政見訴求。三方陣營的候選人皆公認人際傳播是一種最有效率也最具有彈性的競選傳播型式，尤其在地方性的中小型選舉中，人際傳播的力量更是不容小覷。此現象呼應了Mendelsohn（1996）所言，在競選過程中，當人際傳播的範圍愈廣，選民會從所處的社會網絡中獲取相關政治訊息。是以各候選人無不汲汲營營，積極爭取和選民直接互動的機會，人際傳播也自然而然成為相互拉鋸、爭取票源的角力場域。

本研究重要發現在於，三位候選人皆會根據選戰節奏訂定合適的人際傳播策略，以接近投票日的時間軸為劃分基準，分別在選戰前期、中期、後期，在競選活動的安排上各有所異。大致說來，選戰前期的目標，通常將重點放在候選人知名度的建立與開展上，以傅崐萁而言，在八年立委期間政績，讓他累積一定的知名度，是以在競選期間並沒有刻意塑造個人形象，而是按照預擬的選戰策略與時間規畫，努力勤跑基層，聯繫既有的人脈，但杜麗華和張志明兩人，起步相對較晚，在進行人際傳播的初期策略，就必須花費更多時間介紹自己經歷，建立選民對候選人姓名的認知。

事實上，在選戰中期，三位候選人都透過各鄉鎮成立的後援會，創造與選民互動的機會。後援會以系統化、組織化方式編織細密的串聯網絡，依據性質、區域等屬性不同，以鄉鎮、勞工、商業界、婦女、弱勢團體、地方社團、農、漁會等單位組成，分別進行規模不等的人際傳播活動，最常見的是舉辦簡易茶敘、座談會以及問政說明會，和選民面對面接觸。以杜麗華陣營而言，黨部體系是開展人際網絡的重要核心所在，地方黨部在平日便會舉辦聯誼性活動，促進情感交流，國民黨在各區也設有民眾服務社，舉凡組織動員都透過黨部主委、地方黨工進行資源整合與聯繫工作。此外，由於杜麗華曾擔任農業局長，因此在人際互動場合的選擇上，以農會體系、產銷班、家政班人員為優先考量，鞏固既有的基本票倉。另一方面，張志明則慣於用小型座談會的方式，和選民溝通協商，由於張志明在選戰期間仍具備副縣長的身分，能善用職務之便，配合縣府舉辦的各項活動，順理成章出席公開場合，代表縣府親臨現場致意，不但能搏取媒體版面，提升曝光度，同時能塑造與民同歡、苦民所苦的親民形象。

至於當選人傅崐萁，在人際傳播上所獲得的廣大迴響，則是源於日積月累對地方的經營，特別是在八年立委期間深耕基層，其優勢在於起步比其他兩位候選人早，深入花蓮民間組織及地方社團，同時積極參與獅子會、扶輪社、婦女會、工商會、佛教團體所舉辦的活動，了解其運作方式以及主要訴求，也時常和地方政治領袖保持密切往來，培養良好的人際關係，拓展人脈，構築一張密如織網的人際互聯網絡。除此之外，傅崐萁秉持為民服務的精神，爭取中央資源與各項建設經費，增進花蓮民眾福祉，更有甚者，逢年過節也必定登門造訪榮眷與社福機構，以米、油等民生用品表達慰問關懷，也因此深獲各界好評。由此看來，傅崐萁的實力早在日常生活中逐步累積，紮下深厚根基，奠定難以搖撼的勝選基礎。

時屆選戰後期，愈接近投票日的時候，幾乎是分秒必爭，候選人在基層的活動就跑得益加勤勞，所採取的人際傳播方式以掃街拜票、家戶拜訪及大型造勢晚會為主。據訪談結果顯示，三位候選人都曾運用車隊遊行、徒步拜票、挨家挨戶拜訪等人際傳播活動，愈接近選前黃金期則頻率愈高。其他如婚喪喜慶、早晨運動場所、菜市場、原住民部落等區域，都是候選人不可遺漏的拜票行程。這些人際傳播活動交由競選總部或地方後援會主動安排，通常由熟悉當地的意見領袖引領候選人親自請託，透過日常寒暄、親切問候、熱切擁抱等肢體語言，表達對民生的關懷之意，並充分展現其親和力。至於車隊遊行或徒步拜票的重點區域則置於人口密集的花蓮市、吉安鄉，另一方面，在進行人際傳播活動時，代言人的偕同也同樣能產生加持作用，達到擴散效果。

從候選人積極從事人際傳播以爭取選民支持的行為來看，證明在社會網絡中，人際網絡與組織對選民的投票抉擇具有影響力，也回應學者鄭自隆（1995）所言，大眾傳播媒體雖然能夠拓展傳播範圍的廣度，但人際傳播卻能達到點的深入，達成選區中點、線、面的整合。是以人際傳播在台灣的地方選舉中，的確佔有舉足輕重的重要地位。

研究問題八：在二〇〇九年的花蓮縣長選舉中，三位候選人的網際網路傳播策略及實際執行面為何？

綜合訪談結果與筆者實際觀察發現，網際網路在近年來的大型選舉中已成為候選人必備的競選傳播工具之一，特別是針對長時間耽溺於網路的青壯年族群而言，其所發揮的效果更是不容小覷。不論是候選人的政見訴求、選民的想法期望以及不同立場的議題論辯，都能藉由網路平台傳佈到各個角落，就技術上而言，不需仰賴大眾傳播媒體為中介，使選民容易與政治領袖進行溝通。網路被視為跳脫傳統媒介霸權的多元發聲管道，讓選民、政黨、媒體直接在虛擬場域中參與政治過程（P. J. Benoit & W. L. Benoit, 2008）。除此之外，Trent & Friedenberg（2008）曾經對網路競選傳播懷有莫大憧憬，他認為網際網路能夠達到電子競選的新境界，充分發揮與選民溝通對話的能力，並以客製化的方式呈現新聞資訊，詳述候選人的議題或政治論調。

就筆者親身觀察與訪談結果顯示，本次花蓮縣長選舉中，只有杜麗華和張志明陣營架設競選網站，其中張志明還運用了facebook、噗浪、無名小站及BBS等新興社群網站與選民進行互動。在內容方面，杜麗華與張志明陣營並沒有呈現太大差異性，主要是宣揚政績、說明參選人政見訴求、陳述政策遠景、紀錄各項競選活動實況、刊載媒體所發佈的新聞稿件。相較之下，兩位候選人在資訊的豐富度、專業度與教育性的層面上幾乎處於伯仲之間，的確達到告知選民重要資訊、節省競選成本等功用。

另外在競選網站的互動性與經營方面，兩位候選人都由專人負責內容管理與更新，且通常是年齡層較低，熟悉網路操作模式的人員。此外，張志明與杜麗華陣營都設有留言板供民眾提問或發表意見，其中大方向的政策問題由網站管理者直接答覆選民，萬一牽涉到複雜或具有爭議性的言論，就會由競選核心幕僚或候選人思考定奪後，再決定如何答覆民眾。兩位候選人於選戰初期，都會撥冗上網瀏覽網站概況並親自回應，但愈接近選戰後期，由於行程滿檔，幾乎授權由網站管理者全權處理。

反觀傳崐萁並未從事任何關於網路競選傳播的相關活動，似乎是一件不合常理的事情。經研究後發現，其策略考量主要在於花蓮的人口結構問題，青少年族群是網路重度使用者，但多數都不具投票權，對政治也興趣缺缺，至於中高年齡層的選民，運用網路的頻率少之又少，甚至受到城鄉差距的影響，網路覆蓋率並不普及，種種困境造成花蓮地區在推行網路競選傳播時遭遇前所未有的困難。事實上經由觀察後發現，每日網站瀏覽人數與點閱率，和其他大型入口網站相比明顯偏低，顯示網站所吸引的人潮有限，並不如人際傳播來的實際有效。此種情況或許和花蓮當地的政治生態與人口結構密切相關。儘管網際網路做為候選人的競選傳播工具已是一種無可避免的趨勢，但運用網路實現電子競選的榮景，似乎無法在該地區全然兌現，網路傳播究竟在選舉中扮演何種角色地位以及達成什麼樣的實質效果，仍有待後續研究持續觀察與探討。

研究問題九：在二〇〇九年的花蓮縣長選舉中，三位候選人的競選傳播策略之整體評估為何？

綜觀前述對於傅崐萁、杜麗華、張志明等人在競選傳播策略上的討論，不難看出三位候選人基本上都能按部就班朝著預擬目標前進，依據自我所設定的競選主軸投入選戰，隨著選戰節奏與情勢變化而適時調整策略。其中三位候選人也都分別運用競選廣告、代言人、公共演說、新聞記者會、人際網絡傳播以及網際網路傳播等管道從事競選活動，而這些競選傳播行為也已成為近代台灣選舉中，不可或缺的一環，然而策略運用是否得當，卻是一門相當深奧的學問。在實際執行過程中，仍有可能忽略一些枝微末節的原則，而這些缺失一旦擴大累積，稍一不慎就能對於選戰結果產生關鍵性影響，因為勝負往往就存在於一念之間。

洞悉傅崐萁的勝選因素，肇因於他長年以來對地方的用心經營和資源投注，憑藉八年立委期間的政績，累積知名度與塑造個人形象，起步早的最大優勢在於他有充分的時間深入基層組織與民間社團，培養良好的人際關係，進行情感交流，而這些長久建立的人脈，在競選期間自然發揮出莫大的功用，化身為潛在支持者，運用鄉鎮村里長、社團代表、縣議員、各工商會理事長等地方意見領袖，構連出密如織網的人際網絡，匯聚一股組織動員的串聯能量，這是一種長期社會互動過程的實踐。

其次，傅崐萁在競選主軸設定上簡而有力、清晰明瞭，以「蘇花高」議題打動人心，闡述於各個競選傳播管道，以撼動選民最深層的需求渴望。另一方面，在「正藍戰將」、「黨徽」等象徵性符號的操弄下，形塑出泛藍的意識形態，模糊選民在政黨認同的認知，也順勢鞏固自己在泛藍選民心中的地位，以符號抗衡提名的正當程序，弱化杜麗華原先屹立不搖的正統性，擺脫無政黨奧援的窘境，可謂競選傳播策略中運用最成功的一部份。

相較之下，杜麗華雖然在策略執行上沒有出現太大的失誤，但競選初期將重心放在攻擊對手上，讓選民心生反感，反而模糊焦點，並未普及自己在基層的知名度與拓展人脈，確實讓她吃了不少悶虧。此外，杜麗華也因為身為國民黨的候選人，難以跳脫政黨束縛，在整體選戰策略的擘畫上，都必須貫徹國民黨意志，尊重黨部的作戰指導方針，是以杜麗華無法自主選擇以誰為代言人，馬英九為其輔選站台，卻讓杜麗華承擔更多執政者的施政包袱及壓力。因此以政治明星為代言人未必能達到正面加分效果，運用不慎反而會招致意想不到的爭議或批評。

而張志明從一開始所設定的競選主軸就是希望以清廉、專業的形象，延續謝深山縣長的縣政藍圖，可惜訴求不夠清晰明確，在政見上也缺乏新意。其在競選傳播策略的最大敗筆，即是在政治光譜上左右搖擺，企圖囊括藍綠雙邊的選票與吸納中間選民，卻輕忽花蓮地區民眾對於泛藍屬性的固執，曖昧不明的定位讓選民對於候選人的政黨認同產生根本性懷疑，釀成兩敗俱傷的局面，所獲得票率是三位候選人當中最低的。

歸結訪談結果及以上討論，深入分析花蓮縣長候選人的競選傳播模式，可以得知一項重要結論。在競選過程中，候選人自訂的競選傳播策略與實際作為確實是左右選情發展、甚或決定選舉結果勝負的關鍵性因素。想要贏得選戰，首先必須充分洞悉地方情勢與政治生態，設定合乎當地民情的競選風格及競選主軸，其次透過競選廣告、代言人、公共演說暨辯論、新聞記者會、人際傳播、網路傳播等方式，傳達候選人訴求，並形塑正面形象，爭取選民的支持認同，從而洞燭先機主導選戰節奏，方能自繁雜紛亂的政治環境中脫穎而出，勝利即在不遠矣。二〇〇九年花蓮縣長選舉一役，正是印證競選傳播重要性的實際案例。

從花蓮縣長選舉一役檢視Trent & Friedenberg（2008）所提出的理論架構，可從中得知，學者針對歷年來美國總統大選所發展的競選傳播策略研究模型，並不完全適用於台灣地方選舉的情況，最主要肇因選舉性質的不同，但大致上整體研究模型仍是相符合的。除了選舉性質不一之外，其他因素也須納入考量，像是美國幅員廣闊，候選人受限於時間、精力、資源等因素，難有機會和選民進行親身接觸，通常藉由大眾傳播媒體形塑個人形象，透過競選廣告宣傳候選人主要政見訴求。相對來說，台灣面積狹小，各行政區域下的組織系統環環相扣，人際關係交錯重疊，是以每一個社會群體都是候選人積極拉攏、爭取票源的對象。加上選區特性與選民結構各有所異，自然而然構連出台灣獨有的特殊選舉文化，候選人在不同時空環境下，構築出相異的競選傳播面貌與實踐過程。是以競選傳播策略的運用之妙，必須依循社會脈絡不同而轉變，無法一概而論。

再以本研究和宜蘭競選傳播研究的主要發現相對照，又可以獲得幾項重要的結論：

一、競選主軸與競選議題設定是選戰中的重要基調

分析宜蘭縣長林聰賢與花蓮縣長傅崐萁的勝選因素，可以發現兩位候選人的競選主軸簡潔、明確、清晰，皆產生主導選戰節奏的作用。林聰賢陣營運用感性訴求，要求選民以選票恢復宜蘭人往昔的光榮感，並提出重新復辦童玩節之議。傅崐萁陣營則是訴諸理性思考，強力主打「興建蘇花高」，甚至在選前喊出「公投蘇花高」，將議題論述的層次拉高，提升到全國關注的交通安全問題。雙方的競選主軸都具備強大號召力，成功打動人心，獲得選民廣大迴響。由此印證，競選主軸與競選議題是為選戰核心，依據競選主軸可推估對手的競選策略，從而展開更細緻的攻防行動（Trent & Friedenberg,2008；邱建吾，2007；鈕則勳，2005；Shea, 2001）。不過徒有良好的競選主軸，卻沒有善用各種競選傳播管道來加以闡述，終究是功虧一簣，因此整體選戰的執行階段仍必須和競選傳播策略相輔相成，才能發揮出最大的效益。

二、選區性質的不同將影響競選傳播的執行過程

兩篇研究同屬地方縣市長選舉的性質，但仔細觀察後發現，宜蘭與花蓮兩個地區都稱不上是人口密集的大型都會區，其中花蓮受到地形限制，加上青壯年人力外流，使人口結構趨於高齡化，相對來說大眾傳播的普及程度及觸達率遠不如都會區來的理想。在這樣的選區結構下，大眾傳播運用的重要性可能退居其次，人際傳播則躍身為候選人的主要競逐場域。綜合訪談結果顯示，以台灣地方中小型選舉來說，人際傳播的開展形塑出特有的「樁腳文化」，也就是運用鄉鎮村里長、縣市議員、農、漁、水利系統、民間社團負責人、工商會理事長、社福團體領導者等地方政治意見領袖，做為候選人的代言人，從事拉票催票、組織動員等競選傳播活動，與民親身接觸以博取信任感，往往許多選民也礙於人情壓力而納入投票意向的考量。換句話說，整合地方派系勢力才是候選人在進行人際傳播的首要之務。雖然大多數的候選人陣營都採用多元載具推出競選廣告，但所發揮的影響力其實相當有限，基本上只能用以鞏固票源，強化選民投票意向，難以扭轉選民根深柢固的立場與想法。至於網路或其他行動通訊等高科技競選傳播載具，在地方型選舉中並非主流趨勢。礙於人口結構與教育程度的問題，這些新興傳播工具的運用易流於形式化，除了催化在外遊子返鄉投票外，在開發票源與爭取選民認同的層面上，並沒有發揮顯著的串聯能量。

三、競選傳播實為候選人、選民與媒體交互作用的動態互動過程

綜合宜蘭與花蓮競選傳播的研究結論，再回歸本文前述所繪之競選傳播策略研究架構，更能進一步了解此模式是一動態互動過程。首先，就候選人與競爭對手而言，任何一

方所採行的競選傳播策略，都有可能牽動策略執行的某一環節，候選人會依據對手所釋出的訊息或競選期間的突發事件，隨時調整己方的競選策略方向或行動。例如呂國華曾因為林聰賢再三質疑停辦童玩節之正當性，而在選戰後期承諾選民將復辦童玩節；而傅崐萁則在杜麗華持續攻擊其官司問題時，不隨之起舞，採取冷處理的方式應對。再者，綜合研究結果發現，候選人相當重視媒體在競選期間的報導內容，媒體的報導取徑可能影響候選人陣營改變預擬的競選傳播計畫，避免造成負面形象或不良社會觀感。例如杜麗華遭逢壹週刊報導弊案疑雲時，選擇以召開記者會的方式辯解澄清。最後，候選人會依據民意調查結果，進行競選傳播策略的調整。例如當杜麗華陣營驚覺榮眷支持度大幅下降時，便會設法加強該區域的人際傳播。以此證明，競選傳播策略各階段環環相扣，候選人陣營、媒體與選民三者之間，彼此皆會產生交互作用，連帶影響競選傳播策略的發展途徑。後續相關研究應可朝此方向深入研究，開闢更精緻的理論基礎與研究架構。

最後，仔細觀察宜蘭與花蓮地區的競選傳播研究可以發現，在單一選區的選舉制度下（每個選區應當選名額只有一人），台灣選舉已逐漸形成藍綠兩黨對決的競爭態勢，此種情況以宜蘭縣長選舉最為明顯。當時宜蘭縣長的選戰曾被媒體喻為「超級戰區」，選情十分膠著，呂國華與林聰賢兩位參選人一直在民調結果上相互拉鋸，呈現伯仲之間，不到最後一刻，難以斷定誰勝誰負。而民進黨與國民黨雙方的最高領導者都一致認為宜蘭是為不可失守的角力場域，畢竟民進黨曾經在宜蘭擁有二十五年的執政經驗，卻在四年前一夕變天，而國民黨好不容易奪得縣長寶座，自然不願拱手讓人。於是宜蘭縣長選戰瞬間提高層次，昇華至國民黨與民進黨的對峙局勢。是以兩邊候選人在各個面向的競選傳播活動中，無不傾盡全力，以達勝選目標。最後結果證實，競選傳播策略的擘畫的確佔有關鍵性因素，候選人能運用各種競選傳播管道，說明競選主軸與訴求，其次是善用競選傳播管道回應對手攻擊，掌握散佈競選議題的先機，即便是資源少的挑戰者，也可能因此擊敗競選資源較豐碩的衛冕者。

然而花蓮縣長選戰與宜蘭地區相較卻發生截然不同的狀況，花蓮並沒有出現所謂兩黨對峙的情形，在民進黨不推派人選的考量下，形成三位泛藍候選人短兵相接的局勢，然而長久以來選民對於國民黨偏好程度的屬性，卻深刻主宰選情變化，三位候選人急於在這場選戰中找到定位，杜麗華努力捍衛身為國民黨參選人的正統性，即便是被國民黨開除黨籍的傅崐萁，也始終不敢背離選民對泛藍的固執，以「正藍戰將」自居，唯有張志明試圖在政治光譜的兩造之間取得平衡，卻意外引發選民對其政黨認同的根本性懷疑，落得一敗塗地的下場。是以同一政黨意識型態下的候選人，棄保策略不再是民眾的唯一抉擇，從花蓮縣長選戰中觀察發現，傳統政黨與競選傳播力量逐漸式微，選民自主意識抬頭，用選票展現其民主意志，只想投票給真正為民服務、認真做事的候選人，即使缺乏政黨奧援，也依然能擊潰具有政黨背書的候選人，在激烈的選戰中脫穎而出。另一個發人深省的疑慮在於，徹底拋棄政黨色彩，往中間地帶靠攏，是否為一個好的競選傳播策略，則需要後續相關研究進一步觀察，才能歸納出定論。總之，從宜蘭與花蓮競選傳播研究的主要發現中可以得知，在一場競爭激烈的選戰中，候選人如何運用各種競選傳播管道爭取選票，確實是決定勝敗的關鍵因素，但由於每場選舉的性質未必相同，各選區獨特的政治情勢也各有差異，因此，在不同的情境下，或許就會出現不同的競選傳播策略，也因此，師大大傳所的競選傳播研究室也將會針對五都直轄市長選舉、立委選舉及總統大選，繼續進行競選傳播研究，以建構出台灣各類主要選舉中不同選區內的競選傳播策略系譜，讓讀者對台灣選舉中的競選傳播現象，有較完整的認識，這也是當代台灣政治傳播學者應該要完成的工作。

參考文獻

一、中文部份

王石番（1991）。〈民意測驗在選舉中的使用與誤用〉，《民意月刊》，159。

王寓中（2009年12月6日）。〈馬光環盡失　藍執政危機〉，《自由時報》，A2版。

伏和康、魏志中編著（1993）。《選舉入門》。台北：書泉出版社。

任羽中（2005）。〈台灣地區基層民主選舉中的「黑金政治」〉。《二十一世紀網路版》，38。上網日期：2010 年06 月18 日，取自：http://www.cuhk.edu.hk/ics/21c/supplem/essay/0411019.htm

任宜誠（1989）。《選舉行銷策略規劃理論、實務與應用：以國內主要政黨及增額立委為例》。國立中興大學企業管理研究所。

任凱、王佳煌譯（2005）。《質性研究法—社會情境的觀察與分析》。台北：學富文化（原書：John Lofland & Lyn H. Lofland（2005）. Analyzing Social Settings: A Guide to Qualitative Observation and Analysis. Wadseorth, Inc.）。

何伊婷（2009）。《總統候選人之競選行銷策略—以2008年國民黨馬蕭陣營經濟政見為例》。中國文化大學政治學研究所碩士論文。

余宗儒（1999）。《1998年報紙報導台北市長選舉候選人競選活動之研究：中國時報、聯合報、自由時報三報之比較。中國文化大學新聞研究所碩士論文。

吳振宇（1998）。《候選人競選策略之研究—1997年新竹縣長之選舉分析》。國立中正大學政治學研究所碩士論文。

呂忠達（1993）。〈競選文宣的通路管理〉，《選戰贏家—選戰行銷理念與實戰智慧》。台北：管理科學學會。

李天任、藍莘譯（1998）。《大眾媒體研究—導論》。台北：亞太。（原書：Wimmer, Roger D. & Dominick, Joseph R.（1995）. Mass media research : an introduction.）

李欣芳（2009年12月6日）。〈選民給機會　綠翻轉契機〉，《自由時報》，A2版。

李瑋聆（2003）。《2001年立法委員選舉聯合競選文宣之構成—台北市北區民進黨籍候選人聯合文宣形成之參與觀察》。中國文化大學新聞研究所碩士論文。

李學華（2005）。《選舉教戰手冊》。台北：秀威資訊科技公司。

李美華等譯（2004）。《社會科學研究法》。台北：湯姆森。（原書：Babbie, Earl.〔2002〕. The practice of social research, 9th ed.）

林世華、陳柏熹、黃寶園、傅瓊儀、趙如錦譯（2005）。《社會科學研究法—量化與質化取向》。台北：心理出版社。（原書：Keith F. Punch〔1998〕Introduction to Social

Research—Quantitative and Qualitative Approaches. London: Sage.）

林岳賢（2009）。《2008年立法委員選舉競選策略之研究—以宜蘭縣立法委員林建榮為例》。佛光大學政治學系碩士論文。

林東泰（2008）。《大眾傳播理論》。台北：師大書苑。

林金池（2009年12月6日）。〈張志明慘輸　謝深山輸慘〉，《中國時報》，A3版。

林建彰（2004）。《競選傳播與政見認知初探—以二〇〇四年高雄市立委選舉為例》。佛光人文社會學院政治學研究所碩士論文。

林政忠、林河名（2009年12月6日）。〈綠：增一席小勝 得票率大勝〉，《聯合報》，A2版。

邱泯科、陳佳穎、蔡毓智、姜馨彥合譯（2004）。《研究方法：基礎理論與技巧》。台北：雙葉。（原書：Earl Babbie. The Basics of Social Research.）

邱健吾（2007）。《選舉師傅—如何贏得選舉》。台北：藍萊姆藝科。

金學亮著、鍾秋慧譯（2003）。《選戰策略—韓國觀點》。台北：前衛出版社。

洪肇君（2009年12月7日）。〈2009縣市大選基層鬆動〉，《聯合報》，A5版。

胡文輝（2009年11月26日）。〈萬般錯　滿盤贏〉，《自由時報》，第4版。

胡幼偉、賴筱桐、林妤函、祝心瑩（2010）。〈台灣地方選舉競選傳播個案分析：以2009年宜蘭縣長選舉為例〉，「2010中華傳播學會年會論文」，發表於嘉義中正大學。

胡幼慧主編（2008）。《質性研究—理論、方法及本土女性研究實例》。台北：巨流。

胡志亮（2003）。《總統形象建構之研究—以陳水扁總統新聞幕僚為例》。世新大學傳播研究所碩士論文。

范振和（2009年9月1日）。〈藍內憂未除　綠伺機出手〉，《聯合報》，B2版。

范惟翔、蔡明純、羅聖宗（2007）。〈候選人條件、競選策略與關心公共事務對選民投票行為之影響—以2006年村里長選舉為例〉。《嶺東學報》，21:157-182。

翁秀琪（2003）。《大眾傳播理論與實證》。台北：三民書局。

莊伯仲（1998）。〈網路選戰在台灣—1998 年三合一大選個案研究〉，《廣告學研究》，14：31-52。

莊伯仲（2007）。〈台灣政黨網站設計—啟發式評估法之觀點〉，《資訊社會研究》，12: 241-272。

莊伯仲（2009）。〈2005年縣市長選舉競選網站分析：網路行銷之觀點〉，《選舉評論》，6: 31-54。

莊伯仲、王至唯（2006）。〈競選網站評估指標之建構〉，收於梁世武主編（2006），《政治傳播與競選策略》，頁165-201。台北：五南。

莊伯仲、鄭自隆（1996）。〈競選文宣新媒介—台灣政治性資訊網路現況研究〉，《廣告學研究》，7:85-119。

郭岱君譯（1999）。《選戰必勝方程式—美式選戰揭密》。台北：智庫文化。（原書：James A. Thurber. & Candice J. Nelson. Campaigns and elections American style.）

陳信助（2000）。《候選人形象研究：以兩千年總統大選候選人連戰、宋楚瑜、陳水扁為例》。淡江大學大眾傳播研究所碩士論文。

陳彥佑（2006）。《競選議題與宣傳策略—以周錫瑋競選2005年台北縣長為例》。中國文化大學政治學研究所。

陳美華（2004）。《台北市議員女性候選人競選文宣內容之分析—以第九屆政黨提名候選人平面文宣為例》。中國文化大學政治學研究所碩士論文。

陳嘉宏（2009年12月6日）。〈期中考挫敗　馬施政面臨兩難〉，《中國時報》，A3版。

張瑞鴛（2001）。《2000年總統大選競選組織策略分析》。世新大學傳播研究所碩士論文。

彭芸（1992）。《政治廣告與選舉》。台北：正中。

彭芸（2002）。《新媒介與政治—理論與實證》。台北：五南。

彭懷恩（2005）。《競選傳播》。台北：風雲論壇。

曾萬（2000）。《選戰勝經—文宣策略與趨勢》。基隆：生活智庫。

游梓翔、溫偉群（2002）。〈2002年台北市長選戰電視辯論策略之語藝分析〉，收於梁世武主編（2006），《選舉過程中的傳播與策略研究：2002年北高市長選舉個案分析》，頁135-181。台北：雙葉書廊。

游清鑫（1996）。〈選舉制度、選舉競爭與選舉策略：八十四年北市南區立委選舉之個案研究〉，《選舉研究》，3〔1〕：137-178

鈕則勳（2001）。《總統候選人之競選傳播策略—以公元二〇〇〇年我國總統大選為例。國立政治大學政治學系博士論文。

鈕則勳（2002a）。《競選傳播策略：理論與實務》。台北：韋伯文化。

鈕則勳（2002b）。〈傳播科技與競選策略：以2001年選舉民進黨為例 〉，《國政研究報告》。上網日期：2010年6月11日，取自：http://old.npf.org.tw/PUBLICATION/IA/091/IA-R-091-050.htm

鈕則勳（2004）。〈2004年大選國親陣營競選廣告策略之效果分析〉，收於梁世武主編（2004），《政治傳播與競選策略》，頁247-297。台北：五南。

鈕則勳（2005）。《政治廣告—理論與實務》。台北：揚智文化。

黃俊英、范揚松等著（1993）。《選戰贏家—選舉行銷理念與實戰智慧》。台北：中華民國管理科學委員會。

黃浴沂（2006）。《公共關係與危機處理》。台北：華興書局。

黃銘惇譯（2000）。《社會科學研究法：社會關係研究取向（上）》。台北：桂冠。（原書：Charles M. Judd, Eliot R. Smith & Louise H. Kidder（2000）. Research Methods in

Social Relations. Holt Rinehart and Wiston, Inc.）

楊迺仁（2002）。《電視選舉辯論之語藝分析》。世新大學傳播研究所碩士論文。

溫偉群、游梓翔（2009）。〈2008年台灣總統大選電視辯論的功能分析研究〉，《選舉評論》，5，頁15-32。

詹青蓉（2005）。《二〇〇四年宜蘭縣立法委員選舉競選策略之研究》。佛光人文社會學院政治學研究所碩士論文。

廖益興（2008）。〈書評：Communication in Political Campaigns [競選活動之政治傳播] by William L. Benoit [威廉．貝諾]〉，《臺灣民主季刊》，5〔1〕: 197-200。

劉建鄰（2003）。《從政治行銷取向探討國內選舉公關之操作》。世新大學傳播研究所碩士論文。

潘明君（2004）。〈網路為選民獲取政治選情的重要管道〉，《FIND 資料庫》。2010年6月5日, 取自網路：http://www.find.org.tw/0105/news/0105_news_disp.asp? news_id=2971

鄭自隆（1992）。《競選文宣策略—廣告、傳播與政治行銷》。台北：遠流。

鄭自隆（1995）。《競選廣告、策略、理論、研究案例》。台北：正中。

鄭自隆（2000）。〈2000 年總統大選候選人網站分析〉。「銘傳大學展望新世紀國際學術研討會—網路媒體的跨世紀展望」，台北。

鄭自隆（2001）。〈公辦政見會及辯論會的必要性探討〉。《研考雙月刊》，25（6），

pp.75-84.

鄭自隆（2004）。《競選傳播與台灣社會》。台北：揚智文化。

鮑正綱（1992）。《地方公職候選人政見內容之研究》。中興大學公共行政研究所碩士論文。

羅廣仁（2002）。《整合行銷傳播在政黨競選之應用》。世新大學傳播研究所碩士論文。

二、西文部份

Allen, M.（2002）. For Bush’ s speechwriter, Job grows beyond word, *Washington post*. October 11, 2002, A35.

Bower, T. A. （1973）. Newspaper political advertising and the agenda-setting function. *Journalism Quarterly*, 50, pp.552-556.

Bovee, C. L. & Arens, W. F. （1982）. *Contemporary Advertising*. Homewood, IL:Richard D. Irwin.

Benoit, W. L., Blaney, J. R., & Pier, P. M. （1998）. Campaign ’ 96: *A functional analysis of acclaiming, attacking, and defending*. Westpor, CT: Praeger.

Benoit, W. L. （2000）. A functional analysis of political advertising across media, 1998.

Communication studies, 51（3）:274-295.

Benoit, W. L., McKinney, M. S. & Stephenson, M. T.（2002）. Effects of watching primary debates in the 2000 U.S. presidential campaign. *Journal of Communication*, 52, pp.316-331.

Beck, P. A., Dalton, R. J., Greene, S., & Huckfeldt, R.（2002）. The social calculus of voting: Interpersonal, media, and organizational influences on presidential choices. *American Political Science Review*, 96（1）: 57-73.

Blivins Group（2006）. The Internet’ s role in political campaigns : utilization by 2006 *United States senatorial candidates*. Retrived from www.blivins.com

Benoit, W. L.（2007）. *Communication in political campaigns*. New York: Peter Lang.

Benoit, P. J. & Benoit, W. L.（2008）. Criteria for evaluating political campaign webpages. In Seib, P（ed.）, *Political communication.* Vol 3, No.56, pp.48-70.

Dawson, P. A.& Zinser, J. E.（1976）. Characteristics of campaign resource allocation in the 1972 congressional elections. In Louis Maisel.（ed.）, *Changing campaign techniques: elections and values in contemporary democracie*s. CA: Sage Publications, Inc,96-103.

Devlin, L. P.（1986）. An Analysis of Presidential Television Commercials,1952-1984. In Kaid, L . L., Nimmo, D. & Sanders, K .R. *New Perspectives on Political Advertising.*

Carbondale : Southern Illinois University Press.

Devlin, L. P. （1997）. Contrasts in presidential campaign commercials of 1996. *American Behavioral Scientists*, 40（8）, 1058-1084.

Diamond, E. & Bates, S. （1999）. *The Spot:The Rise of Political Advertising on Television*（pp.128-129）. Cambridge, Mass.: MIT Press.

Devito, J. （2003）. *The interpersonal communication book*. New York: Longman, 253-256.

Drew, D. & Weaver, D. （2004）. Voter learning in 2004 presidential election: Did the media matter? In Seib, P （ed.）, *Political communication*. Vol. 3, No.58, pp.90-106.

Dahlgren, P. （2008）. The Internet, public spheres, and the political communication: dispersion and deliberation. In Seib, P （ed.）, *Political communication*. Vol.4, No.85, pp.247-264.

Fenno, R. F. Jr. （1978）. *Home style: House members in their districts.* Boston: Little, Brown, 211.

Faucheux, R. （1995）. Public speaking and doing press interviews, presentation to *campaigns and elections* . Twelfth annual national campaign training seminar and trade show, Washington, D.C., June 17, 1995.

Friedenberg, R. V.（1997）.Patterns and trends in national political debates:1960-1966. In R.

V. Friedenberg（Ed.）, *Rhetorical studies of national political debates*: 1996（pp.61-90）. Westpor, CT: Praeger.

Gant, M. M.（1983）. Citizens' evaluations of 1980 presidential candidates: influences of campaign strategies, *American Politics Quarterly*, Vol 11, pp.327-348.

Gallop, G. Jr.（1988）. The impact of presidential debates on the vote and turn out. In Swerdlow, J. L.（ed.）, *Presidential Debates*: 1998 and Beyond, pp.34-42. Washington, DC: Congressional Quarterly.

Gastil, J.（2008）. *Political communication and deliberation*. LosAngeles : Sage.

Hacker, K. L.（1995）. *Candidate Images in Presidential Elections*. NY: Praeger.

Herrnson, P. S.（1995）. *Congressional Elections‥Campaigning at Home and in Washington*. D.C.:Congressional Quarterly Press.

Jamieson, K. H., & Birdsell, D. S.（1988）. *Presidential debates: The challenges of creating and informed electorate.* New York: Oxford University Press.

Joslyn, R.（1990）. Election Campaigns as Occasions for Civic Education, in *New Directions in Political Communications*, edited by David L. Swanson and Dan Nimmo. Newbury Park, Calif.: Sage.

Johnson-Cartee, K. S. & Copeland, G. A.（1997）. *Inside political campaign: Theory and practice.* Westport, Conn.: Praeger.

Jamieson, K. H. （2000）. *Electing the president 2000.* University of Pennsylvania Press.

Kaid, L. L. （1981）. Political Advertising, In *Handbook of Political Communication,* edited by Nimmo , D. & Sanders , K. R. Beverly Hills, CA:Sage

Kern, M. （1989）. *30-seconds politics: Political advertising in Eighties.* New York: Preger.

Kaid, L. L. & Johnston, A. （1991）. Negative versus Positive Television Advertising. *"U.S. Presidential Campaigns, 1960-1988."* *Journal of Communication,* 41,53-63.

Kaid, L. L. & Bystrom, D. G. eds. （1999）. *The electronic election: Perspectives on the 1996 campaign communication.* Mahwah, N. J.: Erlbaum.

Kiad, L. L., MacKinney, M. S., & Tedesco, J. C. （2000）. *Civil dialogue in the 1996 presidential campaign: Candidate, media, and public voices.* Cewsskill, NJ: Hampton.

Kaid, L. L. （2006）. Political web wars: The use of the Internet for political advertising. In Andrew Paul Williams and John C. Tedesco（ed.）, *The Internet Election*（pp.67-82）. New York : Rowman & Littlefield.

Lenart, S. （1994）. *Shaping political attitudes: The impact of interpersonal communication and mass media.* Thousand Oaks, Calif.: Sage, 110-112.

Mauser, G. A.（1983）. *Political marketing: an approach to campaign strategy.* Praeger

Publishers.

Miller, A. H. & Gronbeck, B. E. （Ed.）. （1994）. *Presidential Campaigns and American Self Images* （pp.67）. Boulder: Westview press.

Mendelsohn, M. （1996）. The media and interpersonal communications: The priming of issue,leaders,and party identification. *The Journal of Politics,* 58（1）: 112-125.

Miller J. & Glassner, B. （1997）. The inside and the outside : Finding realities in interviews, In *Qualitative research: Theory, method and practice,* edited by D. Silverman. London : Sage.

McNair, B. （2004）. *An Introduction to Political Communication.* London ·· Routledge.

Mosco, V. & Foster, D. （2008）. Cyberspace and end of politics. In Seib, P （ed.）,*Political communication.* Vol.4, No.86, pp.265-282.

Nimmo, D. D. & Combs. （1999）. *Mediated Politacal Realities* （pp.25）. New York: Longman.

Nelson, M. （2001）.*The election of 2000.* Washington, D.C.:Congressional Quarterly, 198.

Nisbet, M. C., & Scheufele, D. A. （2004）. Political talk as catalyst for online citizenship. *Journalism & Mass Communication Quarterly,* 81（4）: 877-896.

Pfau, M. & Kenski, H. C. （1990）. *Attack politics: strategy and defense.* New York: Praeger.

Peck, L.（1996）. Face to face campaigning: how to work a room. *Campaigns and Elections, 17:47.*

Powell, L. & Cowart, J.（2003）. *Political campaign communication inside and out.* Boston: Allyn & Bacon.

Smith, C. R.（1976）. Contemporary political speech writing, *Southern Speech Communication Journal 42.* pp52-68.

Shadegg, S. C.（1976）. *The new how to win an election.* New York: Tapplinger, 130-119.

Schmidt, W. V.（1982）. *"Presidential political silence: Retoric and the rose garden strategy,"* Southern speech communication journal,46: 402-421.

Salmore, S. A. & Salmore, B. G.（1985）. *Canditate, Parties and Campaigns: Electoral Politics in American.* Washington D. C. : Congressional Quarterly Inc.

Swerdlow, J. L.（1988）. *Media technology and the vote:* A source book. Boulder, Cole.: Westview, 6-7.

Silverman, D.（1993）. *Interpreting qualitative data: Methods for analyzing talk, text and interaction.* London: Sage.

Selnow, G. W.（1998）. *Electoric whistle-stops: The impact of the Internet on American politics.* Westport, CT: Praeger.

Shea, D. M.（2001）. *Campaign craft: The strategies, tactics, and art of political campaign management.* Wesport, Connecticut London: Praeger.

Trent, J. S. & Friedenberg, R. V.（2008）. *Political campaign communication: Principles and practices,* 6th ed. Westport, CT: praeger.

Varoga, C.（2001）. Hiring fundraisers,using billboard, *Campaigns and elections.*

Ward, S., & Gibson, R. K.（2003）. On-line and message? Candidate websites in the 2001 general election. *British Journal of Politics and International Relations,* 5（2）, pp.188-205.

國家圖書館出版品預行編目資料

大選戰：二〇〇九年宜蘭與花蓮縣長選舉競選傳播策略分析
胡幼偉等著. – 初版. – 臺北市：臺灣學生，2013.05
面；公分

ISBN 978-957-15-1588-5 (平裝)

1. 政治公關 2. 政治行銷 3. 傳播策略 4. 選舉

541.831657　　102008795

大選戰：二〇〇九年宜蘭與花蓮縣長選舉競選傳播策略分析

著作者：胡幼偉・賴筱桐・祝心瑩・林妤函
出版者：臺灣學生書局有限公司
發行人：楊雲龍
發行所：臺灣學生書局有限公司
臺北市和平東路一段七十五巷十一號
郵政劃撥戶：〇〇〇二四六六八號
電話：（〇二）二三九二八一八五
傳眞：（〇二）二三九二八一〇五
E-mail：student.book@msa.hinet.net
http://www.studentbook.com.tw
本書局登記證字號：行政院新聞局局版北市業字第玖捌壹號
印刷所：長欣印刷企業社
新北市中和區永和路三六三巷四二號
電話：（〇二）二二二六八八五三

定價：新臺幣四五〇元

二〇一三年五月初版

54101

ISBN 978-957-15-1588-5 (平裝)